Chris Rippen

Een enkel woord

DE GEUS

Derde druk

De dichtregels van Heinrich Heine zijn afkomstig uit 'Die Heimkehr', nr. LXI, in *Das Buch der Lieder*, naar de uitgave van 1844 (R. Löwit, Wiesbaden z.j.)
Deze editie © De Geus BV, Breda 2007
Eerste uitgave De Geus BV, Breda 2002
Omslagontwerp Mijke Wondergem
Omslagillustratie Marcus Doyle © Trevillion Picture Library
Druk Koninklijke Wöhrmann BV, Zutphen
ISBN 978 90 445 1078 2
NUR 332

Een enkel woord

FSC
Mixed Sources
Productgroep uit goed beheerde bossen, gecontroleerde bronnen en gerecycled materiaal.
www.fsc.org Cert no. CU-COC-802528
© 1996 Forest Stewardship Council

Ich wollt' meine Schmerzen ergössen
Sich all' in ein einziges Wort,
Das gäb' ich den lustigen Winden,
Die trügen es lustig fort.

Sie tragen zu dir, Geliebte,
Das schmerzerfüllte Wort;
Du hörst es zu jeder Stunde,
Du hörst es an jedem Ort.

Und hast du zum nächtlichen Schlummer
Geschlossen die Augen kaum,
So wird dich mein Wort verfolgen
Bis in den tiefsten Traum.

– Heinrich Heine

Proloog

Het geluid is er het eerst. Ruisen. Ze denkt het te kennen. Hoog boven haar hoofd heerst het in de dennen, de kruin vangt de wind en stuurt de beweging omlaag langs de rode stam, hoe lager hoe trager, beneden weten ze nog van niets. Ze heeft het zo vaak gezien vanaf het terras, de opengeslagen krant ligt nog roerloos naast het glas Sancerre, leven in een windstilte, alles gaat over hun hoofden heen.

Maar dit ruisen zit laag, manshoog, meer niet, en het staat als een muur voor haar, groenzwart en ondoordringbaar. Orta's cipressen. Ze rent over het natte gras, ze rent tegen de muur en hij zuigt haar naar binnen zonder zich te openen, als drijfzand. Takken slaan in haar gezicht, haken in haar jurk, ranselen haar benen. Het ruisen is oorverdovend.

Ze gilt Otto's naam. Het geluid smoort alsof er natte doeken voor haar mond gehouden worden. Dan fluistert ze, zachter nog, sotto voce. 'Otto...' Ze hoeft hem niet te vinden, maar ze heeft het zichzelf opgelegd. En de cipressen openen zich, een lichte plek wordt zichtbaar, haar wordt een blik gegund op degene die ze zoekt, ze weet het zeker, ze ziet hem al liggen in een clair-obscur dat hoort bij hemelse vrede en alles verzoenende muziek.

Als ze haar hand ernaar uitsteekt, tast ze in een volkomen duister, ze struikelt naar voren, valt, haar hand grijpt in een vochtige massa, ze voelt een vorm, een hoofd en ze gilt het uit terwijl ze terugwijkt. Even overstemt het raspende geluid van de wegrennende voeten al het andere, dan slorpt het taaie zwarte groen het op tot er een gesliffer overblijft, een slang die zich terugtrekt langs een onzichtbaar spoor.

Ze moet terug naar het onaanraakbare, ze weet het, maar afschuw en angst en een kinderlijk gevoel dat de dingen nooit zijn wat ze lijken en dat dus ook dit anders genomen moet worden, drijven haar naar de oppervlakte van de kolk en doen haar de ogen openen. Een kamer met behang dat ze niet kent en gordijnen waarvan het patroon haar vreemd is. Ze is drijfnat.

'Waar ben ik?' vraagt ze.

I

'Maar ik klaag ook niet', zei Eline Marchand. 'Hoe kom je erbij, kindje. Helemaal niet.'

Daar stond die man weer. Tweede verdieping, het vierde, nee, het vijfde raam. Ze herinnerde zich de grijze spencer en de opbollende overhemdsmouwen. En wéér dat gietertje. Hij keek voortdurend haar kant op. Wel een beetje onvrij. Ze keerde haar rug naar het raam. 'Alleen is het natuurlijk wel een hele overgang.'

'Natuurlijk mam, dat is het ook.' Eefjes stem klonk afwezig, ze zat vast achter haar bureau de krant te lezen, dat deed ze altijd op haar vrije ochtend. 'Maar je zult zien, over een tijdje voel je je er helemaal thuis.'

Je begrijpt er helemaal niets van, dacht Eline. Ik moet echt oppassen met wat ik zeg. 'Vast wel', zei ze. 'Het is natuurlijk een geschenk uit de hemel, zo'n mooi appartement. En ik ben jullie ontzettend dankbaar, voor de bemiddeling, voor alle hulp bij de verhuizing. Jullie hebben je zó geweerd, Eef, jij en de jongens, en Huub, niet te vergeten, met die vloerbedekking. Als we hadden moeten wachten op de stoffeerder was het niet op tijd gelukt. Zo fijn, dat het gebeurd is. En voor ik het vergeet, je rozen staan prachtig!'

''t Is goed, mam. Jammer dat Hubert zich weer niet kon inhouden.'

'Wat bedoel je?'

'Nou, hij kreeg woorden met de huismeester. Huub liet z'n auto een tijd voor de ingang staan bij het uitladen en toen de huismeester daar wat van zei, deed hij nogal arrogant. Typisch Huub weer.'

'Hè, wat vervelend nou', zei Eline. 'Dat wist ik helemaal niet. Waarom vertel je me dat nu pas? Ik zal straks even bij het kantoortje langsgaan.'

'Dat lijkt me nou ook weer niet nodig, mam. Die man is het allang weer vergeten. Ben je trouwens flink opgeschoten gisteren?'

'Gisteren? Niet zo erg. Ik heb een beetje rustig aan gedaan.'

'Groot gelijk mam, na zo'n inspannende verhuizing. Geen last gehad van je heup?'

'Nee, geen enkele last.'

'Echt?'

Ze had helemaal niets gedaan gisteren. Niet ingeruimd, niet schoongemaakt, niets. Maar dat hoefde Eef niet te weten. Ze had lang in haar stoel gezeten, haar benen hoog, haar boek op schoot, maar gelezen had ze nauwelijks. Haar ogen waren de kamer rondgegaan, telkens weer. Van de hoek bij de verwarmingsbuis omhoog, langs het plafond tot de muur ertegenover, omlaag langs de deur naar de slaapkamer, over de vloer tot de deur van de hal en dan terug, omhoog, omlaag, langs de lijnen die ze nog niet getrokken had. Een beetje alsof ze een tekening maakte, eerst de omtrekken, dan alles invullen. Wat van haar was. De secretaire met de foto's, de staande lamp, het dressoir, te groot voor deze kamer maar ze had erop gestaan om het mee te nemen. Het riviergezicht erboven, haar boeken, nog niet op alfabet in de kast die Hubert voor haar gekocht had, het tv-meubel. Heel af en toe drongen geluiden uit het huis tot haar door, verder was het stil.

'Ja', had ze op een gegeven moment haar stem horen zeggen. 'Dit is het nu.' Toen had ze gehuild, niet lang, even maar. En daarna had ze haar stoel naar het raam gedraaid. De cipressen achter in de tuin waren zo dicht en hoog dat ze niet kon zien wat zich daarachter bevond. Een straat misschien, maar dan zou ze toch verkeer moeten horen. Als er maar wel een hek is, had ze gedacht. In de borders langs het gazon scharrelden vogels rond, ze streken neer op de gemetselde rand en verdwenen dan onder laaghangende takken met rode besjes. Er zat mos in het gras en over de terrastegels lag een groene waas. Zou de zon niet zo ver komen? Ze dacht aan haar patiotuin met de rozen en de zonnewijzer en ze had buikpijn gekregen van heimwee. De gele stenen van de zijvleugel lichtten op in het zonlicht dat over de muur schoof. Telkens als het licht de volgende rij ramen bereikt had, werden daar de zonneschermen neergelaten en ze had zich afgevraagd of dat soms automatisch ging. Toen had die man ook naar haar staan kijken, een paar keer, een plantengietertje met twee handen vasthoudend alsof er tien liter in zat in plaats van één.

'Mam?'

'Nee, het gaat goed met m'n heup de laatste tijd.'

Maar toen haar dochter een beetje spottend haar laatste woorden herhaalde, verbeterde ze zichzelf direct. 'Ik bedoel, vergeleken met de tijd ervoor.' Waarom zei ze zulke onzin nou toch? Ze moest wel haar gedachten erbij houden. 'Ik moet alleen niets forceren. Hoe is het met MacMillan?'

'Goed. Hij zit hier naast me. Wil je hem even spreken?'

Onwillekeurig glimlachte ze. Het grapje van Cleo. 'Zorg maar goed voor hem. Binnenkort moet hij maar hiernaar toe komen, ik heb al meer honden gezien op de galerij.'

'We zien nog wel mam. Eerst maar even wennen. Heb je al iets gehoord van tante Agaath?'

'Nee. Ik vraag me af of die mail wel aangekomen is.'

'E-mail komt altijd aan, ma.'

'Je begrijpt me wel', zei ze een beetje snibbig. 'In ieder geval komt Agaath pas over drie weken terug. Dat zal een hele verrassing zijn. Gaat daar de bel bij jou?'

'Nee mams.' Eefjes stem kreeg de klank waar ze vroeger zo boos om kon worden. 'Ik denk dat het de jouwe is.'

'Weet je het zeker? Ik dacht toch echt… Wacht je even?'

Ze legde de hoorn op tafel en liep naar het halletje. Een haar onbekende vrouw met een baret, zag ze door het kijkglaasje, met een figuur als een duikelaar, maar dat kwam door het lensje, het was net een lachspiegel. Wel goed dat ze dit al had laten maken. Het was de enige aanpassing die ze gevraagd had.

'Volgens mij is ze thuis, hoor', hoorde ze een stem zeggen. Dat zou de overbuurvrouw wel zijn, die tijdens de verhuizing een paar keer om de hoek van de deur had gekeken. Ze hadden nog niet kennisgemaakt. Eline zag dat de vrouw met de baret omkeek.

'Zo, mevrouw Barends', zei een heldere stem. 'Denkt u? Dan zal ik nog maar een keer aanbellen.'

Eline ging een stap achteruit en wachtte tot de bel overging. Toen opende ze de deur.

'Goedemorgen, mevrouw Marchand', zei de vrouw met de baret. 'Ik ben Betsy Donselaar van de bewonerscommissie. Kom ik gelegen?'

Donselaar. Ze herinnerde zich de naam uit de informatiebrochure. Had de huismeester geklaagd over het gedrag van haar schoonzoon? Dat begon al goed. Die Hubert kon soms ook zo bot zijn. Ze deed de deur verder open en lachte naar de vrouw. 'Een bekende naam, als ik me niet vergis! Komt u binnen.'

'Dank u.' Haar glimlach stelde Eline een beetje gerust en ook het bloemstukje dat haar bezoekster tegen zich aan geklemd hield.

'Ik kom ook gauw eens een kopje koffie drinken', zei de vrouw in de andere deuropening. 'Per slot van rekening zijn wij buren, nietwaar?'

'Inderdaad', zei Eline. Achter de vrouw verscheen iemand in het halletje en terwijl Eline de deur sloot, hoorde ze haar overbuurvrouw zeggen: 'Blijf jij maar binnen. Er staat hier een gemene trek.'

Betsy Donselaar stond midden in de kamer. 'Hartelijk welkom in De Groene Vallei', zei ze, terwijl ze de linten van het bloemstukje fatsoeneerde. 'Namens de bewonerscommissie en eigenlijk dus namens alle bewoners. Ik hoop dat u hier fijn zult wonen.'

'O dat is aardig', zei Eline. 'Wat attent. En wat een schattig stukje. Anemoontjes. Daar ben ik juist zo dol op. Doet u uw jas niet even uit?' Ze klapte het voetenbankje in en legde het kussen terug.

'Wat liggen deze appartementen aan de achterkant toch mooi', zei haar bezoekster terwijl ze haar poncho losknoopte. 'Zo groen, zo rustig, toch heel anders dan aan de straatkant. Hé, daar heb je Rens Leffelaar! Ik wist niet dat je van hieruit elkaar kon zien.' Ze zwaaide. 'Dag Rens!'

'Grijze spencer en een gietertje?' vroeg Eline.

Ze zag het vonkje in de ogen van de andere vrouw, toen die zich omdraaide. 'Geen gietertje.'

'Dan is hij zeker klaar', zei Eline. 'Drie keer op een morgen is ook wat veel.'

Betsy Donselaar glimlachte. 'Daar zult u zich wel een beetje op moeten instellen, vrees ik. Iedereen wil maximale privacy, maar zelf houdt niemand zich eraan. Soms heeft het veel weg van een dorp.'

'Dat heeft ook z'n charme', zei Eline. Haar bezoekster was minstens een jaar of acht jonger dan zij, dacht ze terwijl ze de poncho op een knaapje hing. Best nog jong voor een serviceflat. Een rond gezicht met een blozende, wat verweerde huid en stevige grijze krullen die vast van haarzelf waren. Iemand die veel buiten was, een wandeltype, maar anders dan zijzelf. Vriendelijke ogen, grijsblauw, helder, die alles leken te zien. Ook dat de hoorn naast het telefoontoestel lag, bijvoorbeeld.

'Ach, wat dom van me.' Eline hield hem even tegen haar oor en hing toen op. 'Mijn dochter. Ik zal haar straks even terugbellen.'

'Dus ik stoorde u toch.'

'O nee, echt niet hoor. Ik vind het leuk dat u langskomt. De bewonerscommissie, zei u? Daar wil ik zo meteen graag meer over weten. Maar laat ik eerst even iets te drinken maken. Wat mag ik u aanbieden?'

Toen ze in het keukentje met het koffieapparaat bezig was, kwam Betsy Donselaar er gewoon bij staan. Ze had niets van een mevrouw op bezoek, vond Eline, ze vroeg van alles en nog wat, niet op een hinderlijk nieuwsgierige manier, maar gemoedelijk, en echt geïnteresseerd. Het deed haar denken aan de keren dat Cleo langskwam in Heemskerk, speciaal voor haar.

'Zo zien we ons kind tenminste nog eens', had Eefje een keer opgemerkt.

Even bijbabbelen met Omi, kondigde haar kleindochter steevast aan als ze naast haar neerplofte in de serre. Later, toen ze al weer gewoon kon lopen en in de keuken deed wat haar hand vond om te doen, kwam ze op de keukentafel zitten, voeten op de stoel. Cleo kon zo onbevangen vragen en zó aanstekelijk luisteren dat Eline er een warm gevoel van kreeg en de verhalen vanzelf kwamen. Tot Eefje binnenkwam en het in één keer stil werd, alsof iemand de afstandsbediening gebruikt had.

'Zal ik het blad nemen?' vroeg Betsy Donselaar toen ze de kopjes ingeschonken had.

‘Graag’, zei Eline. Wat een kordate vrouw, dacht ze, iemand die je werk uit handen neemt. Niet opdringerig, gewoon iemand die zich nuttig wilde maken.

Toen ze met een kopje koffie tegenover elkaar aan tafel zaten, vertelde Eline verder en nu had ze de foto’s bij de hand zodat ze kon aanwijzen wie Eefje was, die zojuist gebeld had, haar oudste dochter, die in Heemskerk woonde en bij wie ze drie maanden in huis geweest was nadat ze in het voorjaar haar heup gebroken had. En Welmoet, de tweede dochter, getrouwd met een Canadees, die het vorig jaar nog overgekomen was met de kinderen, maar zonder haar man want die kon de paardenfarm niet zo lang alleen laten. Dit waren ze, haar kinderen. De tweeling Timmy en Sue en de oudste, Peter junior, die deed volgend jaar eindexamen. Zelf was ze er drie jaar geleden nog geweest, maar dat was misschien toch wel de laatste keer, want nu met die heup, ze was negenenzeventig en dan moest je het lot niet tarten. En dan had je nog Kees, de jongste, woonachtig en werkzaam in Groningen, zo zei Kees het zelf ook altijd, hij had een adviesbureau maar ze vergat altijd waarin. En dit waren Eefjes zonen, Jeroen en Tom, die bij de verhuizing zo goed geholpen hadden. De foto van hun zusje Cleo was ze vreemd genoeg nog niet tegengekomen, maar ze moest nog twee dozen uitpakken.

‘En dit is mijn man’, zei ze, terwijl ze de foto op de secretaire een beetje naar haar bezoekster toe draaide. ‘In april was het vier jaar geleden dat hij overleed. Hij is gynaecoloog geweest in het Spaarnegasthuis in Haarlem.’

Aandachtig knikkend keek Betsy Donselaar naar de foto en uit haar mond kwam zacht een geluid dat zowel een bevestiging als meeleven betekende. Toen keek ze Eline aan. ‘Negenenzeventig jaar’, zei ze. ‘Dat is een mooie leeftijd om een veilig onderkomen te zoeken.’ Ze moesten allebei lachen. ‘En, wat zijn uw eerste indrukken van De Groene Vallei?’

Met deze vrouw zou ze vriendin kunnen worden, dacht Eline. Ze wist nog niets van haar, maar ze voelde zich op haar gemak, nu al. En dat had ze heel lang niet ervaren. Zoals ze net reageerde op Otto’s foto, precies zoals zij dat zelf in zo’n situatie zou doen.

'Tot nu toe heb ik geen spijt van mijn beslissing', zei ze en toen ze hoorde hoe stijfjes dat klonk, zei ze er vlug achteraan dat ze eigenlijk nog geen indruk had na één dag, ze had alleen wat naar de tuin zitten staren en daar werd je ook niet wijzer van, maar dit was toch wel ongeveer haar bedoeling geweest. 'Ik wilde zo lang mogelijk zelfstandig kunnen zijn, maar zonder de risico's die je loopt als je alleen in een huis woont. En ik wilde gezelschap. Dan ligt de keus voor een serviceflat voor de hand. En dan alles liefst in een omgeving die me aanspreekt.' Ze keek om zich heen. 'Dit bevalt me. Ruim, zelfs na dat grote huis waar ik zo lang in gewoond heb, en van alle gemakken voorzien. Natuurlijk moet ik het hier nog echt gezellig maken, het is nu nog een beetje kaal. En de ligging... u zei het al. Mooier kan haast niet. En ik hoop dat ik onder de bewoners ook mensen zal ontmoeten die een beetje dezelfde interesses hebben als ik.'

Ze zag haar ogen op zich gevestigd. Ogen met een lichtje. Had ze overdreven?

'U had geen beter moment kunnen kiezen', zei Betsy Donselaar. 'Volgende week dinsdag houden we ons driemaandelijkse bewonersoverleg. Het zou goed zijn als u erbij was. Als we onze gemiddelde opkomst halen, kunt u met dertig procent van hen kennismaken.' Ze lachte. 'Maar Agaath Overmeer zal er nog niet zijn, zoals u weet. Waar kent u haar van?'

'O, dat weet u?' zei Eline. 'Heel lang geleden werkten Agaath en ik op dezelfde school. Sinds die tijd zijn we vriendinnen.'

'Wat enig. Was u ook lerares handwerken?'

'O nee, stel je voor.' Ze moest lachen. 'Ik werkte op de administratie. Later heb ik wel een akte Frans gehaald, maar ik heb nooit lesgegeven.' Ze zweeg en keek naar buiten. 'Dat was een heel bijzondere tijd. Mijn eerste man gaf daar ook les en we trokken altijd met z'n drieën op.'

'Waar woonde u toen?'

'In Apeldoorn. Daarna...' Ze pakte haar kopje maar zag dat het leeg was. Was het verstandig om direct al de eerste keer de hele geschiedenis te vertellen? 'Ik ben nogal wat keren verhuisd', zei ze. Ach, ze zou het vast nog wel van Agaath horen. Over Bilthoven, de eerste jaren na de scheiding, toen ze om praktische redenen in de buurt van haar ouders was gaan wonen en Agaath na de avondcolleges in Utrecht vaak bleef slapen. Later Mijdrecht, Agaath was toen allang klaar met pedagogiek en werkte in Den Haag bij de inspectie, en zij zelf besloot dat het met het oog op de kinderen beter was als ze verhuisde naar de plaats waar ze ook werkte. Ze keek haar bezoekster aan. 'Van wie hebt u gehoord dat wij elkaar kennen?'

'Van het bureau. Het zal daar wel ter sprake gekomen zijn bij de inschrijving. Niet van Agaath zelf in ieder geval, want na dat ene kaartje uit, waar was het, Queensland geloof ik, zes weken geleden, heb ik niets meer van haar gehoord. Agaath is niet zo'n schrijfster. Maar dat geeft niet, ze is een uitstekende voorzitter. Als we haar niet gehad hadden, zou die bewonerscommissie nog steeds dat clubje oude bessen zijn dat alleen maar meierde over kapotte lampen in het trappenhuis. Ze komt toch over een week of drie thuis, is het niet?'

'Ik geloof het wel. Ik heb een paar keer geprobeerd haar te bereiken bij haar nicht in Brisbane, omdat ik het plezieriger vond als ze van tevoren zou weten dat ik hier ook kom wonen. Maar het is niet gelukt.'

'Nou, dan merkt ze het wel', lachte Betsy Donselaar. ''t Lijkt me eigenlijk wel grappig als u elkaar opeens hier op de gang tegenkomt. Toch?'

Eline stond op om de koffiekan te halen. Zij voelde dat toch anders. Het was niet meer dan behoorlijk dat ze haar vriendin daarover inlichtte. Maar het was allemaal zo snel gegaan. Misschien kon ze vanavond nog eens proberen haar te bellen. Hoe zat het ook al weer met het tijdsverschil?

Toen ze terugkwam, bladerde haar bezoekster in haar boek. 'Is dit goed, *De tweeling*?' vroeg ze. 'Van Tessa de Loo ken ik alleen een paar verhalen.'

En zo, onder het tweede kopje koffie, kwamen ze dus op boeken, op lezen en op het persoonlijke van smaak. Het was een typisch kennismakingsgesprek, vond Eline, vluchtig maar ook wel interessant, zeker met zo'n aardig mens. Daarom liet ze ook niet het achterste van haar tong zien toen het over voorkeuren ging, maar ze onthield wel dat het huis, zoals Betsy het noemde, een kleine maar bijzondere bibliotheek had, uit de nalatenschap van een vroegere bewoner. En nadat onder het derde kopje koffie vogelexcursies en favoriete wandeltochten gepasseerd waren, kregen ze het over muziek, maar toen stond haar bezoekster op.

'Dat bewaren we voor een volgende keer. Want als ik daarover begin... Ik kwam alleen even kennismaken en nu is het al bijna halfeen. Schande.'

'Voelt u zich maar niet bezwaard', zei Eline. 'Ik voel me nu al veel meer thuis dan eerst.'

Terwijl ze toekeek hoe haar bezoekster voor de spiegel haar baret op haar krullen paste, zei ze opeens: 'Mag ik iets voorstellen? Ik denk dat ik van ons tweeën de oudste ben dus... Zullen we elkaar bij de voornaam noemen? Ik heet Eline.'

'O, graag,' zei Betsy Donselaar, 'dat gemevrouw ook.' Ze hield haar hoofd schuin. 'Eén vraagje dan nog, Eline. Jij houdt van klassieke muziek, zei je. Bespeel je ook een instrument?'

Eline aarzelde. Toen zei ze: 'Geen instrument. Ik heb vroeger veel gezongen. De laatste jaren komt het er niet meer zo van.'

'In een koor?'

'Heel lang geleden was ik lid van een oratoriumvereniging. Later heb ik in een kamerkoor gezongen.'

'Sopraan, denk ik?'

'Meestal wel. Waarom vraag je dat?'

'Dat', zei Betsy geheimzinnig, haar hoofd schuin, één voet al in de gang, 'vertel ik je een andere keer. Leuk met je kennisgemaakt te hebben, Eline. En misschien tot dinsdagavond!'

Eline keek haar na terwijl ze met stevige stappen de binnengalerij afliep. Terwijl ze de deur sloot, zag ze aan de overkant van de gang de vitrage bewegen. Dat was iets waaraan ze heel erg zou moeten wennen, dat ze in de gaten gehouden werd. Misschien was het beter om erboven te staan, anders zou ze zich maar blijven ergeren.

Ze liep door naar de slaapkamer en schoof een van de verhuisdozen voor de kast. Dat zou ze nu meteen maar even doen. Ze voelde zich opgewekter dan ze in dagen geweest was. En toen ze even later naar buiten keek en de man van het gietertje weer zag kijken, kon ze het niet laten om even naar hem te knikken, langzaam en met nadruk, zodat hij zich niet kon vergissen. Tot haar verrassing knikte hij terug. 'Dag... Rens', mompelde ze en ze wendde toen snel haar hoofd af. Je kon best lachen met Betsy. Haar blik dwaalde naar de bloeiende borders en de donkere cipressen erachter. Het had wel iets van een Italiaanse tuin, ze zou zich zó kunnen voorstellen dat achter die groene boomtoppen in de diepte een meer lag, zoals bij het hotel in Orta San Giulio. Ze schudde haar hoofd. Dit was niet het moment om daar weer aan te denken.

En nou had ze toch nog vergeten te vragen aan Betsy of er een hek was.

2

Voor het afstapje naar de ingang van de recreatiezaal stond ze even stil en keek door de dubbele deur naar binnen. Er was nog bijna niemand. Naast de tafel op de verhoging stond Betsy Donselaar te praten met een lange, kalende man met een lichte bril. Ze liet hem iets lezen en daarna bogen ze zich over papieren die op tafel lagen. Achter hen rolde de huismeester een snoer uit naar een kastje tegen de achterwand. De zitjes van de koffiecorner, waar ze vanmorgen in haar eentje een kopje had gedronken, hadden nu plaatsgemaakt voor rijen rechte stoelen tussen de ramen en de biljarthoek. Op de achterste rij zaten een man en een vrouw zwijgend naast elkaar. Eline streek even langs haar jurk, haalde diep adem en zette de punt van haar stok op de trede voor haar.

'Goedenavond', zei ze met een glimlach en een knikje.

Het paar op de achterste rij groette terug, Betsy keek op.

'Eline! Wat leuk dat je gekomen bent!' Met uitgestoken hand kwam ze op haar toelopen. 'Nogmaals welkom, zal ik maar zeggen. Straks aan het begin zal ik je even introduceren, dan weet iedereen wie je bent.'

'Als ik maar niet iets over mezelf hoef te vertellen', zei ze.

Betsy lachte. 'Eigenlijk breng je me op een idee. Maar wees maar niet bang, dat is geen traditie hier.' Ze legde haar hand op Eline's arm. 'Ik wil je even voorstellen aan de grand old man van de bewonerscommissie. Sander, dit is Eline Marchand, je weet wel, de vriendin van Agaath.'

Was het die lichte bril of waren het z'n ogen, dacht Eline. Kalm, beheerst, een tikje afstandelijk. 'Vreeman', zei hij en zijn stem klonk zoals die moest klinken, vond ze. 'Dat "grand old" komt geheel voor rekening van Betsy. Ik vind het leuk om met u kennis te maken.'

'Ik moet hier wel even bij kunnen.' De huismeester drong tussen hen door. 'Mevrouw Donselaar, volgens mij moet-ie 't nu doen. Als u 'm even uitprobeert, dan weten we het zeker.'

'Ik kom, Gijs. Eline, ken jij meneer Van Dusschoten al? Ons aller huismeester?'

'Ik heb al kennisgemaakt met meneer', zei Eline.

Van Dusschoten knikte. 'Zo is dat. Dag mevrouw.'

De stofjas van vanmorgen had plaatsgemaakt voor een colbert. Het maakte niet veel uit. Ze zag Vreeman kijken. 'Ik ga een plaatsje zoeken', zei ze.

Direct na het ontbijt was ze bij de huismeester langsgegaan om Huberts onheuse gedrag goed te maken. Ze had een blikje Pantertjes meegenomen als aardigheidje omdat ze zich van de dag van de verhuizing herinnerde dat er zo'n blikje op de tafel in zijn kantoortje had gelegen. Maar hij rookte niet, al twintig jaar niet meer, zei hij, op een toon alsof ze dat best had kunnen weten. Met een scheef lachje had hij het toch aangepakt, omdat zijn schoonzoon die dingen soms wel eens rookte, zoals hij zei, dat blikje had hij ook van hem, hij bewaarde er z'n zegeltjes in. En verder vond hij dat iedereen zich aan de aanwijzingen van de huismeester moest houden, bewoners en bezoekers, of ze nou heel geleerd waren of in een deftige auto reden of niet, want die regels waren er niet voor niets en als iedereen maar deed waar hij zin in had, dan was het binnen de kortste keren een zootje. Hoewel hij nog geen vijftig kon zijn, straalde hij een ouderwets soort chagrijn uit. Ze had zich moeten beheersen om de sigaren niet weer uit zijn handen te grissen. Maar ze kende het type. Dit was iemand die je te vriend moest houden.

'Test...' zei de stem van Betsy. De nagalm ging over in een schrille fluittoon, die abrupt afgebroken werd. 'Nog maar een keer, maar dan niet zo dicht erop', zei de huismeester.

Vanaf haar plaats bij het raam halverwege de zaal zag Eline de bewoners van De Groene Vallei binnenkomen. Sommigen liepen eerst even langs de bestuurstafel en degenen die in haar buurt gingen zitten, groetten haar met een knikje. De begroetingen waren familiair maar beschaafd. Er werd gepraat en gelachen, de meesten kenden elkaar natuurlijk al jaren. Het deed haar een beetje denken aan het gezelschap van de busreis naar Toscane die ze een paar jaar geleden gemaakt had. Dezelfde gemoedelijke sfeer, dezelfde toon.

Het was een jaar na Otto's dood, de eerste keer dat ze er echt uit was, en het had haar goed gedaan, ook al had ze zich weinig met haar reisgenoten bemoeid. Aardige mensen, dat zeker, beschaafd, er kwam toch een bepaald soort op af. Hier ook, je kon merken dat er een zekere ballotage plaatsvond, zoals Eefje haar had verteld. Alleen in haar geval was dat niet nodig geweest, maar dat had andere redenen.

'Is deze plaats vrij?' vroeg een scherpe luide stem. Eline schrok op. Een kleine vrouw met dikke brillenglazen stond naast haar. Voor ze kon antwoorden, schoof de vrouw langs haar en ging zitten. Ze knipte haar tas open en dook er bijna met haar hele gezicht in.

Eline keek op haar horloge. 'Ze zullen zo wel gaan beginnen', zei ze. De vrouw reageerde niet. Ze had een pakje papieren zakdoekjes opgediept en peuterde aan de verpakking.

Eline draaide zich naar haar toe. 'Gaat u vaak naar deze vergaderingen?' Weer kwam er geen reactie. Toen zag ze het hoortoestel achter het rechteroor.

Daar was haar overbuurvrouw, hoe heette ze ook al weer... mevrouw Barends. Misschien konden ze in de pauze eens even kennismaken, dan hoefde ze daar niet direct op bezoek. En dat was dus haar man. Ze stelde zich opeens voor hoe het geweest zou zijn als zij hier met Otto had gezeten. Dat hij nu ook meneer Barends had zien binnenkomen achter zijn vrouw, een beetje lacherig, onhandig groetend voor hij ging zitten. Zijn onvermijdelijke commentaar, net luid genoeg om door ieder verstaan te worden, ze had vaak zulke situaties meegemaakt. 'Die komt zeker ook niet vaak meer de deur uit.' Otto kon de vreselijkste dingen zeggen. 'Ik wil hier niet bij horen', zou hij gezegd hebben. 'Ik hoef niet elke dag aan mezelf herinnerd te worden. Als je dat maar weet, Lien.' Hij doelde dan weliswaar op een bejaardentehuis, maar het verschil met een serviceflat zou hij nauwelijks zien. Dat was trouwens niet de goede aanduiding, ze had vanmorgen in een briefhoofd een ander woord gezien. Seniorencentrum, dat was het. Ze keek naar de hoofden voor haar en heel even kwam het radeloze gevoel van de eerste dag terug. Vanaf nu was dit haar leven. Wonen tussen mensen van haar leeftijd, of in ieder geval zo goed als. Wellevend babbelende generatiegenoten, met wie ze ouder zou worden, steeds ouder, jaar na jaar tot ze doodging. Als ze tenminste niet al voor die tijd te gebrekkig was of dement, en ergens opgeborgen. Dat kon ook haar overkomen, hoe goed ze nu ook was, waarom niet? Want wat was er toch al veel veranderd de laatste maanden, en zo snel.

Toen Otto nog leefde, had oud worden haar nooit een probleem geleken. Gewoon, naast hem of beter twee stappen achter hem, *for better and for worse*, en het ging sinds hij gestopt was met de praktijk eigenlijk alleen maar beter tussen hen. Ze zouden zo lang als dat mogelijk was in hun huis blijven wonen, misschien wel tot het eind, hadden ze optimistisch gezegd nadat ze achter de garage een extra slaapkamer met een badcel hadden laten bouwen. Indien nodig konden ze helemaal gelijkvloers leven, alleen Otto's werkkamer was boven, maar daar vonden ze wel wat op als het zover was. Het was vooral haar man geweest die erop gestaan had. Zelf vond ze het wat onwezenlijk, een beetje overdreven zelfs, al die voorzorgen terwijl ze beiden kerngezond en vitaal waren. Maar het was allemaal totaal anders gelopen.

'Dames en heren', zei de stem van Betsy Donselaar. 'Wilt u gaan zitten? Het is kwart over acht en ik stel voor dat we beginnen.' Ze leunde naar voren en tikte dreunend op de microfoon. 'Doet-ie 't nou eigenlijk?' vroeg ze. Uit de zaal klonken bevestigende uitroepen. Eline zag hoe Sander Vreeman, die tussen Betsy en een andere, veel oudere vrouw aan de bestuurstafel plaatsgenomen had, zich naar de anderen boog en iets zei. Een glimlach trok over de gezichten. Er gaat rust van die man uit, dacht ze. Hij woont hier toch ook maar. En Betsy. En Agaath.

'Nou, 't zal me benieuwen!' De vrouw naast Eline keek haar niet aan, maar de woorden waren toch wel voor haar bestemd, veronderstelde ze. Ze boog zich wat naar haar toe.

'Hoe bedoelt u?' vroeg ze, goed articulerend.

'De laatste keer ging het toch helemaal nergens over! Zonde van m'n tijd. Maar deze keer heb ik tenminste zelf wel een punt. Ze moeten niet denken dat alles zomaar kan.' Ze snoof en frunnikte met stramme vingers aan een apparaatje dat op haar borst hing. Eline knikte. Ze had geen idee waar haar buurvrouw het over had. Ze leek een beetje op een kip, zoals ze daar zat met haar kin op haar borst, een vinnig bijziend krielkipje.

Betsy had flair, stelde Eline na het openingsspeechje vast. Een beetje zenuwachtig was ze wel, soms struikelde ze over haar woorden, ook toen ze haar vroeg om even te gaan staan zodat iedereen de nieuwe bewoonster kon zien. Eline Marchand, geboren Veninga, Betsy zei het precies verkeerd, zodat ze het zelf maar even herstelde, wat weer verwarring gaf omdat ze wel haar meisjesnaam aan wilde houden. Maar met een grapje over emancipatie stapte de plaatsvervangend voorzitter over naar de mededelingen. Eline probeerde aandachtig te luisteren, want het ging over zaken waar ze nog niets van wist, maar telkens dwaalden haar gedachten af. Een vrouw twee rijen voor haar keek af en toe over haar schouder in haar richting, en toen hun blikken elkaar een keer kruisten, glimlachte ze. Die had er zeker ook moeite mee. Gelukkig dat de notulen in het contactblaadje zouden komen, zoals Betsy had aangekondigd.

Bij het laatste agendapunt voor de pauze, de aanleg van de tweede lift, gaf Betsy het woord aan Sander Vreeman, die namens de bewonerscommissie de besprekingen tussen het bestuur en de aannemer had bijgewoond. Eline herinnerde zich dat ze bij de rondleiding van een maand geleden iets over de nieuwe lift gehoord had, maar ze had zich toen zo geërgerd aan Eefjes overdreven enthousiasme, dat ze er niets van onthouden had. Op ontspannen toon resumeerde Vreeman de planning en de tijdelijke effecten voor de dagelijkse gang van zaken. Het westelijke trappenhuis bleef in gebruik, maar op alle verdiepingen werd een gedeelte afgeschoten waardoor de doorgang enigszins bemoeilijkt zou worden. Het stiltecentrum werd voor de duur van de verbouwing buiten gebruik gesteld, terwijl men voor de expositieruimte op de eerste verdieping nog naar een alternatief zocht. De afspraken met het centrum voor kunstzinnige vorming zouden zo veel mogelijk nagekomen worden. De uitkomst echter, zei hij met een glimlach, zou al het ongemak doen vergeten.

Waarom woonde zo'n man niet op zichzelf? vroeg Eline zich af, terwijl ze luisterde naar zijn antwoorden op vragen uit de zaal. Zijn leeftijd kon het niet zijn. Wat bewoog mensen om op een gegeven moment in hun leven zo'n keus te maken? Of lag het aan haar? Had zij een verkeerde voorstelling van het leven in een appartementencomplex als dit?

'Nog meer vragen?' vroeg Betsy.

'Ik heb nog een vraag', zei een lijzige stem. Eline keek om en herkende de man van het gietertje. Hij was gaan staan waarbij hij de leuning van de stoel voor hem omklemd hield. 'Net als iedereen ben ik erg blij dat het nu eindelijk zover is met de lift. En mijn behoefte aan stilte kan ik wel enige tijd ophouden. Ervaring met aannemers heeft mij echter wat sceptisch gemaakt over planningen. Kan de commissie mij de zekerheid geven dat de aanleg minder tijd zal gaan kosten dan de toewijzingsprocedure heeft genomen? Ik zou het zeer op prijs stellen als ik nog bij leven van de lift gebruik zou kunnen maken.'

Vreeman wachtte tot het gelach bedaard was. 'Ik acht mij niet bevoegd om over uw fysieke conditie te oordelen, meneer Leffelaar, maar drie maanden geef ik u toch nog wel. Zoals gezegd begint de aannemer over twee weken en met de aanleg zal zo'n twee en een halve maand gemoeid zijn. Alleen, zoals u blijkbaar weet, in de bouw is niets zeker. Maar we hebben goede hoop.'

Eefje had haar enthousiast toegeknikt. 'Dicht bij jouw kamer, mam! Dat is best fijn voor als je weer last van je heup zou krijgen.' Doe niet zo overdreven, had ze gedacht, op de beletage zeker. Zij nam de trap wel. Eef was over alles enthousiast geweest, veel meer dan zijzelf. Ze had zo lopen jubelen dat Eline bijna had gevraagd of ze er zelf niet wilde wonen. Met Hubert werd het toch niets meer. Maar dat soort dingen zei je niet, zeker als je geen keus had. Het was ook in haar eigen belang dat ze vertrok. Sterker nog, ze was er zelf over begonnen.

Na Otto's dood was ze nog maar een halfjaar in het grote huis gebleven. Geen plezierige tijd, daar kwam ze eerlijk voor uit. Toen was het verkocht omdat de kinderen van Otto hun deel opeisten en zij was verhuisd naar een patiobungalow aan de andere kant van het dorp, kleiner, knusser en vooral ook veiliger naar haar idee. Ze had daar ruim drie jaar gewoond, eerst in haar eentje, later in het gezelschap van een Schotse terriër, precies zo'n hond als haar ouders vroeger hadden, jolig maar waakzaam. En als haar voet op die ongelukkige decemberavond niet achter het badkamerkleedje was blijven haken, woonde ze er nu nog. Een nacht en driekwart van de dag daarop had ze op de behaaglijk verwarmde maar op den duur onverdraaglijk harde vloer van de badkamer gelegen, niet zichtbaar vanaf de straat en door de vlijmende pijn in haar heup niet in staat zich te verplaatsen. MacMillan scharrelde om haar heen, maar zijn meelevende blafje was meer voor haar bestemd dan voor de buitenwacht. Tot haar buurvrouw, ongerust geworden omdat de vuilcontainer maar op straat bleef staan, uit zichzelf kwam kijken.

Toen het ziekenhuis na vijf dagen, waarvan er zelfs nog twee in een weekend vielen, oordeelde dat het voordeliger was als ze elders herstelde, was het niet meer dan logisch dat ze inging op het aanbod van Eefje en Hubert. Terug naar huis was in dit stadium onmogelijk en het alternatief, tijdelijke opname op de verpleegafdeling van een verzorgingshuis, schrikte haar nog meer af dan een verblijf bij haar kinderen. In hun grote huis had ze in ieder geval een kamer voor zichzelf en, ook al ging het allemaal wat onhandig, voor de verzorging die ze bij hen kreeg, had ze thuis maanden op een wachtlijst moeten staan. Maar ze wisten allemaal vanaf de eerste dag dat dit slechts een tijdelijke oplossing kon zijn.

Een paar jaar geleden, toen de kinderen een keer op bezoek waren, had ze een stukje uit een tijdschrift voorgelezen over wat daar het Italiaanse model genoemd werd. Ouders die tot hun dood bij hun kinderen bleven wonen, hun plaats behielden, hun waardigheid, in een respectvolle verhouding. Meer nog, generaties van één familie die samen een huis bewoonden, elkaar opvolgden in de tijd als bomen in een bos, zo stond dat in het artikel. Waarom kon dat in zuidelijke landen wel? Ze zag nog de veelbetekenende blikken van de kinderen en ze wist toen al en nu weer dat zij daar niet de moeder voor was en Eef en haar man, en ook Kees, niet de kinderen. Ze moest er niet aan denken. Zelfs die drie maanden bij

Eefje en Hubert waren bijna al te veel geweest. En dat niemand dat voor de ander wilde toegeven, was nog het pijnlijkste. Toen ze weer zonder krukken kon rondscharrelen en voorzichtig begon over teruggaan naar haar huis, zag ze, voordat de bezwaren kwamen, de opluchting in hun ogen. Ze hoefden elkaar niets wijs te maken, het zou voor iedereen een bevrijding betekenen. Toen pas bleek dat Eefje en Hubert zonder haar in te lichten informatie hadden ingewonnen over andere woonvormen voor ouderen, zoals ze het noemden. 'Na wat er gebeurd is, vinden we het niet meer verantwoord dat je zelfstandig blijft wonen, moeder.' Huberts zuinige mond stond nog zuiniger dan anders.

'Zo, vinden jullie dat', had ze gezegd.

Het deed pijn, alles. Dat ze misschien haar huisje moest prijsgeven, dat haar eigen kind achter haar rug iets had ondernomen alsof haar moeder niet goed bij haar hoofd was. Dat ze oud werd en de dingen niet meer te keren waren. Maar diep in haar hart, zo diep dat ze zich dat pas later realiseerde, was ze opgelucht. Ze durfde niet meer. Maar dat was later, in het begin had ze geprotesteerd en zelfs een klein beetje lijdelijk verzet gepleegd. En daarna had ze het grotendeels over zich laten komen.

'Geen vragen meer?' zei Betsy. 'Dan stel ik voor dat we eerst even pauzeren...'

'Ik heb een vraag', zei de vrouw naast Eline.

'Mevrouw Ittersum. Gaat uw gang. Dan bent u de laatste.'

De vrouw ging staan. 'Ik heb gehoord dat er weer een huurappartement verkocht is, terwijl er vorig jaar was besloten...'

Betsy Donselaar onderbrak haar. 'Mevrouw Ittersum, dat is iets voor de rondvraag. We hebben het nu over de verbouwing.'

'Wat zegt u?'

Betsy trok de microfoon naar zich toe. 'Straks bij de rondvraag kunt u daar een vraag over stellen. Goed? Dan is het...'

'Wanneer is de rondvraag?'

'Na de pauze. Eerst moeten we het nog even hebben over het groot onderhoud en de offerte van het evenementenbureau...'

De vrouw keek Eline aan. 'Wat zegt ze nou allemaal?' En toen stak ze haar hand op. 'Mijn zoon komt me straks halen. Daarom wil ik mijn vraag nu stellen. Dat mag toch zeker wel?'

Eline zag dat Vreeman Betsy iets influisterde. De voorzitster boog zich naar de microfoon.

'Dat lijkt me een goede reden om een uitzondering te maken.'

Weer keek de vrouw Eline aan. Ze knikte haar bemoedigend toe. 'Toe maar, stelt u uw vraag maar.' Het was toch wel een zegen dat haar gehoor nog goed was, dacht ze. Je raakte zo gauw in een isolement. Maar dat krielkipje naast haar wist nog precies wat ze wilde. Er bestonden blijkbaar vaste afspraken over percentages huur- en koopappartementen, dat wist ze trouwens helemaal niet, ze had gedacht dat het allemaal koop was, en nu was er volgens haar buurvrouw een huurappartement in de verkoop beland buiten de procedure om en zonder dat het eerst aan de huidige bewoners was aangeboden...

'Mevrouw Ittersum', zei Betsy. En toen nog een keer heel luid: 'Mevrouw Ittersum! Dit is niet het goede adres voor die vraag. U moet bij het stichtingsbestuur zijn. Wij gaan daar niet over.'

Nu leek ze echt op een vogeltje, dacht Eline. Haar kin omhoog, die felle blik. 'Nee mevrouw, maar we mogen ons daar wél mee bemoeien! Dat is juist ook de taak van de bewonerscommissie. Toezien op de uitvoering van het beleid als het om zaken gaat die de bewoners van De Groene Vallei betreffen. Zo'n bestuur kan wel van alles besluiten...'

Er trok een rimpeling door de zaal. 'Nou, nou, nou', zei een stem vlak bij Eline en hoofden draaiden zich haar kant uit.

Boven alles uit was Betsy's stem te horen. 'Natuurlijk, natuurlijk, in principe hebt u daar gelijk in, mevrouw Ittersum. Ik beloof u, op de eerstvolgende vergadering met het bestuur – wanneer is die ook al weer, Sander? 28 september? – zullen we hier een vraag over stellen. Om welk appartement gaat het ook al weer?' En toen er geen antwoord kwam: 'Mevrouw Ittersum, welk appartement bedoelde u?'

Weer keek de vrouw Eline aan. 'Welk appartement?' verduidelijkte ze.

'Nummer 117', zei de vrouw.

'Genoteerd!' zei Betsy. 'En dan is het nu pauze. De koffie is voor rekening van de commissie en de overheerlijke cake wordt u aangeboden door het bak- en braadgroepje Koek & Zopie, waarvoor zoals altijd onze hartelijke dank.' Nog voor het waarderende applausje was uitgestorven, corrigeerde de voorzitster haar laatste mededeling. De cake was wegens omstandigheden aangeschaft bij de plaatselijke banketbakker en het groepje deed een dringende oproep uitgaan om nieuwe leden.

Toen Eline een kopje gevuld had uit de koffieketel en zich omdraaide, botste ze bijna tegen een vrouw op die vlak achter haar stond.

'O, pardon', zei ze. 'Dat gaat nog maar net goed.'

De vrouw bleef staan en keek haar vol verwachting aan. 'Lientje Marchand', zei ze. 'Ik zag meteen dat jij het was. Ken je mij nog?'

Het was de vrouw die daarstraks een paar keer naar haar gekeken had. Eline keek naar het vriendelijke, een beetje bolle gezicht en zocht in haar geheugen. Een collega uit Apeldoorn? Nee, in die tijd noemde niemand haar zo. Nog langer geleden waarschijnlijk. Iemand van haar school. 'Niet zeggen', zei ze. 'Ik moet er zelf opkomen.'

'Ik moet toch nog even koffie pakken', zei de vrouw. 'Maar ik zal je één aanwijzing geven. De tweede bank van achteren, bij het raam. Choix de mots, Westerveld. Ik ben zó terug.'

De koffie was bitter en niet erg warm meer. Die had hier vast de hele dag gestaan, dacht Eline. Ze keek naar de vrouw die haar aangesproken had. Een leuk permanentje maar te hoog boven haar lange hals en de wat hangende schouders. Een figuur als een peer. Choix de mots. Dat was de mms natuurlijk, Frans. En welke naam had ze ook al weer genoemd? 't Voelde altijd zo vervelend als je iemand niet herkende. Maar zelfs die bank bij het raam zei haar niets. De vrouw draaide zich om en kwam glimlachend op haar toelopen.

'Ik zal je maar helpen', zei ze. 'De Betje Wolff-mms, de tweede klas. Westerveld gaf Frans, weet je dat niet meer? Hij noemde ons soms in een adem. Leentje en Lientje. Herinner je je 't nu?'

'Dat is waar', zei Eline. 'Leentje en Lientje. Jij bent Leentje.'

'Heel goed', zei de vrouw. Ze stak haar hand uit. 'Heleen de

Rover. Maar toen heette ik Leny Vrugt. En die malle Westerveld was dol op alliteraties. Stel je nou toch voor, 't is meer dan zestig jaar geleden. Wat zeg ik, bijna zeventig.' Ze schudde haar hoofd. 'Wanneer ben je hier komen wonen? Nog maar kort geleden toch?'

'Vorige week. 't Is allemaal nog heel erg nieuw voor me. Maar dit is een goede gelegenheid om met iedereen kennis te maken.'

'Dat is het zeker,' zei Heleen de Rover, 'want zo vaak zie je elkaar niet. De meesten leven hier erg op zichzelf. Wat dat betreft, verschilt het niet zo veel van een gewoon flatgebouw. Weet je dat jij eigenlijk heel weinig veranderd bent?'

'Nou...' Eline glimlachte. 'En, woon jij hier lang?'

'In maart zes jaar al weer. We zochten al heel lang iets in de buurt van de kinderen... Nee, dat is niet waar, 't begon ermee dat mijn man last kreeg van zijn hart, hij was toen een paar jaar met pensioen, maar we hadden weinig zin om al in een verzorgingshuis te trekken. Toen hoorden we van een serviceflat waar je zorg kunt inhuren, om het maar zo te zeggen. Dat was natuurlijk een uitkomst. En zo is 't gekomen.' Het laatste zei ze met een zachte g. 'En ik moet zeggen, we hebben er geen dag spijt van gehad. Het bijzondere is, we hebben die zorg nog nooit nodig gehad. Mijn man kan zich met zijn medicijnen uitstekend redden, eigenlijk veel beter dan toen we ons huis nog hadden en...' Ze keek Eline aan. 'Jij woont hier alleen, is het niet?'

'Ja.'

'Ben je...?'

'Mijn man is overleden', zei Eline. 'Een paar jaar geleden. Even m'n kopje wegzetten.'

Heleen de Rover drentelde met haar mee. 'Zie jij nog wel eens iemand van vroeger, van het Betje Wolff?'

Betsy Donselaar kwam op Eline toelopen. 'Eline...?'

'Nee, nooit meer', zei ze. ''t Is ook meer dan zestig jaar geleden.' Ze zette het kopje op de tafel. 'Ha, Betsy.'

'Ik wil even zeggen dat je je het niet moet aantrekken hoor, van het appartement. Daar is helemaal niets mee aan de hand, alleen horen sommige mensen een klok luiden...'

'Wat bedoel je?'

'De verdeling van woonruimte is een zaak van het bestuur en de procedures daarvoor liggen gewoon vast. Er is niets verkeerds...'

'Betsy,' zei Eline, 'dat vind ik allemaal prima, maar ik begrijp niet waarom je mij dat komt uitleggen. Heb ik daar iets mee te maken?' Ze zag Heleen aarzelen en ze knikte haar toe. 'Ik zie je straks nog wel!'

'Het ging toch over jouw appartement?' Betsy's blozende gezicht werd een tint donkerder. 'Of heb ik het mis? Die vrouw die naast je zat, Magda Ittersum, die had het toch over nummer 117?'

Eline keek haar met grote ogen aan. 'Je hebt gelijk. Ik woon op nummer 117. Nou, dat is nou toch ook wat. Je zult het wel vreemd vinden, maar dat drong helemaal niet tot me door.'

'Des te beter.' Opeens stond Sander Vreeman bij hen. 'Er is ook niets aan de hand, Eline. Mag ik Eline zeggen?'

Ze keek in zijn kalme grijze ogen en zei: 'Maar natuurlijk, Sander.'

'En heb je al kennisgemaakt met mijn gevreesde tegenstander van de dinsdagavond? Wouter Meijerink, Eline Marchand.'

Een reusachtige rossige man met grote weke handen boog zo diep dat ze even dacht dat hij haar hand zou kussen. 'Tegenstander waarin?' vroeg ze.

'Wij spelen schaak', zei de reus. Zijn stem kwam uit de diepte. 'Op het scherp van de snede.'

'O, wat enig', zei ze. 'Mijn man en ik schaakten ook dikwijls.'

'Hoor je dat, Sander?' Meijerink liet eindelijk haar hand los. 'Iemand met spelervaring.'

En toen lag het voor de hand dat Vreeman haar hoffelijk uitdaagde voor een partij, en ook dat zij die uitdaging even hoffelijk aannam onder de voorwaarde dat ze de tweekamp niet verstoorde, waarop Meijerink natuurlijk voorstelde om er een driekamp van te maken, waarna Betsy zei dat Eline nu al ten deel viel wat haar in drie jaar tijd niet gelukt was en dat ze zich nu maar terugtrok om het einde van de pauze aan te kondigen, want je had nu eenmaal luxe paarden en werkpaarden. En in de speelse conversatie en de kleine plagerijen die erop volgden en die een constante lach om haar mond brachten, voelde Eline zich opeens even zweven, de gewaarwording die ze vroeger wel eens had als ze zich vrij voelde, onbekommerd, onbezorgd, een sensatie die dicht in de buurt kwam van geluk. Voor het eerst sinds lange tijd voelde ze zich ergens thuis. Dít had Otto eens moeten zien, dacht ze.

Achterin de zaal zag ze Heleen de Rover staan, in haar eentje, ze stond tegenover een schilderij en toen iemand haar passeerde, keek ze om, haar hoofd wat schuin. En op dat moment keerde bij Eline de herkenning terug, een scherfje van een herinnering, meer niet. Die houding, die wat hulpeloze, vragende uitdrukking op haar gezicht, het riep opeens iets bij haar op dat verder ging dan wat haar klasgenote zelf had verteld. Even sloot ze haar ogen, maar ze kreeg er geen vat op. Het was als een puzzelstukje dat in een verkeerde doos terechtgekomen is.

3

Onder de luifel van de hoofdingang was het nog koel, maar eenmaal op straat voelde Eline dat de vochtige warmte van de laatste dagen nog niet voorbij was. De zon stak, hoewel het nog maar net negen uur was, een branderig, scherp licht in een lucht die naar onweer stond. Ze haalde haar zonnebril tevoorschijn en terwijl ze de glazen tegen het licht hield en schoonwreef, keek ze naar de gevel van haar nieuwe huis. Nou ja, háár... maar hoe moest ze het anders aanduiden, dacht ze, als ze het woord tehuis per se niet wilde gebruiken omdat dat zo aan een inrichting deed denken?

Mooi kon ze het gebouw niet noemen, maar het was in ieder geval niet zo'n doos zonder kraak of smaak. Door de twee uitspringende gedeelten in de voorgevel ter hoogte van de dwarsvleugels had het iets voornaams, en ook door de gele stenen, alsof het van... kom, hoe heette de architect van het Hilversumse raadhuis nou... Het was natuurlijk niet van hem, dat wist ze ook wel, maar toch. Alleen de ingang was een beetje kaal, met de naam in van die armetierige krulletters erboven. Toch een beetje bejaardenhuisachtig.

Zelfs op zaterdag was er vrij veel verkeer. Dat maakte het wel levendig, ook door de winkels aan de overkant, en toch niet té. Een leuke straat, met die perkjes in het midden en bloembakken tussen de parkeervakken. Een straatweg was het, ze wist dat veel oude doorgaande wegen in de kuststreek zo heetten. Aan deze kant was hij overigens veel saaier, met grote vrijstaande huizen naast elkaar, voor het merendeel in gebruik als kantoor, met tegelplaatsjes in plaats van tuinen en erg veel gesloten zonwering. Acht telde ze er tot de eerste zijstraat, het mooie hoekhuis met het piepkleine torentje inbegrepen, waarin tot haar verrassing een kantoor gevestigd was van de makelaardij die sinds een maand bezig was haar huisje te verkopen. Hubert kende de directeur ergens van en had de firma aanbevolen. Hubert kende veel mensen. Maar de drie bezichtigingen die er tot nu toe geweest waren, hadden nog geen bod opgeleverd. Ze keek op een afstand even naar de foto-etalage, maar liep toen de zijstraat in. Nu maar niet. Het maakte haar toch alleen maar verdrietig.

Dit was echt een groen laantje, bijna net zo groen als dat waar ze gewoond had. Stevige bomen met kruinen die elkaar raakten en wortels die de tegels omhoogdrukten zodat ze goed moest kijken waar ze liep. Tuintjes met brede geschoren hagen en borders vol bloemen. Een vrouw met een snoeischaar in de hand knikte naar haar over de heg. Naast de stoeprand zaten twee meisjes op hun hurken en trokken oranje en blauwe krijtlijnen op de tegels, een hinkelbaan. Nu bleef ze wel even staan, het was ook heerlijk in de schaduw. Weer sloeg ze rechtsaf, de laan in die evenwijdig aan de straatweg liep en ze wandelde langs hoge twee-onder-een-kap-huizen met diep tuinen en opritten van rood grind tot aan het stuk groen waar De Groene Vallei moest liggen. Op de hoek stond de enorme rode beuk waarvan ze het topje vanuit haar raam kon zien, en daarachter manshoge hulststruiken. Iets verderop kwamen het dak en de balkons van de bovenste etages van het huis in zicht. En daar waren de cipressen, in een lange verspringende rij met lage heesters ervoor. Vóór de tweede dwarsvleugel moest haar appartement liggen, maar of dit nu de eerste of de tweede was, wist ze niet, ze kon zich nog niet zo goed oriënteren. Wel een dichte begroeiing hier, en stekelig ook. Was er nu een hek of niet? Ze liep het gras op en bukte zich.

'Kan ik u helpen, mevrouw?'

Eline drukte zich overeind op haar stok. Een jonge vrouw keek naar haar over het dak van haar auto, haar arm op het portier, ze moest net gestopt zijn.

'Nee, dank u', zei ze. Ze voelde dat ze een kleur had.

'Bent u iets kwijt soms? Wil ik even helpen zoeken?'

'Nee, echt niet. Ik keek even naar die struiken.' Ze praatte zo beslist mogelijk. 'Dank u wel.'

Het bleef erg stil achter haar terwijl ze verderliep. Toen de auto haar ter hoogte van de volgende zijstraat voorbijreed, zag ze dat een jongetje op de achterbank zich helemaal omdraaide om naar haar te kijken. Het was goed bedoeld geweest, dacht ze, maar wel een beetje vernederend. Straks gingen ze haar nog terugbrengen. 'Woont deze dame hier?' Vreselijk.

In de bloemenwinkel schuin tegenover De Groene Vallei aarzelde ze tussen een vrolijke bos floxen en een tuiltje fresia's. Ze wist nog helemaal niets van haar buren. Fresia's dan maar, een beetje saai maar ze stonden wel langer. Daarna neusde ze even in de boekhandel ernaast, maar na een paar minuten stond ze weer buiten. Natuurlijk kon je in zo'n kleine plaats ook niet meer verwachten dan dit. Toen ze ten slotte met haar halfje bruin de bakkerswinkel uit kwam, stond ze tegenover haar overburen.

De vrouw herkende haar het eerst. 'Zo buurvrouw, al vroeg op pad!'

'Zeker, mevrouw Barends,' antwoordde ze opgewekt, terwijl ze de fresia's achter haar rug hield, 'de vroegte wint, zei mijn moeder altijd.'

'Onze moeders wisten het wel.' Met een zakdoekje bette mevrouw Barends haar voorhoofd. Schuin achter haar knikte haar man Eline toe. 'U komt toch wel hè, straks? We halen even wat lekkers.' Haar stem was net zo doordringend als haar blik, vond Eline.

'Natuurlijk', zei ze. 'Halfelf, was het niet?'

Barends stak zijn hand uit. 'Zal ik die bloemen vast aanpakken?' Hij grijnsde een beetje dommig tot zijn vrouw hem meetrok.

Wat een eigenaardige types, dacht Eline. Toch was het haar gisteren meegevallen dat ze niet zichzelf kwamen uitnodigen maar háár, al klonk het wel een beetje vals. 'Laat ik dan maar de eerste zijn, buurvrouw. Morgenochtend met de koffie?' Alleen dat vreselijke gebuurvrouw, het leek wel een dorp.

Toen ze de hal van De Groene Vallei binnenging, draaide de huismeester haar zonder te groeten zijn rug toe en zei iets tegen iemand in het kantoortje. Wat een onbeleefde man was dat toch. Was hij nou nog steeds gepikeerd? Maar toen ze voorbijliep, riep hij haar naam. 'Er is een pakket voor u bezorgd. Maar denk erom, 't is breekbaar.' Een donkere jongen kwam het kantoor uit met een doos die hij op de balie zette. Haar naam en adres stonden in forse letters op het karton, een afzender zag ze zo gauw niet.

'Dankjewel', zei ze verrast. Zwaar was het pakket niet, merkte ze, toen ze het even optilde, maar wel onhandig om te dragen, vooral met al haar andere spullen. Ze hing haar stok aan haar arm en legde de fresia's op de doos, maar voor ze twee stappen gedaan had, glipte de zak met brood al tussen haar vingers vandaan. Bukken kon ze niet.

'Zal ik die eens even voor u dragen?' zei een stem naast haar. 'Zegt u maar naar welke verdieping.'

Een man met een blozend gezicht en glad achterovergekamd haar nam de doos van haar over voor ze iets kon zeggen. Ze kon nog net de fresia's redden.

'Heel graag. De eerste alstublieft.'

'Dan nemen we natuurlijk de trap', zei hij. Hij had een luide diepe stem en articuleerde bijna overdreven. Onder het lopen keek hij naar het adres. 'Bent u nou mevrouw Marchand? Mijn naam is Bolhuis. Betsy Donselaar heeft me over u verteld.'

Ze liep voor hem uit met de sleutel. 'Ik hoop alleen maar goede dingen, meneer Bolhuis?'

Hij keek haar verwonderd aan en lachte toen. 'O, ja hoor. Alleen maar goede dingen. Waar zal ik 'm neerzetten?'

Zijn haar was een beetje te lang, zag ze toen ze hem liet voorgaan. Achter zijn oren krulde het op, eendenkrulletjes vanonder een gepommadeerde laag.

'Ziezo.' Hij veegde zijn voorhoofd af en stak zijn hand uit. 'Laat ik me nog even netjes voorstellen. Anton Bolhuis. Ik woon op de vierde verdieping. Bevalt het u hier tot nu toe?'

'Jazeker.' Eline keek in zijn goedmoedige ogen en aarzelde even. 'Wel, mijn naam kent u inmiddels, nietwaar? Erg vriendelijk van u om mij even te helpen, meneer Bolhuis. Ik zou u heel graag een kopje koffie willen aanbieden, maar ik ga zo zelf op visite.'

'Dat bewaren we dan voor een andere keer', zei hij. 'Mijn vrouw heeft zelf de koffie bruin. Ik ging alleen even de krant uit de bus halen. Waar heb ik die trouwens gelaten?'

'Onder uw arm', zei Eline. Terwijl ze hem uitliet, vroeg ze zich af of Betsy echt met anderen over haar praatte. Daar leek ze haar helemaal niet het type naar.

Nu snakte ze zelf ook naar koffie, maar het was de moeite niet meer, over tien minuten moest ze al weg. Veel liever zou ze nu even bij Betsy langsgaan, de kennismaking voortzetten, misschien ontmoette ze daar ook Sander Vreeman wel weer, of die grote schaakvriend van hem, dat waren de mensen met wie ze hier het liefst zou willen optrekken. Maar ja, wat moest dat moest. Toen ze met de briefopener in haar hand het pakket omdraaide, zag ze opeens in dikke schaduwletters Cleo's naam op de zijkant staan en tegelijk wist ze wat erin zat. Dat lieve kind. Waarom nou toch, dat was toch veel te kostbaar voor haar. Ze sneed de doos open en tilde voorzichtig de porseleinen theepot uit de houtwol. Geen twijfel mogelijk, het was dezelfde. Het bijbehorende theelichtje zat in een aparte wikkel verpakt.

Een maand of twee geleden – ze deed voor het eerst sinds ze gevallen was weer eens een middagje Amsterdam met haar kleindochter – had ze hem in de etalage van een antiekzaakje zien staan. 'O kijk,' had ze uitgeroepen, 'precies zo'n pot hadden wij vroeger thuis, toen ik kind was.' Haar moeder gebruikte hem alleen zondags en op verjaardagen, vertelde ze Cleo, voor doordeweeks hadden ze de witte aardewerken pot, waarvan ze terwijl ze het vertelde, opeens de barst weer voor zich had gezien, een bruine barst van de bodem tot boven het oor. Vreemd hoe dat toch ging met herinneringen, ze had er tientallen jaren niet meer aan gedacht. Cleo was gaan vragen hoe duur de pot was en daarna waren ze voor de schrik maar een kopje koffie gaan drinken op het eerste terras dat ze tegenkwamen. Het was een bijzondere pot, maar zó bijzonder nou ook weer niet, vond ze. Cleo moest later zijn teruggegaan. Ze vouwde het briefje open dat in het omgekeerde deksel lag en kon zelfs zonder bril het vertrouwde ronde handschrift lezen.

'Liefste omi, wat is hij mooi, hè? Ik kan me goed voorstellen dat u daar als kind weg van was. Volgens mij zal hij op dat art-deco-theekastje van u heel goed uitkomen. Niet alleen op bijzondere dagen gebruiken hoor, gewoon elke dag. Dat is ook goed tegen het alleenzijn, want dan denkt u even aan me. Ik ben trouwens ook weer alleen. Gelukkig wel. Maar dat vertel ik u als ik binnenkort langskom. Veel geluk in uw nieuwe huis. Liefs&kussen, Cleo.

P.S. Denk nou niet, daar heeft dat kind het geld toch niet voor, want dat had ik toevallig wel. En bovendien heb ik nog flink afgedongen. Doeg!'

Eline knipperde met haar ogen. De schat. Haar lieve, dwarse kleindochter, die zo veel van háár had, maar ook, en misschien nog wel meer, van Eef. Toen ze dat een keer tegen Cleo zei, snoof die minachtend. Ze liet haar vinger over de ribben van de theepot glijden, langs de afbeeldingen van de seizoenen met de fijne bloemornamentjes ertussen, over de krans van vruchten, de krul op het handvat, net als vroeger. Dat theekastje waar ze het over had, was bij Eef achtergebleven. Die had er al zo lang een oogje op. Hoe moest ze Cleo dat nou weer uitleggen? Of deed ze soms alsof ze gek was en wist ze het al? Gewoon, lekker dwars. Het zou haar niets verbazen.

Juist toen ze de deur uit wilde gaan, ging de telefoon. Ze aarzelde even, maar liep toen terug. 't Kon een van de kinderen zijn.

'Met mevrouw Marchand', zei ze.

'Eline, je spreekt weer met Heleen de Rover. Heb je soms zin om nu een kopje koffie te komen drinken?'

Eline zuchtte onhoorbaar. Dat was de tweede keer al. 'Ach Heleen, wat jammer nou toch weer. Natuurlijk heb ik zin, maar ik ga juist de deur uit om kennis te maken met de buren. Wat treft dat nou...'

'Zullen we anders een afspraak maken?'

'Dat is een goed idee. Stel jij maar iets voor. Alleen moet ik maandagmorgen naar de kapper en dinsdag en woensdag zal er ook wel niet veel van komen want...' Ze hield op. Hoe kwam het nou dat ze zo deed? Zo onaardig. 'Ik hoop dat je het begrijpt, Heleen. Deze eerste dagen hier zijn zó vol, mijn hoofd loopt gewoonweg om.'

Natuurlijk begreep Heleen het. Maar ze klonk zo teleurgesteld dat Eline haastig in haar agenda bladerde. ''s Middags kan ik vaak wel', zei ze. En zo zat ze even later vast aan een afspraak voor morgenmiddag, juist de dag waarop ze naar Haarlem had willen gaan, zoals ze vroeger ook deed die ene zondag in de maand als de winkels open waren. Maar ze had het niet over haar hart kunnen verkrijgen om dat tegen Heleen te zeggen. Terwijl ze haar deur afsloot, vroeg ze zich af waarom. Want ze had helemaal geen zin om op bezoek te gaan bij een klasgenote die ze zich totaal niet herinnerde. Vreemd was dat toch. Ze strekte haar hand uit naar de bel onder het naambordje H. Barends. Al die sociale verplichtingen! En ze had het kunnen weten: vóór ze de bel ook maar aanraken kon, ging de deur al open.

Maar het bezoek aan de heer en mevrouw Barends, Henk en Bea op beider nadrukkelijk verzoek, bleek tot haar opluchting een minder grote verplichting dan ze had gevreesd. Het was eigenlijk wel gezellig, of eigenlijk wérd, want de vinnige Bea kon in het begin nauwelijks wachten tot Eline haar eerste kopje koffie voor zich had, ingeschonken door Henk natuurlijk, met haar vraag hoe het nou precies zat met haar appartement. Waarom ze het niet gewoon gehuurd had, hoe het kon dat ze buiten de wachtlijst om was gegaan, of er soms contact geweest was met de raad van bestuur waar de directie buiten gehouden was en of het feit dat Agaath Overmeer haar vriendin was, nog van invloed was geweest?

Eline constateerde tevreden dat het haar niet in verlegenheid had gebracht. Eigenlijk het tegenovergestelde. Ze had geantwoord dat ze het werkelijk niet wist. Dat op de dag dat zij over teruggaan naar huis begonnen was, haar schoonzoon had gevraagd of ze niets voelde voor een appartement in een servicecentrum. En toen ze na dagen van twijfelen liet merken dat ze aan het idee begon te wennen en dat het misschien wel de beste oplossing was in haar situatie, had hij gezegd dat er in Driehuis, waar toevallig ook haar vriendin Agaath woonde, een appartement vrijkwam dat ze zouden kunnen kopen. Nadat ze was wezen kijken – want van die enkele bezoekjes aan Agaath wist ze zich niet veel te herinneren –

had ze erin toegestemd. In haar Vogelenzangse jaren was ze gehecht geraakt aan de duinstreek en het was niet ver van de kinderen vandaan. Dát had vooral de doorslag gegeven, veel meer dan de aanwezigheid van Agaath, die overigens hier pas van horen zou als ze de volgende week terugkwam uit Australië.

Toen Bea dat laatste ter sprake bracht, had haar man even gekucht en daarna was het gesprek op iets anders overgegaan. Was het toeval? Het had Eline aan het twijfelen gebracht over de verhouding tussen hen. Was Henk wel de onnozele hals die hij leek? Gehoorzaam voerde hij uit wat zijn vrouw hem vroeg, op een sullige manier bijna, steeds met dat stille lachje om zijn lippen. Maar ze wist het nog niet met hem. 'O, fresia's!' had hij gezegd toen Bea hem de bloemen doorgaf om in een vaas te zetten. Alsof hij ze een uur geleden al niet gezien had. Maar het praten liet hij in ieder geval aan zijn vrouw over. Bea wisselde haar vragen af met nieuwtjes over het huis en vooral over de bewoners, wat Eline nog voorzichtiger maakte met wat ze losliet tegenover de vrouw die ook redacteur was van het huiskrantje. Na enige tijd begon ze zich af te vragen of ze dit wel allemaal wilde horen. Dat bepaalde leden van de bewonerscommissie meer belangstelling hadden voor elkaar dan voor hun taak. Dat een van de appartementen twee jaar lang in het geniep onderverhuurd was geweest. Dat de redactie een anonieme brief had gekregen over het groeiend percentage allochtonen in de zorgservice. Dat sommige bewoners de gemeenschappelijke activiteiten boycotten omdat ze vonden dat het geen bejaardenhuis moest worden.

'Dat kan ik me een beetje indenken', had ze gezegd. 'Niet dat ik het ermee eens ben, maar...'

'Precies wat ik dacht', zei Bea. 'Jij bent ook liever op jezelf. Dat geeft ook niet. Maar ik spreek je over een paar maanden nog wel eens.'

Het was niet onvriendelijk bedoeld, dat voelde ze wel, maar ze moest wel erg wennen aan zo'n directe manier van spreken. Maar Bea kon ook vals zijn. 'Magda Ittersum, de befaamde salonsocialiste', articuleerde ze luidkeels toen de dove vragenstelster van de bewonersavond ter sprake kwam. Bewoonde een van de fraaiste en duurste appartementen en bekommerde zich dan om de rechten van huurders. Henk trok een tuitmondje en Eline vermoedde enige jaloezie achter de uitval. Bea had een primeur gemist, terwijl die nog wel tegenover haar woonde. Overigens had ze nooit wat aan journalistiek gedaan, behalve wat stukjes voor het personeelsblad van Gerzon, waar ze filiaalcheffin was geweest. De redactie van het huisorgaan deed ze omdat ze het leuk en belangrijk vond. Henk zette het elke maand in de computer en de verspreiding liep via de bewonerscommissie.

'O, vandaar!' zei Eline met een knikje naar het zijkamertje, waar achter de deur allerlei apparatuur zichtbaar was.

Toen was Henk opgeveerd. Of ze wel eens met een computer gewerkt had. Toen ze haar onwetendheid een beetje overdreef – ze had heus wel eens achter Otto's tekstverwerker gezeten maar dat was al weer lang geleden – zei hij dat hij zich niet kon voorstellen dat hij ooit zónder gekund had. Sinds zijn pensionering had hij zich erop toegelegd en binnenkort ging hij zelfs een cursus geven voor belangstellenden. Er waren heel wat bewoners die een computer bezaten en De Groene Vallei had onlangs van een bedrijf een klein aantal gebruikte apparaten overgenomen en een ruimte op de bovenste verdieping laten inrichten als internetcafé. Omdat de aanmelding het aantal beschikbare computers overtrof, overwoog hij nu een tweede groep te maken. Als ze ook belangstelling had, moest ze het zeggen.

Terwijl ze afscheid nam, vroeg Eline terloops of ze ook wisten of er een hek was aan de achterkant.

'Geen idee', zei Bea. 'Maar als ik jou was, zou ik voor alle zekerheid de deur naar het terras altijd op slot doen. In het verleden is er wel eens iets voorgevallen.' Huizen als dit trokken nu eenmaal bepaalde types aan, dat was algemeen bekend. En nu de begroeiing zo dicht geworden was in de loop der jaren, was de achterkant van het huis vanaf de straat helemaal aan het oog onttrokken. Dat was eigenlijk niet goed. Ze had al eens een keer een ingezonden stuk hierover gekregen en de bewonerscommissie had het ook aangekaart. Maar je hoefde maar één natuurgek in het bestuur te hebben en ze lieten het zo.

Terug in haar appartement stond Eline een tijdje voor het raam. De cipressen achter Otto's tuin waren nog donkerder van kleur geweest dan deze, van het soort dat je ook veel op begraafplaatsen zag. Of kwam dat door de herinnering, dat ze juist daaraan moest denken?

Toen ze haar middagboterham klaarmaakte, belde Betsy op.

'Ik hoor dat je al kennis hebt gemaakt met Anton Bolhuis. Wat toevallig!'

'Met wie?' vroeg Eline, maar op hetzelfde moment herinnerde ze zich de man die het pakket voor haar boven had gebracht.

'Precies', zei Betsy enthousiast. 'Moet je luisteren, Eline. Zou jij met hem een duet willen zingen? De volgende maand hebben we ons jaarfeest en nou zou het mij ontzettend leuk lijken als we daar iets voor zouden kunnen instuderen. Ik doe dan de pianobegeleiding.'

'Een duet?' Eline trok een stoel naar zich toe en ging zitten. 'Het is zo lang geleden... je vraagt me wel wat, Betsy. Waarom ik?'

Omdat zij ervaring had, zei Betsy. En omdat ze bij hun kennismaking direct gevoeld had dat ze dezelfde smaak hadden.

'O ja?' Ze kon zich niets van Betsy's smaak herinneren. 'Wat wou je me dan laten zingen? Toch geen operaduet, hoop ik?'

'Ik zei toch wel dat we dezelfde smaak hadden!' Betsy jubelde bijna. 'Geen opera. Een duet van Mendelssohn.'

'Als ik het niet dacht!' Er ontsnapte haar een keelgeluid dat het midden hield tussen een zucht en een lach. 'Toch niet die prachtige meezinger, hoe gaat die ook al weer...?'

'Bedoel je "Ich wollt' meine Lieb ergösse sich..."?'

'Ja.'

'Dat is 'm.' Betsy neuriede de eerste maten. 'Wat vind je?'

'Die meneer Bolhuis', vroeg Eline. 'Wat is dat voor een meneer? Muzikaal gezien, bedoel ik.'

'Anton Bolhuis heeft een fraaie bariton', zei Betsy. 'Als je hem de juiste liederen laat zingen, klinkt het heel mooi. We hebben al eerder iets samen gedaan.'

Eline dacht na. 'De volgende maand?' vroeg ze. 'En welk jaarfeest precies?'

'Van het huis. Je hoeft er niet voor de deur uit. 't Is over ruim vier weken hier in de recreatiezaal.'

Een duet. Ze dacht aan de krulletjes in Bolhuis' nek. Nou ja, ze moest zich niet aanstellen. 'Goed', zei ze. 'Ik doe het. Maar houd er wel rekening mee dat ik niet zo veel lucht meer heb als vroeger.'

'Dat vind ik ontzettend fijn!' Het klonk zelfs alsof Betsy een beetje ontroerd was. 'Ik verheug me er erg op. En dan heb ik nu nog een verrassing voor je...'

'Nóg een?' lachte Eline. 'Ik houd m'n hart vast. Vertel maar vlug, want ik hoor de bel gaan.'

'Dan denk ik dat de verrassing al voor je deur staat', zei Betsy. 'Doe maar gauw open. Ik kom vanmiddag nog wel even langs om een afspraak te maken.'

Eline legde de hoorn neer en haastte zich naar de deur. Voor ze de knop beetpakte, keek ze even in de spiegel en duwde een lok op zijn plaats. Ze drukte haar oog tegen het kijkglaasje, maar het leek alsof er iets voor zat.

Nog voor de deur helemaal open was, zei een bekende stem: 'Zo Eline Marchand, ben jij zomaar in mijn huis komen wonen? Dat is nog eens een verrassing!'

Een seconde staarde Eline naar de rijzige, gebruinde vrouw in de wijdvallende kaki jurk. Toen stak ze stralend haar armen uit. 'Agaath!'

4

Het was bijna net als vroeger. Zondagmorgen om halftien belde Eefje om te vragen of het uitkwam als ze koffie kwamen drinken. Ze maakte gauw haar appartement aan kant, het was laat geworden met Agaath gisteravond, en toen om kwart voor elf de bel ging, stonden daar niet alleen Hubert en Eefje met de jongens maar tot haar grote verrassing ook Kees.

'Ha mamsi', zei hij terwijl hij zijn armen om haar heen sloeg en toen haar voeten even los kwamen van de grond, net als vroeger, vergat ze op slag al die dingen die ze haar goedmoedige maar zo vreselijk nonchalante zoon al zo lang eens had willen zeggen. Terwijl Eefje in de keuken haar zelfgebakken appeltaart aansneed, liet Eline hem het appartement zien en hij bromde dat het een verstandige beslissing en een goede keus was geweest.

'Relaties van Huub, heb ik begrepen?'

'Nou,' zei ze, 'gedeeltelijk. Een vroegere assistent van Otto, die Hubert toevallig ook kent.'

'Handig. Een beetje netwerk is nooit weg.'

Ze keek hem van opzij aan of er nog iets meer zou komen, waarom hij niet was komen helpen bij de verhuizing bijvoorbeeld, waarom hij nooit terugbelde als ze een boodschap ingesproken had, maar er kwam niets en ze liet het zo.

Ze dronken koffie in de tuin, waarvoor ze de eetkamerstoelen de buitentrap afdroegen. Maar omdat Tom en Jeroen hun speelterrein steeds verder vergrootten, dwars over de borders en de bosjes in, en er hier en daar al mensen uit het raam hadden gekeken, gingen ze na het tweede kopje weer naar binnen. 'Zonde van zo'n mooie dag', zei Eefje.

Eline merkte dat haar dochter alweer een beetje geïrriteerd deed, en ze wíst dat het ook door haar kwam, omdat ze Kees zo veel aandacht gaf, net als vroeger. Hubert, die zich meer en meer achter zijn meegebrachte krant verschool, moest het natuurlijk ontgelden, net als de jongens, die fluisterend kibbelden om een stripboek. Ze vroeg of Cleo het weekend thuis was en wist van tevoren waar het antwoord op uit zou lopen, of haar kleindochter nu thuis was of niet. Als tegenwicht liet ze de theepot zien die Cleo gestuurd had en vertelde het bijbehorende verhaal. 'Dat ze daar het geld voor heeft', zei Eefje, maar ze was zichtbaar trots op haar dochter.

'Hebt u nog steeds geen computer, oma?' vroeg Tom, die wat rondhing nadat hij het stripboek had moeten afstaan.

Dwars door Eefjes terechtwijzing heen vertelde Eline dat ze binnenkort met een computercursus begon, internet en e-mail, haar overbuurman had haar zelf daarvoor uitgenodigd, dus, zei ze met een knipoog naar haar kleinzoon, wie weet, Tommy...

Hubert knikte waarderend. 'Heel verstandig, moeder!' en hij begon met Kees een gesprek over de invloed van de nieuwe media op sociale contacten, waar Eef zich ook in mengde.

Eline luisterde even, zei één keer: 'Ik heb van mijn overbuurman begrepen hoe handig...' en keek toen alleen nog maar, met de mengeling van tevredenheid en bezorgdheid die ze altijd voelde als de kinderen er waren. Kees had een sigaar opgestoken en zat dwars in haar crapaud met zijn benen over de leuning. 't Was net alsof Jaap daar zat, dacht ze. Zijn houding, zijn manier van praten, dat grote lijf, zwaar maar toch soepel. Beer. Alle drie de kinderen leken meer op hun vader dan op haar, elk op z'n eigen manier, maar onmiskenbaar. Dát had ze kort na de scheiding juist zo moeilijk gevonden.

'Jaap Terborg zelf is 'm dan wel gesmeerd, maar ik word wel iedere dag aan hem herinnerd', had ze een keer bitter tegen Agaath gezegd. Het was het soort opmerking dat je nou net níét tegen Agaath moest maken. 'Die lieverds', had haar vriendin alleen maar gezegd.

Toen Jaap bij haar wegging en ze door de eerste weken heen gekomen was, had ze besloten dat ze zich niet zou laten kennen. Ze had de één-ouderrol op zich genomen en die met zoveel overtuiging gespeeld dat haar omgeving na enige tijd geloofde dat ze nu gelukkiger was dan tijdens haar huwelijk. Jij kunt heel goed doen alsof, had haar moeder vroeger wel eens gezegd, al bedoelde ze dat dan niet aardig. Op school was het gemakkelijk, Jaap werkte voornamelijk in de dependance en kwam alleen voor vergaderingen nog naar het hoofdgebouw. Bij hun sporadische contacten was hij in het begin zichtbaar opgelucht geweest en ook verwonderd dat ze zo kalm was en opgewekt, maar later merkte ze dat hij zich begon te ergeren. Hij kwam er niet doorheen. Het was haar pantser, haar verdedigingslinie. Agaath had als enige geweten hoe ongelukkig ze was.

Doordat ze weer fulltime was gaan werken, kon ze Jaaps financiële steun rechtstreeks doorsluizen naar een spaarrekening, voor als de kinderen gingen studeren. Zelf hoefde ze zijn geld niet en zijn bemoeienis met de opvoeding wist ze te beperken tot één weekend per maand, waarna het haar doorgaans niet meer dan één maandag kostte om de effecten daarvan met succes te neutraliseren. Het waren zware maar gelukkige jaren geweest, zei ze altijd, al had Eefje meer dan eens laten merken dat zij dat anders ervaren had. Maar Eef deed altijd een beetje moeilijk. Pas toen Kees een jaar of elf was, begon de wat eenzijdige opvoedingssituatie zich te wreken. Dat zei de schoolpsycholoog tenminste. Waarschijnlijk bedoelde hij dat Kees drie moeders had. En een tante, al kwam Agaath toen al veel minder vaak.

Aan een nieuwe relatie was ze niet meer begonnen. Twee of drie keer was er sprake geweest van iets méér dan sympathie, maar ze had ervoor gewaakt dat gevoelens zouden uitgroeien. Natuurlijk had ze haar voorkeuren gehad, maar ze liet ze niet blijken en hield iedereen te vriend. Het leven was al gecompliceerd genoeg.

'Mamsi, waar denk je aan?' Kees tipte zijn as af en keek haar onderzoekend aan.

Jaaps ogen, dacht ze. Sprekend.

'Aan vroeger', zei ze. 'Waar moeten oude mensen anders aan denken?'

'Kom moeder.' Hubert drukte zich omhoog in zijn armstoel. 'Negenenzeventig is tegenwoordig nog helemaal niet zo oud, hoor. En u bent juist aan een hele nieuwe fase begonnen. Een nieuwe omgeving, andere mensen.'

'Het was ook maar een grapje', zei ze. 'Maar ik dacht wel aan vroeger. Dat komt denk ik doordat Agaath en ik gisteravond lang hebben zitten praten.'

'Is tante Agaath al terug?' vroeg Eefje. 'Dat wist ik niet. En hoe heeft ze het gehad?'

'Agaath is een paar dagen eerder teruggekomen. Er was iets met de retourboeking, geloof ik. Ze ziet eruit alsof ze jaren in de tropen gewoond heeft. Bruin, afgeslankt, je kent haar gewoon niet terug. Eerst heeft ze twee maanden door de bush gezworven en daarna is ze bijna vier weken bij haar nichtje op de ranch geweest. Het was de vakantie van haar leven, zegt ze zelf.'

'En is ze nog aan de een of andere leuke pelsjager blijven hangen?' vroeg Kees.

Eefje snoof. 'Wat heb jij toch een eenzijdige kijk op reizen, broer.'

'I thought she was lesbian', zei Hubert.

Kees grinnikte. 'Agaath a pot? No way.'

'Flauw hoor!' Eefje leek niet te weten of ze moest lachen of kwaad worden. 'Wat zijn jullie ook een stel ontzettende pubers. Mam, zeg er eens wat van!'

'Jullie hebben het wel over mijn vriendin, hoor', zei Eline. 'Hubert, zou jij eens wat willen inschenken? Je moet maar even kijken wat er in huis is. Wijn in ieder geval, en misschien een paar flesjes bier. De port is op, dat weet ik zeker. Voor de jongens is er wel vruchtensap.'

'Kan Kees dat nou niet eens doen?' vroeg Eefje.

Het was gisteravond natuurlijk niet alleen maar over vroeger gegaan. Agaath had het grootste deel van haar foto's al in Australië laten afdrukken en ze hadden ze samen onder de lamp zitten bekijken, hun hoofden dicht bij elkaar, heel vertrouwd. Dat Eline haar intrek had genomen in De Groene Vallei, wist Agaath al in Australië, het mailtje was wel degelijk aangekomen, maar ze had het pas veel later gezien, toen ze terug was op de ranch, en toen had antwoorden niet zo veel zin meer. Ze vond het prima, zei ze op haar eigen nuchtere manier. Heel toevallig, maar zo ging het soms in het leven. Over de vragen die gesteld waren over de toewijzing van het appartement haalde ze haar schouders op. Ze vond dat de verantwoordelijkheid van het stichtingsbestuur en de coördinator; gezien de financiële situatie van de stichting kon ze zich wel voorstellen dat ze huurappartementen kwijt wilden. Dat zag je toch overal? Ook een vorm van privatisering. En Eline had gewoon geluk gehad dat ze op deze manier heel snel iets had kunnen vinden. Ze had haar glas tegen dat van Eline getikt. 'Op het toeval,' zei ze, 'of op het geluk. Kies maar.'

Eline had op het punt gestaan om te vertellen dat het toeval wel een handje geholpen was, maar ze had het nog even voor zich gehouden, net als eerder tegenover Betsy. Dat kwam later nog wel een keer.

'Een glaasje wijn, moeder?' Hubert hield haar de fles uitnodigend voor.

'Nee, dank je, jongen. Ik moet nog op bezoek straks. Geef mij maar wat fris.'

'Hoe laat heb je die afspraak ook al weer?' vroeg Eefje.

Ze moest nadenken. Halfdrie? Nee, drie uur, vreselijk onhandig. Hoe had ze dat kunnen doen? Ze glimlachte naar haar dochter. 'Drie uur. Maar ik heb niet zo veel zin. Ik had eigenlijk naar Haarlem willen gaan. Het is koopzondag. De laatste jaren ging ik daar wel vaker naar toe.'

'Met die warmte nu is dat ook niets gedaan, mam. Wie was het ook weer? Iemand van school?'

'Ja', zei ze. 'Een klasgenoot van de mms.'

'En die woont ook hier? Dat is nou ook toevallig. Leuk, toch?'

'Ja', zei Eline. 'Erg leuk.'

'Ik moet straks ook naar Haarlem', zei Kees. 'Ik kan u ergens afzetten.'

'Je hoort toch dat ma een afspraak heeft', zei Eefje.

'Dan zegt ze die toch af?'

Eline aarzelde. Eigenlijk ging ze het liefst straks even rusten. Ze had er nooit een gewoonte van gemaakt overdag, ze vond het zonde van de tijd en bovendien kon ze dan 's nachts moeilijk in slaap komen. Maar nu, met die warmte en na die korte nacht...

'Ik heb een idee', zei ze. 'Kees, hoe laat moet jij in Haarlem zijn?'

'Maakt niet veel uit', zei hij. 'Zeg jij het maar.'

'Vind je het erg als er nog iemand meerijdt?'

Voordat Eefje alweer bezwaren kon maken, pakte Eline de telefoon. Heleen nam zelf op. Het leek haar enig, zei ze, maar ze moest even overleggen. De aarzeling in haar stem was onmiskenbaar. Op de achtergrond klonk een mannenstem, toen werd het stil. Hubert keek Eefje aan en wees op zijn horloge, waarop ze knikte. Kees trok Eline's aandacht. 'Uiterlijk drie uur weg', zei hij met overdreven lipbewegingen. Ze knikte.

'Ben je daar, Eline?' vroeg Heleens stem. 'Hoe laat wil je weg?'

Ze had de gordijnen maar voor de helft gesloten. Alleen haar rok en haar blouse hingen over de stoel, de rest had ze aangehouden, 't was maar voor even. In de kamer ernaast hoorde ze Kees rommelen. Hij zou haar om halfdrie roepen, als ze niet uit zichzelf opstond. Ze keek opzij naar de wekker. Tien over halftwee. Lag ze er nog maar tien minuten? Dat schoot ook niet op. Tegen het bedlampje leunde de pluche koala die ze van Agaath had gekregen. Hij keek scheel, maar dat kwam omdat het een aanbieding was, had haar vriendin verteld. 'Ik had me net voorgenomen om helemaal niets mee te nemen, voor niemand. 't Is toch altijd dezelfde Chinese zooi. En toen zag ik in een warenhuis een ton vol van deze knoedeltjes. Enig toch? Ik heb direct een paar kilo gekocht, voor ieder die ik aardig vind. Misschien kun je ze ook bij de Blokker krijgen, maar deze komen toevallig wel helemaal uit Australië. Je had ze moeten zien kijken bij de douane!'

'Enig,' had ze gezegd, 'dankjewel.' En daarna had ze net zo lang met het merkje 'made in Taiwan' zitten spelen tot Agaath het in de gaten kreeg. Maar het werkte wel, zo'n beestje als souvenir, elke keer als ze hem zag, moest ze aan haar vriendin denken.

Agaath, die de eerste jaren na de scheiding haar steun en toeverlaat was geweest en later gewoon haar trouwe vriendin, maar die toen Otto Veninga in Eline's leven verschenen was, had gemaakt dat ze wegkwam. En Agaath was niet de enige geweest. Otto verschilde in alles van haar vrienden en ook van de pretendenten van korter en langer geleden. Hij was vijf jaar ouder dan zij, tamelijk onknap en bepaald niet innemend. Zij was vierenvijftig en zo vreselijk in de overgang dat Otto altijd met smaak – of volgens Agaath juist met een volslagen gebrek daaraan – kon vertellen hoe zij hem letterlijk in de armen gevlogen was voor de balie van Zuidvleugel 3, waar hij toen werkte als gynaecoloog en zij struikelend op bezoek ging bij een collega. 'De opvlieger die haar leven veranderde', zei hij dan grijnzend.

'Ik begrijp het niet', had ze Welmoet horen zeggen tegen de andere kinderen op een van de verjaardagen. 'Mama had íédereen kunnen krijgen. Weet je nog dat we een keer een lijstje gemaakt hebben? En dan komt ze met die man aan.'

Het deed haar wel iets, maar niet veel. De kinderen woonden allemaal al zelfstandig en ze hoefde aan niemand verantwoording af te leggen. Over Agaaths plagerige, half gemeende opmerking had ze langer nagedacht. 'Je trouwt hem natuurlijk om z'n geld, Lien, laten we er geen doekjes om winden. Schaamteloos. Maar wel slim.'

En wat dan nog? had ze gedacht. Mag ik nou ook eindelijk eens? Maar het was niet helemaal waar. De arrogante, oudere medicus, voor wie tederheid en spot zo dicht bij elkaar lagen dat ze zich bij hun eerste, ongelukkige ontmoeting daarin nog danig vergiste, had wel degelijk iets in haar losgemaakt. Nooit had ze dit tegenover zichzelf liefde durven noemen, zo eerlijk was ze wel, al hield ze de schijn hoog. Ze had niet voor niets twee jaar gewacht voor ze erin toestemde met hem te trouwen. Later, toen het meer en meer sleet, herkende ze wat het geweest kon zijn, een mengeling van ontzag en genegenheid. Het laatste sleet als eerste. Toch zou er nog genoeg over zijn geweest voor een langdurige verbintenis, zeker waar die omgeven werd door welstand. Want – en daarin had Agaath natuurlijk gelijk – het was na al die jaren van zuinigheid alsof ze in een warm en geurig bad gegleden was, weldadig, ontspannend. Over geld behoefde ze zich nooit meer zorgen te maken.

Toch had ze haar baan bij het consultatiebureau niet opgezegd. Otto had erop aangedrongen, financieel hoefde het allemaal niet meer. Maar dat vond ze net een stap te ver gaan, alsof ze zich daarmee helemaal zou uitleveren. 'Moet je vandaag naar je dienstje?' vroeg hij wel eens aan het ontbijt. Maar ze wist dat hij er tegen zijn vrienden over opschepte. Pas na twee jaar had ze haar betrekking teruggebracht tot twee dagen in de week, en dat had ze volgehouden tot ze met pensioen ging.

Ze hád zich ook niet uitgeleverd. Maar Otto was zó nadrukkelijk aanwezig, dat ze van anderen steeds moest horen hoe ze veranderd was. Ze was haar zelfstandigheid kwijtgeraakt, haar eigenzinnigheid, haar daadkracht, zelfs haar smaak. 'Je bent onherkenbaar', had Agaath gezegd, toen ze elkaar weer eens uitvoeriger spraken een jaar nadat ze getrouwd was. Otto zat op een congres in Baltimore en Agaath bleef voor het eerst logeren. 'En toch ook weer niet.'

Eline wist precies wat haar vriendin met dat laatste bedoelde. Zij koos haar rol. Als overlevingsstrategie of, iets minder gewichtig uitgedrukt, om het zich gemakkelijk te maken. Doen alsof, had haar moeder dat genoemd. En haar moeder had haar nog beter gekend dan Agaath.

'Dat is toch menselijk?' had ze geantwoord.

'O zeker. En niets menselijks is jou vreemd, toch?'

Ze hadden gegiecheld om het cliché en zich nog wat port ingeschonken. Ze zaten op haar kamer, het boudoir zoals Agaath zei, het was een beetje meiden onder elkaar, kletsen, wat roddel, herinneringen. Zo intiem waren ze daarna nooit meer geweest, ook gisteravond niet. Herinnerde ze zich het daarom nog zo goed?

Gedurende de negentien jaren dat Otto en zij samen geweest waren, had Eline nooit overwogen om bij hem weg te gaan. Ze had háár manier gevonden om met hem om te gaan, een soort ritueel met kleine variaties, waarin ieders ruimte gewaarborgd was en waarmee ze heel oud hadden kunnen worden, niet gelukkig misschien, maar wel redelijk tevreden. En toen Otto doodging, had ze dus wel degelijk verdriet gehad. Het kwam eigenlijk pas nadat het paniekgevoel verdween, dagen later, weken, dat afgrijzen, dat begonnen was toen ze in het halfdonker in de tuin stond en hij daar lag. Ze herkende het pas als verdriet op de ochtend dat ze besloot het grote huis te verkopen, toen ze de kamers door liep en besefte wie ze verloren had. Het was nooit haar huis geweest, de ruimte en wat daarin aanwezig was, waren zo voelbaar van Otto, altijd gebleven, en daardoor drong die morgen zijn afwezigheid des te sterker tot haar door, de leegte, het gemis, haar gemis.

Maar heel anders dan toen bij Jaap, heel anders.

De telefoon ging. Ze hoorde Kees opstaan en ze luisterde naar het onverstaanbare brommen van zijn stem, diep, gedempt, en probeerde zelf het gesprek in te vullen, zoals ze vroeger als kind wel deed als haar vader in zijn kamer telefoneerde. Wie was het? Heleen, vast Heleen die bij nader inzien toch niet meeging, te warm, te druk, te... Maar het kon ook Eef zijn, ze had al gezien dat haar tas met de taartvorm was blijven staan en nog iets anders, ze had het al apart gelegd voor het geval het gehaald werd.

De deur kraakte en zonder om te kijken zei ze: 'Ik slaap niet hoor, jongen. Was dat Eef die belde?'

'Ene meneer Vreeman. Ik heb hem gezegd dat je niet van zijn avances gediend bent.'

Even schrok ze. Toen duwde ze zich overeind en schoof haar benen over de rand van het bed. 'Kwart over twee. Ik sta maar op. Dit is ook niets gedaan.'

Kees schraapte zijn keel. 'De heer Vreeman belt vanavond terug. Het was niet dringend, zei hij.'

Terwijl ze haar haren borstelde, glimlachte ze naar zichzelf in de spiegel. Grappig dat het nog altijd zo werkte met Kees. Als je niet inging op zijn grapje, gaf hij het direct op. Zacht neuriënd kleedde ze zich verder aan. Sander Vreeman. Leuk. Ging de schaakcompetitie al beginnen?

Toen ze aan de arm van Kees om kwart voor drie de hal binnenkwam, stond Heleen al te wachten. 'Mevrouw De Rover,' zei Kees, nadat Eline hem had voorgesteld, 'ik ben zó blij dat ik u ontmoet. Eindelijk heb ik iemand gevonden die mij vertellen kan wat voor een meisje mijn moeder was.'

'Het is wel lang geleden.' Heleen lachte een beetje onzeker. 'Daar moet ik even goed over nadenken.'

'Het hoeft niet nu meteen, hoor.' Kees nam haar bij de arm en sloeg de andere om Eline's schouders. 'Ik kom er wel een keertje voor langs, als u het goed vindt. Kom dames, laten we gaan.'

Buiten liep Heleen naar de rand van het gazon. 'Even mijn man groeten.' Ze keek omhoog en zwaaide. Eline zocht de ramen af, tot Heleen haar wees. 'Bovenste verdieping, rechts, het vijfde raam van de hoek.' Ze kon niets ontdekken.

In de auto waren ze allebei nogal stil. Kees zette hen af bij het Verwulft, waar hij even dubbel parkeerde om afscheid te nemen. 'Dag mamsi', zei hij met zijn armen om haar heen. 'Hou je goed. Ik bel je deze week.'

''t Is goed schat', zei Eline. 'Kom je gauw nog eens langs? Dat vind ik zo gezellig.' Ze had hem nog heel andere dingen willen zeggen, maar ze wilden haar niet te binnen schieten.

'Wat een aardige zoon heb jij, Eline', zei Heleen terwijl ze de auto nakeken. 'Zo hartelijk. Daar mag je wel dankbaar voor zijn.'

'Dat ben ik ook', zei ze. 'Vooral als hij eens wat vaker langskomt.'

Ze hoorde hoe pinnig het klonk en om het goed te maken, pakte ze Heleens arm en trok haar mee. 'Kom, Heleen, als we nu eerst een stukje Grote Houtstraat doen, trakteer ik daarna bij Brinkmann op een Wiener mélange.'

Het was nog veel gezelliger dan ze had verwacht. De stad zag eruit alsof het feest was. Met het mooie weer hadden veel winkels artikelen op straat uitgestald, het publiek slenterde in dikke rijen langs de kramen en de stellingen, de muzikanten en de straattekenaars, niemand had haast, en boven alles uit tinkelde het carillon van de Bavo.

'Wil je ook een ijsje?' riep Heleen. Eline schudde lachend haar hoofd. 'Nee, dank je.'

Heleen genoot, dat kon je zien. Ze had iets meisjesachtigs in haar gedrag, nu eens keek ze bedeesd, bijna geïmponeerd met glanzende ogen naar het gewemel om zich heen, dan weer kon ze met een uitdagend gezicht iets geks roepen en tegen haar aan leunen in een soort slappe lach. Misschien was ze ook niet zo veel gewend. En steeds zochten haar ogen die van Eline, alsof ze om instemming vroeg, om goedkeuring. Maar haar stralende uitschieters werkten wel aanstekelijk en op haar voorstel wandelden ze eerst ook nog langs de antiquairs achter de kerk voor ze een tafeltje zochten bij Brinkmann. Heleen vroeg of het met dit weer ook iets anders mocht zijn dan Wiener mélange, en dat vond Eline weer zo typerend, zo schattig ook. En terwijl ze onder hun tafelparasol tevreden van hun drankjes nipten, zij tonic, Heleen jus met ijs, en vaststelden dat de Grote Markt ondanks alle veranderingen nog steeds een van de mooiste pleinen van Nederland was, zei Heleen opeens: 'Wacht, ik heb iets meegenomen.'

Ze rommelde in haar tas en haalde een envelop tevoorschijn. 'Kijk.'

Het was een klassenfoto. Hoewel ze deze al jaren niet meer was tegengekomen, herkende Eline hem direct, al kon ze niet zo gauw zeggen van welk jaar hij was. Het was de mms natuurlijk, ze herkende de lambrisering van het lokaal, de tafeltjes en stoeltjes, en ze haalde juffrouw Geschiere er direct uit, op de achterste rij tussen Elleke Versluys en een ander meisje. Ze keek op.

'Wat enig, Heleen. En wat is dat lang geleden! Zo lang, dat ik zelfs niet zeker weet welke klas dit nou is. De derde?'

'Klas 2B. De foto is van mei 1935. Toevallig heb ik dat onthouden.' Ze schoof haar stoel naast die van Eline. 'Ken je de namen nog allemaal?'

'Negentienvijfendertig. Alleen al als je het zegt... En wat zien we er allemaal prachtig uit. Die jurken met die kraagjes. En zie je dat die kapsels tegenwoordig weer heel modern zijn? Hoe... Nou, laat ik eens proberen. Truusje Homoet, Elleke Versluys, juffrouw Geschiere... wat gaf die ook al weer? Duits?'

'Plantkunde.'

'Daar zou ik nou niet opgekomen zijn. Weet je het zeker? Ja, nu je het zegt, dit is het biologielokaal. Goed, en dan... Nee, die weet ik niet meer.'

'Naast Geschiere? Dat is Froukje den Besten.'

'Froukje! Dat is waar.' Eline keek opzij en knikte bewonderend. 'Goed zeg.' Ze ging door met de volgende rij, wees met haar vinger vlak boven de foto de gezichten aan en bleef na drie namen weer steken. 'Dit meisje, er was iets mee. Heette ze Hommie? Dat komt zomaar in me op, maar 't is vast haar naam niet.'

'Je bent warm! Tilda Homminga. Ze was vaak ziek. Heeft geloof ik nog een tijd gekuurd.'

'Zie je wel, ik weet nog best wat. En daarnaast zit... niet zeggen... Odile Bestebreurtje. Wat was er met haar ouders?'

'Die zaten in Indië. Dat heb je ook goed onthouden! Odile woonde bij een tante, geloof ik. Een paar jaar geleden ben ik haar overlijdensadvertentie tegengekomen in de krant.'

Eline staarde naar het vrolijke gezicht met de brede mond. 'Dat vergeet je, hè, als je zo zit te kijken. Omdat je zelf zo gezond bent, misschien. Een aantal is waarschijnlijk niet meer in leven. Of heb jij dat niet?'

'Natuurlijk', zei Heleen. 'Ook wel. Maar dat krijg je als je zo oud bent als wij. Heb je jezelf al gevonden?'

'O ja, meteen al', zei ze. 'Die lelijkerd rechts vooraan. En waar zit jij nou?'

'Jij was het mooiste meisje van de klas', zei Heleen. 'Dat kun je zelfs op deze foto zien. En ik zit... Nee, zoek zelf maar.'

Ik herken haar niet, dacht Eline. Staat ze er echt op? Dit is een beetje pijnlijk. 'Dan ga ik gewoon het rijtje weer af', zei ze vrolijk. 'Daar bij het raam zit Tonia Verhoef, dan... Aafke Degelijk en...'

'Degenaar', zei Heleen. 'Aafke Degenaar.'

'O ja? Degenaar. Nou, ik zat er wel dicht bij. Dit is Irma Wendel, zeg ik het goed? En dit, ja natuurlijk, Guusje Lambach. Daar kon je zo vreselijk mee lachen, weet je nog?'

Snel keek ze naar het voorste rijtje. Drie meisjes. Zijzelf rechts, met vlecht, lachend maar niet echt van harte, daarnaast Dédé ofwel haar vriendin Digna Drijver, en wat opzij, dat dikkige meisje met... ja dat moest wel Heleen zijn, of Leentje, alleen had ze voor dat meisje een heel andere naam in gedachten.

'En de voorste rij tot slot', zei ze. 'Van links naar rechts: Leentje, Dédé en Lientje. Nou?'

'Goed zo', zei Heleen. 'Alleen wilde jij toen al Eline genoemd worden, maar niemand hield zich eraan.'

Eline keek naar het gezicht op de foto. De dikke bril en de halfopen mond versterkten de uitdrukking van hulpeloosheid. Dikkie Bigmans noemden die vrolijke sproetenkop Dédé en haar vriendin Lientje haar. Kortweg Big. Ze voelde zich opgelaten.

'Jij hebt een geheugen als een pot', zei ze terwijl ze de foto teruggaf. 'Dat je dat allemaal nog weet.'

'Ach.' Heleen bloosde een beetje. 'De een onthoudt dit en de ander dat.'

5

Het was verbazingwekkend hoe snel ze ingeburgerd was in De Groene Vallei. In nog geen maand tijd had ze nieuwe vriendschappen gesloten en oude bevestigd, zoals ze het tegen Welmoet uitdrukte toen die haar 's avonds laat uit Alberta belde. Een beetje gewichtige woorden misschien, maar zo had ze het ervaren. Ze kende inmiddels bijna iedereen op haar deel van de gang, ze was ingeschakeld bij activiteiten van de bewonersvereniging, kortom, ze had het gevoel al aardig thuis te zijn. Als ze dat vergeleek met de eerste tijd aan de Breitnerlaan, was het een wereld van verschil.

'Hartstikke fijn mam! Dat stelt me ook echt gerust. Het is dus gelukkig toch een goede beslissing geweest. Ik vind het zo jammer dat ik nou niet gewoon eens even bij u binnen kan lopen. Maar goed, misschien volgend jaar dan.' Op zulke momenten had haar dochter er altijd last van dat ze zo ver weg woonde. Ze kon niet zo lang gemist worden in het bedrijf en bovendien hadden ze het niet zo breed. De vorige keer had Eline de helft van de overtocht betaald, maar ze durfde dat niet elke keer aan te bieden, net als bij de collect call-gesprekken. Ze wist dat het nogal gevoelig lag bij Peter, maar het gevolg was wel dat ze alleen lang van stof durfde te zijn als ze zelf belde.

Cleo, die onverwacht langskwam, wist ook niet hoe ze het had toen binnen het uur twee keer de telefoon ging en er ook nog iemand aan de deur kwam. 'Bent u hier al zó populair, omi?'

Haar kleindochter had zelf de boeken aangepakt die Eline had aangevraagd bij de beheerder van de kleine bibliotheek waar Betsy haar over verteld had. 'Gaaf omi, Anna Blaman, Clare Lennart! Wow!' Ze waren tegelijk in de lach geschoten. 'U moet eens wat van Giphart lezen.'

Zulke momenten gaven haar altijd een voldaan gevoel. 'Dat heb ik al gedaan, kind. Hoe heette het... *Ik ook van jou*, geloof ik.'

'Echt?' Cleo's ogen glinsterden. 'En, wat vond u ervan? O, laat maar, ik zie het al aan uw gezicht. En wie is die jongen die ze bezorgde?'

'De assistent van de huismeester. Wat een service trouwens. Ik dacht dat ik ze gewoon moest afhalen.'

Misschien moest die jongeman aan het werk gehouden worden, bedacht ze. Bea had verteld dat hij dit werk deed als taakgestrafte. Wat hij op z'n kerfstok had, wist haar buurvrouw niet, maar in ieder geval was het blijkbaar niet zo ernstig. Ze had trouwens nog een derde boek gereserveerd. Zeker uitgeleend.

'Hij heeft mooie ogen,' zei Cleo, 'alleen gebruikt hij ze verkeerd.'

'Hoe bedoel je?'

'Ach niks, omi. Grapje.' Cleo sloeg haar armen om haar heen. 'Toen u hiernaartoe ging, vond ik het maar niks. Ik vond het ook niks voor ú, zo'n huis, daar bent u veel te zelfstandig voor. Nee, niet zelfstandig, ik bedoel... nou ja, u begrijpt me wel. Ik was razend op mamma omdat die dat allemaal achter uw rug geregeld had, typisch iets voor haar. Maar dit is niet verkeerd, toch?'

'Dit is helemaal niet verkeerd', zei Eline. 'Zo zie je maar weer meisje, dat je moeder ook nog wel eens iets goed doet.'

'Wel eens', zei Cleo.

Ze wist wat haar kleindochter bedoelde. Ook Bea Barends had dat goed gezien. Zij was het liefst op zichzelf. Dit sociale gedoe had ze nooit gezocht. Maar toen Sander Vreeman haar zondagavond was komen halen voor een kopje koffie op een terras in het dorp, was ze ondanks haar vermoeidheid meegegaan. En toen hij haar bij dat kopje koffie dat heel iets anders werd, uitnodigde voor een toneelvoorstelling, was ze daar ook op ingegaan. Ook was ze uit zichzelf naar de vrouw toegegaan die de boekenuitleen van de legaatcollectie regelde en ze hadden leuk zitten praten over van alles en nog wat, lezen, leven, en vooral over De Groene Vallei. En toen bleek dat die vrouw getrouwd was met Anton Bolhuis, haar zangpartner, was het ongemerkt zo laat geworden dat ze bijna de repetitie miste.

En dat zou haar geweldig gespeten hebben, want die uurtjes in het gezellige appartement van Betsy met de piano midden in de kamer en de dikke oranje kater die, als ze hem aanhaalde, altijd ging staan bovenop de servieskast tussen een stapel boeken en de fles wijn voor na afloop, begonnen voor haar de hoogtepunten van de week worden. Ze hadden er nu drie gehad en hoewel ze pijnlijk merkte dat ze haar stem lang niet gebruikt had, genoot ze van het muziek maken. Betsy maakte er elke keer een heel programma van. Een beetje los zingen, dan wat liedjes van vroeger uit een bundel van Catharina van Rennes die ze opgedoken had, maar soms ook wel iets moderners. En dan kwam Mendelssohn.

In het begin had Eline zich verbaasd over Anton Bolhuis. Met zijn rood aangelopen gezicht, gepommadeerde krulletjes en plastic pochet zag hij er toch al een beetje fatterig uit, maar zodra hij de bladmuziek pakte, kreeg hij iets van een operettetenor. Opgezette borst, ellebogen als kippenvleugels, één voet vooruit en grote ogen. En dan zijn stem. Was die bij ''t Schommelend Wiegje' licht en vlak, zoals dat hoorde bij die genrestukjes, bij de inzet van 'Ich wollt'...' schoot zijn stem de eerste keer brallerig uit, bijna falsetto, met zo'n volume dat ze zichzelf niet meer hoorde. Betsy en zij keken elkaar aan en schoten bijna in de lach. 'Easy, Anton,' riep Betsy er bovenuit, 'easy. Ruhig!' Bij dat laatste kon Eline niet meer en ze waren abrupt gestopt. Zelfs Anton moest lachen, al had ze zich afgevraagd of hij wel wist waarom.

Maar het ging steeds beter, dat was toch wel bijzonder, want het was meer een kwestie van smaak dan van techniek. Het muziekstuk zelf was nog net zo meeslepend als vroeger. Het was zeker veertig jaar terug dat ze het gezongen had, op een of ander familiefeest, dacht ze, in de tijd dat dit nog gedaan werd en dit duet nog populair was. Of was dat toch altijd meer een kwestie van milieu geweest? Haar stem was lui geworden en een beetje iel, vooral in de hoogte, maar het kwam terug, hun stemmen vonden elkaar al beter, vooral dankzij Betsy. Ze speelde goed, schools maar dat kon ook een voordeel zijn, en ze lúísterde nog beter. Het was de muziek en het was de sfeer van die uurtjes, met Betsy als gangmaker en Anton als bijwagen, een beetje oubollig en wat traag van begrip, maar toch gewoon een goeie man, gezellig ook, zelfs geestig, vooral na het tweede glas. En zij zelf? Toen ze na de tweede repetitie weggingen, had Betsy haar in het halletje bij haar arm gepakt, Anton stond al buiten, en gezegd: 'Ik wil je even zeggen dat ik het énig vind dat je hier bent komen wonen, Eline. Echt, dat meen ik.' Het had haar een warm gevoel gegeven, zo'n gevoel waar je dagen mee vooruit kunt.

Ze had er ook voor gezorgd dat ze kennismaakte met de andere bewoners van haar deel van de gang. Het straatje, zoals sommigen dat noemden. Haar directe buren van weerskanten had ze op de thee gevraagd en de anderen had ze op de gang of in de koffiecorner ontmoet. Aardige mensen over het algemeen, leek haar, niet allemaal direct haar type, maar dat zou omgekeerd ook wel zo zijn. Drie echtparen, of misschien moest ze wel vier zeggen, want er was ook een mannelijk koppel bij, Vincent en René, achternamen wist ze niet dus het zóúden broers kunnen zijn maar ze dacht van niet. 'De jongens', noemde Bea ze, maar verder zei ze er niets over. Eline had ze op de gang aangesproken toen ze hen de deur zag uitkomen, vriendelijke mannen, allebei met gemillimeterd grijs haar, nog niet zo oud. En zij bleek niet de enige alleenstaande op haar gang. Links naast haar woonde een ongetrouwde voormalige hoofdverpleegster, Dorothee Moerman. Geen familie, zei ze er achteraan, maar van wie begreep ze niet. Veruit de oudste, bijna negentig jaar, en nog kerngezond. De meeste anderen waren iets jonger dan Eline.

'Het is alleengáánde, mam', had Eefje gezegd toen ze het haar vertelde.

'Ja, dat hangt ervan af, denk ik', had ze gezegd en ze had er zelf om moeten lachen.

Bea had zichzelf uitgenodigd. Het was alsof ze steeds achter haar deur zat te luisteren, want zodra Eline een voet buiten de deur zette, verscheen haar gezicht voor het raam of ging haar deur open. Maar op de theevisite gedroeg ze zich opvallend ingetogen, slechts af en toe stak haar roddelzucht de kop op, maar Eline had wel gemerkt dat de anderen een beetje afstand hielden. 'Off the record, Bea B.', zei Dorothee af en toe plagend. Die twee waren aan elkaar gewaagd, maar wel in het leuke. Van één appartement op de gang was ze nog niemand tegengekomen. Wiersma, stond er op de deur. Zelfs Bea wist alleen maar te vertellen dat ze een groot deel van het jaar in Spanje woonden.

Haar achterbuurman van het gietertje, Rens Leffelaar, had haar aangesproken bij de lift. Een beetje schutterig had hij zich voorgesteld, maar toen het ijs eenmaal gebroken was, merkte ze dat die verlegenheid gespeeld was. Hij hoorde haar wel eens zingen, zei hij en hij wilde haar complimenteren met haar stem. Was dat niet Mendelssohn, wat hij hoorde?

'Waar hoort u mij dan zingen?' vroeg ze.

Hij keek verbaasd nadenkend. 'Was het niet op uw kamer? De ramen staan steeds open, ik... Of vergis ik me? Dat is heel goed mogelijk. Ik hoor zoveel muziek, overal, ik heb daar een zintuig voor...'

Hij ging met veel omhaal vertellen over zijn cd-collectie en kwam er niet meer op terug. Hij zou wel iets van Betsy gehoord hebben over hun repetities, dacht ze, want áls ze thuis zong, was dat meer van binnen, het was nog minder dan neuriën. Toen hij haar uitnodigde om een keer naar zijn favoriete muziek te komen luisteren, wist ze even niet hoe ze moest reageren en maakte zich er toen met een vage toezegging van af.

'Daar houd ik je aan', zei hij met uitgestoken wijsvinger.

Waaraan? dacht ze. En wat gaf hem het recht haar te tutoyeren? Maar ze had vriendelijk naar hem gelachen en was in de lift gestapt naar de vierde verdieping, naar Agaath, voor de videofilm van de reis en een echte Australische maaltijd.

En het was een genot dat ze weer een deur achter zich kon dichtdoen, zich in haar eigen appartement kon terugtrekken, al was het maar voor even. Dat had ze zo gemist toen ze bij Eefje en Hubert logeerde. Ze had daar wel een kamer, maar dat was toch anders. Voor haar was dit ook een bewijs dat ze zich in De Groene Vallei thuisvoelde. Het was háár appartement geworden, haar huis, en stukje bij beetje kleedde ze het verder aan met de dingen die ze voor het laatst bewaard had, het beeldje van Jonk, de kleine icoon die ze ooit in Minsk gekocht had, het Mozartkopje en al die andere dragers van herinneringen. Zelfs pikketanussie kreeg een plaatsje, het fallusbeeldje dat Otto op een of ander tropisch eiland op de kop getikt had. Tijden lang had ze het een brutaal en lelijk geval gevonden, maar bij de verhuizing had ze het toch meegenomen, een van de herinneringen aan Otto, even lelijk en brutaal als hij. En, als je eraan gewend was, vertederend.

Sander Vreeman was het tegenbeeld van Otto. Ze hoopte dat hij haar vriend zou worden. Die zondagavond waren ze het dorp ingewandeld, het was zoel en overal langs de straten stonden de ramen en deuren open, zaten mensen in hun tuinen en op het plein waren de terrasjes vol, zodat ze eerst nog maar een rondje dorp deden. Hij had niets aan haar gevraagd, dat had ze achteraf het meest bijzonder gevonden, maar had haar als het ware meegevoerd in zijn leven aan de hand van wat ze onderweg zagen. De tuinen verbond hij met die van zijn ouderlijk huis en van de boerderij in de Beemster waar hij met zijn gezin gewoond had. Het terras van een uitspanning herinnerde hem aan een herberg buiten Rome, de stad waar hij een jaar gestudeerd had. Een school bracht hem op zijn baan als leraar geschiedenis voor hij, inmiddels gepromoveerd, een betrekking aan de universiteit kreeg, geen hemel op aarde maar na het middelbaar onderwijs wel een verademing. En elke keer had ze aangehaakt met haar herinneringen, ze kon kiezen, dat was het bijzondere, een tuin, een stad, haar eerste baan, ze kon kiezen en overslaan wat ze wilde.

Zijn kalme stem met de licht ironische ondertoon vormde een geheel met deze zachte nazomeravond. De schemering die over de tuinen viel en de lichten die ontstoken werden, waren het natuurlijke decor waartegen zijn wereld opgeroepen werd, en ze had nog uren zo willen gaan, maar ze kon op het laatst niet meer, haar heup begon te steken, haar benen weigerden dienst. Toen Sander het merkte, hadden ze even gerust op een bankje en daarna waren ze binnendoor teruggegaan naar het pleintje.

'Jij bent een verteller', had ze gezegd. 'Vroeger had ik een leraar geschiedenis die dat ook was, bij hem hoorde je de hoofden van Egmond en Hoorne vallen en je rook de kruitdamp bij Heiligerlee. Die lessen bleven je bij. Jij doet het weer anders, jij ontvouwt iets, een panorama waarin dingen tot leven komen. Daarna sluit je het weer, maar het beeld blijft.'

Ze dronk Campari, eerst een glas water tegen de dorst en daarna dat bitterzoete drankje dat ze vrijwel nooit nam, maar dat zo goed bij deze avond paste.

'Dit is geen les', zei hij.

'Maar ik leer wel veel.'

Hij had geglimlacht zonder haar aan te kijken.

'En ik wil nog meer leren.' Ze wist niet of ze moest oppassen met dit soort opmerkingen. Maar om het hem gemakkelijk te maken, zei ze: 'Vertel eens over je vrouw.'

Ze wist het meeste al van Betsy. Sanders vrouw verbleef al jaren op de psychogeriatrische afdeling van een verpleeghuis. Ze dementeerde zo sterk dat ze meestal niemand herkende. Hij bezocht haar elke week en wandelde dan met haar in het park, weer of geen weer.

Het bleef even stil. Ze had zijn gezicht zien verstrakken. Had ze zich op een gebied gewaagd waar ze niets te maken had? Opeens besefte ze dat het veel erger was. Ze had een voorschot genomen op zijn vertrouwen en daarmee had ze het verspeeld. In een impuls legde ze haar hand op zijn arm. 'Neem me alsjeblieft niet kwalijk. Ik vraag iets waar ik geen recht op heb.' Een scooter reed met gierende motor een rondje over het plein en verdween in een zijstraat. Ze volgde hem met haar ogen. Wat dom, dacht ze, wat vreselijk dom.

'Mijn vrouw...' zei Sander. Hij keek haar nog steeds niet aan. 'Toen Pauline drieëntwintig was, was ze regionaal kampioene op de tachtig meter horden. Ik wist niets van sport en kende dus ook haar naam niet. Ik ontmoette haar op een feestje waar we allebei vreemd waren en we zochten elkaar de hele avond op. Ze was net zo lang als ik, blond met grote donkere ogen en haar bewegingen kwamen vanuit haar schouders, zo liep ze, zo danste ze, lange armen, lange benen, hoekig, onhandig en tegelijk gracieus. Ik was weg van haar. Ze bleef die nacht bij me en ze wilde 's ochtends niet weg maar ze moest, werk, een afspraak, en toen vroeg ze of ik haar 's avonds kwam halen van de training, ze deed aan atletiek. Toen ik aankwam bij het sportveld stond ze al te wachten buiten het hek, maar ik zag haar niet en ze herkende mij pas nadat ik mijn motor op het parkeerveldje ertegenover gezet had en mijn helm afdeed. Ze riep mijn naam, heel hard, terwijl ze naar mij zwaaide met haar arm boven haar hoofd gestrekt, zoals alleen een meisje kan zwaaien. En toen begon ze te rennen, in een rechte lijn naar mij toe, schuin de straat over, tussen de bomen door over het brede trottoir, de hellende grasberm voor de sloot en toen waren er nog het water en een rietkraag van een meter erachter. Zonder vaart te minderen zette ze af en ze zweefde met een been gestrekt voor zich over de hindernis, haar witte rok opbollend als een parachute, en zo landde ze voor mijn voeten en ze sloeg haar armen om mijn hals.'

Op de terugweg naar De Groene Vallei wist Eline niet veel te zeggen. Tot haar opluchting kwamen ze in de hal Sanders vriend Wouter Meijerink tegen, die luidkeels direct een datum wilde horen voor hun schaakavond en daarmee was alles gered. Onder vrolijk gesnap, zoals Meijerink het noemde, hadden ze haar begeleid tot haar deur. Ze had direct een slaappil genomen omdat ze voelde dat het anders een akelige nacht zou worden, hoe moe ze ook was. Want van uitslapen kwam de laatste dagen niets omdat elke morgen vanaf zeven uur de machines en de boren van het bouwbedrijf door het gebouw dreunden. Maar volgens Sander was dat leed binnenkort geleden en zouden ze aan de installatie van de lift zelf beginnen.

Ze hoopte nog steeds van harte dat ze vrienden zouden worden. Ze durfde er ondanks alles ook een beetje op te vertrouwen. Want die herinnering aan dat meisje dat op hem af kwam zweven, vertelde hij niet aan iedereen, had hij gezegd.

Het enige wat onplezierig was, wat als een steeds terugkerende zeurende kiespijn af en toe haar stemming kon bederven, was de gedachte aan Heleen de Rover. Haar klasgenote Leentje Vrugt, van wie ze zich de naam niet herinnerd had, omdat ze die toen nooit gebruikte. Maar de bijnaam Big, die de klassenfoto in haar herinnering had teruggebracht, riep dingen op die ze het liefst onmiddellijk weer vergat. Vreselijk. Ze was echt een loeder geweest, destijds. Heleen had sinds hun uitstapje naar Haarlem al twee keer opgebeld om een nieuwe afspraak te maken. Ze wilde haar voorstellen aan haar man. De gedachte alleen al deed haar rillen. Beide keren had ze zich er met een smoesje van afgemaakt, maar dat kon ze niet eeuwig blijven doen. Dan was het inderdaad net als kiespijn, hoe langer je wachtte, des te erger het werd.

Aan het eind van de week hakte ze wel een andere knoop door. Ze belde aan bij haar overburen vóór Bea de deur had kunnen opendoen, wat op zichzelf al een prestatie was.

'Ik kom mij opgeven voor de computercursus', zei ze.

''t Is niet waar', zei Henk. Hij troonde haar mee naar het zijkamertje en toverde een naamlijst op zijn scherm. 'Marchand met een d', zei hij. 'Juist. Leeftijd? Het spijt me dat ik het vragen moet.'

'Een mens is nooit te oud om te leren', vond Bea. 'Maar jij bent toch meer een boekenmens. Ik dacht overigens dat je jonger was.'

'Dank je', zei Eline. 'Is er eigenlijk wel plaats?'

'Voor jou altijd', zei Henk.

Bea keek op uit de krant. Haar kraaienoogjes schitterden. 'Hoor hem', zei ze.

Eline lachte. 'Is er nog nieuws, mevrouw de redacteur?' vroeg ze.

'Nieuws', herhaalde Bea. 'Wat noem je nieuws. Ondanks de maatregelen van de minister blijven de wachtlijsten in de zorg groeien.'

'Dat is geen nieuws.'

'Geen nieuws, goed nieuws', meende Henk.

'Wat zijn we weer spits', zei Bea. 'Willen jullie ander nieuws? Interne actualiteit? Herinneren jullie je die geruchtmakende affaire in een Haags verpleeghuis? Mysterieuze sterfgevallen en zichzelf verrijkende verpleegkundigen?'

'Het was Rotterdam', zei Henk.

'Neem maar van mij aan dat het Den Haag was. Welnu, het waarnemend hoofd van dat huis heeft bij onze stichting gesolliciteerd als avondhoofd van het zorgcentrum en coördinator van de servicezorg in De Groene Vallei.'

'Dat is nog steeds geen interne actualiteit', zei Eline.

'Inmiddels wel.' Bea schoof haar bril op haar voorhoofd en keek haar aan. 'Ze is benoemd.'

6

'Het jaarfeest van de bewonersvereniging nadert met rasse schreden', zei Betsy Donselaar. Eline en Anton knikten naar elkaar. 'Rasse schreden', zeiden ze met bezorgde gezichten. Het was de vaste opening geworden van hun repetities. Daarna gingen ze aan het werk, zoals ze dat noemden. 'Straks spreken we wel af of er voor de generale nog een gewone repetitie nodig is. Akkoord?'

Omdat het zo goed ging en omdat de rest van het feestprogramma tot nu toe wat mager uitviel, hadden ze op voorstel van Betsy hun repertoire inmiddels uitgebreid met twee andere nummers, een volksliedje van Grieg en 'Bei Männer' uit *Die Zauberflöte* van Mozart. Antons zwakke poging om iets uit *Im Weissen Rössl* in studie te nemen, was gestrand op een onverbiddelijk veto van de pianiste. 'Over mijn lijk', had ze gezegd, waarna Eline ook het hare beschikbaar had gesteld in geval van nood. Ze hadden de indruk dat Anton gestuurd was door zijn vrouw, want zelf toonde hij zich heel tevreden, zowel met de liederen als met de repetities. Eline merkte dat hij net zo uitkeek naar die uurtjes in Betsy's appartement als zij.

Het was hun tweede repetitie deze week en de eerste die 's ochtends plaatsvond, omdat Betsy die middag weg moest. Agaath was er ook, ze had met Betsy vergaderd over het jaarfeest en vroeg of ze even mocht luisteren. 'Als je maar stil bent', zei Eline.

'Nou schiet de nazit er natuurlijk ook bij in vandaag', zei Anton. 'Ik houd niet van ochtendrepetities.'

''t Komt mij wel uit vandaag', zei Eline. 'Ik heb vanmiddag computercursus.'

'Ik wist wel dat jij alleen maar voor de drank kwam, Anton Bolhuis', zei Betsy. 'Je bent een oude drankzuchtige heldentenor. Klaar?'

'Bariton.' Hij giechelde. 'En ik ben niet oud.' Zijn gezicht glom. Als je hem een rode pet opzette, kon hij zó in de spoorwegharmonie, vond Eline, of met een spiegelei op perron twee.

Sinds hij verteld had dat hij bij de spoorwegen gewerkt had, in een bureaufunctie weliswaar, was haar verbeelding in gang gezet. Hij kon zich op een aandoenlijke manier opwinden over de huidige situatie op het spoor. 'Mijn vrouw gaat vanmiddag ook', fluisterde hij tegen Eline. 'Ze heeft al...'

Ze gaf hem een por. 'Kom chef, concentratie.'

Hij keek haar verbaasd aan en schoot toen in de lach waardoor hun inzet volkomen mislukte.

Betsy stopte. 'Gaat het, jongens?' Ze trok een gezicht tegen Agaath. ''t Zijn soms net kinderen.'

Agaath stond op. 'Ik ga wel weg,' zei ze, ''t komt vast door mij.' Toen ze Eline passeerde, zei ze: 'Hoe laat zijn jullie klaar? Twaalf uur? Dan kom ik even bij je langs.'

'Eet je een boterhammetje mee?'

Agaath kneep haar ogen half dicht. 'Ik zie wel.'

Er is iets, dacht Eline. Maar onder het zingen vergat ze het, ze deden Grieg een paar keer over vanwege al die snelle overgangetjes, dat moest er wel goed in zitten als eerste nummer. Mozart ging toch wel vanzelf en Mendelssohn deden ze voor hun plezier, elke keer weer, elke keer beter. 'Heerlijk', zei Anton na het laatste akkoord en Eline beaamde het.

'Ik moet snel weg', zei Betsy. 'Ik stel voor dat we niet meer repeteren voor de generale van volgende week woensdagmiddag. Het zit er nu zó goed in. Ik krijg het bovendien ook een beetje druk nu. Akkoord?'

'Het jaarfeest is donderdagavond?' vroeg Anton. 'Waarom hebben we dan niet díé dag de generale?'

'Dat wordt veel te rommelig met al dat heen en weer geloop. Woensdag kunnen we de conversatiezaal gewoon een uurtje sluiten als dat nodig is. De piano wordt maandag al gestemd. Wat vind jij, Eline?'

'Ik vind het best', zei ze. 'Als het woensdag toch nog niet naar wens gaat, hebben we altijd de donderdagmorgen nog.'

'Top', zei Anton.

Ze bleef niet lunchen, zei Agaath toen ze binnenkwam. Ze had vanmiddag om twee uur een bespreking met het stichtingsbestuur en nam thuis wel een broodje tussendoor. Met het kopje espresso dat ze wél wilde, ging ze aan tafel zitten wachten tot Eline zover was.

'Ik zou graag willen dat je mij nog eens precies vertelt hoe jouw aanmelding en plaatsing hier is gegaan', zei ze.

'Waarom?' vroeg Eline. 'Zijn er problemen?'

Problemen wilde ze het niet noemen, zei Agaath, maar een paar dagen geleden had er bij de post een afschrift gelegen van een brief van Magda Ittersum aan het bestuur en gisteravond had ze daarover met haar een gesprek gehad. Voor het geval die zaak vanmiddag bij het stichtingsbestuur aan de orde zou komen, wilde ze voorbereid zijn. 'Formeel heeft de bewonerscommissie hier helemaal niets mee te maken, maar toch worden we vaak over van alles en nog wat aangesproken. Dat zie je aan zo'n brief. Betsy heeft Magda afgepoeierd, maar toch stuurt ze ons die kopie.'

'Dat je het een zaak noemt, vind ik een beetje ernstig, Agaath', zei Eline. Ze hoopte niet dat haar stem trilde. 'Er is helemaal geen zaak. Hoogstens...'

Agaath boog zich over tafel en legde haar hand op Eline's arm. 'Lientje, zo bedoel ik 't ook niet. Kijk, er spelen twee dingen. Dit is oorspronkelijk een huurappartement. Daar hebben we het al over gehad. De stichting heeft er een aantal in bezit en niet zonder reden. Voor die sector bestond er een wachtlijst. Niet lang, een naam of drie, vier, maar toch gemiddeld genomen duurt het dan minstens een jaar voor de laatste aan de beurt is. En nummer 117 was het enige dat de afgelopen maand vrij kwam. Nu is het een koopflat geworden, jij hebt hem gekocht, en je kon er direct intrekken. Je bent dus met een boogje om de wachtlijst heen gegaan, nee, dat zeg ik niet goed, je bent voor een ander loket gaan staan, zeg maar, met toestemming van het bestuur. Wat ik nou graag wil weten is hóé dat is gegaan.'

'Het bestuur heeft dat toch goedgekeurd? Dat is toch hun verantwoordelijkheid? Dat zei jij ook de vorige week toen ik het je vertelde.'

'Dat is ook zo. Maar wat jij niet weet, is dat het bestuur met dit besluit dwars door zijn eigen beleidsvoornemen van een halfjaar geleden heen fietst. Dat is het punt dat Magda aanvoert.'

'Wat voor beleidsvoornemen?'

'Eerst jij', zei Agaath. 'En wind je nou niet op, dat is helemaal niet nodig.'

Eline deed haar best om het niet te laten klinken alsof ze zich vrijpleitte. Gewoon, zei ze, hoe gaan die dingen. Hubert kende iemand van het stichtingsbestuur. Nee, hij kende ze allebei, een jurist van de balie en de medisch adviseur, geen bestuurslid eigenlijk, van... Of kende hij de laatste nou toch weer niet? Ze wist het niet meer.

'Eline, hou op', zei Agaath. 'Zeg nou gewoon hoe het zit.'

'Dat doe ik ook', zei ze kwaad. 'Je moet me niet onderbreken. Hubert hoorde van die jurist dat er een huurappartement vrijkwam, maar dat hij niet wist of ik daarvoor in aanmerking kwam. Dat had te maken met de wachtlijst en of er sprake was van urgentie, daar ging die medisch adviseur dan weer over. Toen heeft Hubert voorgesteld om het appartement te kopen en daar gingen ze mee akkoord.'

'Wou je zeggen dat bij jou medische urgentie een rol heeft gespeeld?' vroeg Agaath.

'Blijkbaar wel', zei Eline.

'In dat geval zou je in aanmerking gekomen zijn voor Velserpoort, het verzorgingshuis van dezelfde stichting, maar niet voor De Groene Vallei. Velserpoort heeft een ziekenboeg en een afdelinkje intensieve zorg, terwijl dit seniorencentrum alleen zorgpakketten heeft. Toereikend als je er eenmaal woont, maar geen zodanige voorziening om iemand die bij aanmelding al een medische indicatie heeft, toe te laten. De medisch adviseur bewaakt bij ons huis alleen de bovenkant van de aanmelding. Er moet dus iets anders aan de hand geweest zijn. Jammer maar helaas.'

'Wat nou jammer maar helaas? Denk je dat ik niet goed bij m'n hoofd ben?'

Agaath keek haar aan zonder iets te zeggen. Toen trok er een brede lach over haar gezicht. 'Nee, dat denk ik niet. Want in dat geval zou je in de Breezaap geplaatst zijn.'

'Wat is de Breezaap?' vroeg Eline argwanend.

'Het verpleeghuis voor psychogeriatrische patiënten. Ook van dezelfde club. Ze zijn van alle gemakken voorzien.' Agaath boog zich naar haar toe. 'Nee, weet je wat ik wél denk? Mag ik het eens heel grof zeggen? Dat jij me allerlei k.u.t.-smoesjes op de mouw spelt, Eline Marchand.'

'Oooh, dat zijn woorden die ik zelfs nog niet van mijn kleindochter...'

'Ja, dat vind je wel belangrijk, hè, dat iemand nette woorden gebruikt. Maar dat iemand de halve wereld bij elkaar liegt...' Agaath leunde achterover en legde haar handen naast elkaar op tafel. 'Weet je wat ik het ergste vind? Dat je mij na... vijftig jaar nog zit voor te liegen. Ik weet dat je er wat van kunt, maar...'

'Achtenveertig', zei Eline.

'Ja, dát weet je wel precies, hè? En weet je wat het állerergste is? Dat je denkt dat ik daarin trap.' Ze schudde haar hoofd. 'Je kent me dus nog steeds niet.'

Eline pakte de kopjes van de tafel en liep naar de keuken. Terwijl het espressoapparaat pufte en pruttelde, keek ze door het doorgeefluik naar Agaath. Daarna liep ze met de kopjes naar de kamer en ging zitten. 'Suiker?' vroeg ze.

'Graag', zei Agaath. 'Hoe kom je aan dit boek van Blaman?' Ze hield *Eenzaam avontuur* omhoog. 'Uit de Beelaerts-boekerij?' Eline knikte.

'Mooie collectie', zei Agaath. 'Maar ze mogen er wel eens een stempeltje in gaan zetten, anders zijn ze zo verdwenen. Binnenkort komt er trouwens een gedrukte catalogus van uit.' Ze legde het boek terug en keek haar aan.

Eline boog haar hoofd. 'De medisch adviseur van het stichtingsbestuur, Robert Verdegaal, is een vroegere assistent van Otto. Dat wist ik niet, ik bedoel, pas toen Hubert zijn naam noemde, herinnerde ik me dat. Robert heeft een tijd bij Otto en mij gelogeerd. Gewoond, kun je beter zeggen, hij was een soort huisgenoot. Dat is allemaal minstens vijftien jaar geleden. Ik heb hem voor het laatst gezien op Otto's begrafenis. Omdat Hubert hem regelmatig in een of ander bestuur tegenkomt, was hij van plan hem te vragen of hij iets voor ons kon doen. Maar toen hij hoorde waar ik Verdegaal van kende, leek het hem beter dat ik hem benaderde.'

'En dat heb je gedaan.'

Ze schudde haar hoofd. 'Ik wilde dat niet. Ik vond dat het veel te lang geleden was. Bovendien was ik toen nog tegen het hele idee van een seniorencentrum. Ik wilde gewoon terug naar huis. Maar ik heb toen wel tegen Hubert gezegd dat hij maar moest doen wat hem goed leek. Toen hij vroeg of dat betekende dat hij mijn naam mocht noemen tegenover Verdegaal, heb ik ja gezegd.'

'Dus Hubert kon op twee mensen rekenen in het bestuur. Janson bedacht de constructie en Verdegaal adviseerde positief.'

'Is Janson die jurist?'

Agaath knikte.

'Ik ken hem verder niet.'

'Vriendjes', zei Agaath. 'Of je ze nou persoonlijk kent of niet, het is vriendjespolitiek.'

Eline ging rechtop zitten. 'Ik mag dan niet meer met mijn tijd meegaan, maar ik weet wel dat ze dat tegenwoordig een netwerk noemen. Gebruik maken van je netwerk. Dat klinkt toch wel anders.'

Agaath keek haar spottend aan. 'Dat heb je zeker van Hubert?'

'Nee, van m'n kleindochter. Van Cleo. Die is ook altijd aan het netwerken.'

'Weet je', zei Agaath. 'Het zou me allemaal een zorg zijn, als dat project niet met veel tamtam aangekondigd was. Daar hamert Magda ook op. Wel eens van levensloopbestendige woningen gehoord?'

'Nee.'

'Ik ook niet tot voor kort, maar als je het woord hoort, kun je je er van alles bij voorstellen. Het is een nieuwe trend in de ouderenzorg. Woningen die kunnen mee-evolueren met de behoeften van de bewoner. Je hoeft niet meer overgeplaatst te worden, want het huis, de etage, bevat in principe alles, 't moet alleen nog even worden aangeschroefd, weggehaald, verlaagd, opgehoogd en weet ik wat nog meer worden. Het bestuur is daarop ingesprongen, er valt ook veel subsidie mee binnen te halen naar het schijnt, en heeft in een beleidsnotitie vastgelegd dat de centraal gelegen huurappartementen van De Groene Vallei daar in principe voor aangemeld worden. En dat voor het eind van dit jaar een projectgroep gevormd zal worden die voor dat geld iets moois gaat zitten bedenken. Dus voor ook appartement 117. Dat heeft Magda Ittersum heel goed gezien en onthouden. Als voormalig gemeenteraadslid hoeft ze dat ook niet meer te leren.'

'Daar wist ik allemaal niets van', zei Eline.

'Dat kon je ook niet weten. Je hebt natuurlijk gelijk dat dit de verantwoordelijkheid van het bestuur is, wat je ook onder tafel doorgeschoven mag hebben. Maar...'

'Agaath, dat is niet eerlijk! Zo is het niet gegaan.'

'Dat weet ik ook wel, suffie. Wat mij eigenlijk verbaast, is dat je míjn naam niet hebt laten vallen. Je stuurt me wel een mailtje, maar verder niets. Niet dat ik zoveel invloed heb, maar het had toch voor de hand gelegen?'

Eline schudde haar hoofd. Hoe kon zij Agaath nu nog uitleggen dat dit juist het laatste was geweest wat ze wilde. 'Je zat toen al in Australië, maar dat was het niet, ik bedoel, ik heb je alleen die e-mail gestuurd omdat ik wilde dat je wist dat ik hier ging wonen vóór je terugkwam, niet om je bemiddeling in te roepen.'

'Dat verklaart nog niks. Waarom wilde je dan dat ik dat wist?'

'Omdat...' Ze keek haar vriendin aan. De diepliggende, lichte ogen boven de brede jukbeenderen, de rechte neus met dat leuke kleine knikje bovenaan, zo vertrouwd. En toch...

'Omdat ik er niet zeker van was dat je het wel leuk zou vinden', zei ze.

Achteraf vond ze de reactie van Agaath de enig mogelijke. Ze had zich tegen de rugleuning van haar stoel laten vallen met haar hoofd in haar nek en had met open mond secondenlang naar het plafond gestaard. Daarna liet ze, nog steeds zwijgend, haar hoofd terugzakken om Eline aan te kijken. Toen had ze met een onbewogen gezicht gezegd: 'En wat wil je nu van me horen? Dat ik het juist vreselijk leuk en gezellig vind dat jij in dit seniorencomplex bent komen wonen, dat dit het beste is wat me overkomen kon omdat we nu samen oud kunnen worden nadat we eerst al samen jong en middelbaar zijn geweest? Wil je dat horen, Eline Marchand?'

Ze had geknikt, sprakeloos, ademloos en ze voelde nog de gloed op haar wangen door wat daarna gebeurde. Agaath had zich over tafel gebogen zodat haar gezicht vlak voor het hare kwam, had haar handen gepakt en tegen haar wangen gelegd, en haar strak aankijkend gezegd: 'Ik vind het ontzettend stom en opdringerig en vervelend en bedreigend dat je van alle seniorencomplexen in de Randstad uitgerekend dit hebt uitgekozen om je levensavond te slijten, Eline Marchand. Dit is het stomste wat je kon doen. Zo.' En Agaath had haar gezicht naar zich toegetrokken en haar een kus gegeven op haar mond.

Toen ze Agaath uitgelaten had, dacht ze even dat ze verderop in de gang Heleen de Rover zag lopen. Ze sloot haar deur en leunde er tegenaan. Het moest natuurlijk niet te gek worden. Als ze een beetje gezond verstand had, maakte ze zo snel mogelijk een afspraak. Ze kon haar toch niet tot in lengte van dagen blijven ontlopen! Als Heleen haar dingen van vroeger zou willen verwijten, was het van haarzelf niet erg moedig dat ze zich zo gedroeg, om niet te zeggen laf. Daar moest ze toch gewoon op afstappen en maar zien wat ervan kwam. Het was meer dan zestig jaar geleden! Belachelijk gewoon, dat ze zich daarover nog druk maakte. En stel nou dat Heleen dat helemaal niet van plan was, dat ze alleen maar gezellig herinneringen wilde ophalen, of gewoon behoefte had aan gezelschap, want ze leek haar niet iemand met veel contacten. Dan zou het toch heel onaardig zijn als ze dat steeds afhield? Misschien was ze alles wat er gebeurd was ook wel vergeten, of misschien vond Heleen het veel minder erg dan zijzelf. Toen ze in Haarlem die foto liet zien, had ze ook niets laten blijken en de rest van de middag was ze net zo geweest als daarvoor, vrolijk, een beetje opgewonden, gewoon gezellig. Zijzelf zat natuurlijk sinds die foto met dat gevoel van schuld, waardoor ze misschien dat getreiter en die pesterijen nu zo uitvergrootte dat het veel erger leek dan het was geweest. Dat zou heel goed kunnen, hield ze zich voor. Ze moest alles natuurlijk wel in de juiste verhoudingen blijven zien. Terwijl ze in de keuken een boterham klaarmaakte, nam ze een besluit. Ze zou het initiatief nemen, niet meer wachten tot Heleen contact opnam, maar zelf opbellen. Dat was het beste. Morgen doen.

Op weg naar haar eerste computerles liep ze bij Henny Bolhuis binnen in de kleine ruimte achter de conversatiezaal waar twee keer in de week boeken geleend konden worden. Het uitleenmagazijn lag aan de overkant van de gang, maar de Beelaertsboekerij stond in een berging op de derde verdieping achter slot en grendel. Hoogst onhandig, vond iedereen en Henny vooral, maar op de begane grond was geen ruimte beschikbaar die afgesloten kon worden. En dat was nu juist de voorwaarde geweest van de erflater, een welgestelde bibliofiel wiens inmiddels overgeplaatste tweelingzuster zulke goede herinneringen had aan De Groene Vallei, dat hij hun gezamenlijke boekenbezit voor wat de twintigste eeuw betreft had vermaakt aan dit huis. Bijna allemaal eerste drukken.

'Ik heb *Eva* nog niet terug, mevrouw Marchand', zei Henny. 'Nog een paar dagen, denk ik. Hebt u die andere boeken al weer uit? Dan leest u snel.'

'Je', zei Eline met enige nadruk. De vrouw van Anton Bolhuis had een beetje moeite met tutoyeren. Ze kon zo naast Anton in een lijstje, met haar rougewangetjes, geëpileerde wenkbrauwen en zwembadpermanent. Iemand van wie je verwachtte dat ze 'dag mevroj' zou zeggen, als je haar zag. Maar Henny was aardig, en je kon merken dat ze van boeken hield. Eline bekende dat ze Anna Blaman na een paar hoofdstukken weggelegd had. Ze kwam er maar niet in. 'Dus ik dacht, eens kijken of het boek van Carry van Bruggen al terug is. Daar heb ik heel dierbare herinneringen aan.'

'Ik laat het wel weer bezorgen, net als de andere. Zolang Rachid hier nog is, kan ik dat best zo organiseren. Ik krijg er zelfs meer lezers door, merk ik.'

'Ik kom je eigenlijk ophalen voor computerles', zei Eline. 'Ik hoorde dat jij je ook had ingeschreven.'

De vrouw keek haar even aan. 'Dat heeft Anton zeker verteld? 't Is goed, ik ga zo mee.'

Terwijl Henny kaartjes uit boeken haalde en in een bakje borg, praatten ze wat over het herlezen van boeken. Dat het soms was alsof je een oude vriend heel lang niet gezien had en dat je een andere keer vergeefs zocht naar wat je vroeger zo gefascineerd had, zoals Eline dat met *Eenzaam avontuur* had ervaren. 'Dat zegt niet alleen iets over het boek', zei Henny. 'Wij zijn ook veranderd.'

'Natuurlijk', zei Eline. 'Wij zijn een mensenleven verder, soms. Neem nou... Ja, voor muziek gaat dat nog veel sterker op, denk ik. Het ene stuk heb je na drie keer doodgeluisterd en het andere kun je je leven lang horen en het blijft z'n schoonheid houden. Herkenning vormt dan juist een deel van het genot, heb ik wel eens gelezen.'

'Dat heb ik nou helemaal niet', zei Henny. 'Als Anton thuis oefent, elke dag hetzelfde liedje, dan heb ik daar na een paar weken schoon genoeg van.' Ze lachte. 'Vroeger stuurde ik hem naar zolder, maar dat kan hier niet, helaas.'

'Ook met dat lied dat we nu instuderen? Dat is ook zo'n oude vriend voor mij, zeg maar, zo'n oude geliefde die ik al mijn hele leven ken.' Ze zong zacht de eerste maten. 'Ich wollt' meine Lieb ergösse sich...' Ze zag Henny Bolhuis naar haar kijken en glimlachte. 'Prachtig toch?'

'Anton is er ook erg enthousiast over, zoals het gaat', zei Henny. Ze maakte stapeltjes van de boeken op haar tafel en schoof ze naar de rand. 'Persoonlijk doet het mij niet zoveel.' Een voor een droeg ze de stapels naar het magazijn.

'Zal ik even helpen?' vroeg Eline.

Henny klemde een stapel tussen haar gestrekte armen. 'Nee hoor, 't is zo gebeurd.'

Dan niet, dacht Eline. Ze luisterde naar de kordate stappen op de planken vloer. Henny had stevige benen. En een stevige derrière ook. Persoonlijk deed het haar niet zoveel. Zou ze iets zeggen over *Im Weissen Rössl*? Nee, dat was flauw.

'Zo, ik ben klaar', zei Henny. Ze pakte haar tas van tafel en keek Eline aan. 'Zullen we dan maar?'

De kamer waar de computerles gegeven werd, bevond zich in de noordvleugel van de vierde verdieping. Er stond een groepje mensen voor de deur toen ze aankwamen met in het midden Henk Barends. 'Alle begin is moeilijk', riep hij Eline toe. 'Ik moet nog leren om de sleutel mee te nemen.'

Eline zag geen andere bekenden. Er waren meer vrouwen dan mannen, maar misschien lag dat ook een beetje voor de hand. 'Hebben jullie een computer thuis?' vroeg ze aan Henny.

'Al jaren. We hebben net weer een nieuwe. Anton gebruikt hem het meest, maar ik zit er ook wel eens achter. Voor de bibliotheek is het ook handig.'

'En ga je dan toch nog een beginnerscursus volgen?'

'Is dit de beginnerscursus? Dat geloof ik niet.' Ze draaide zich om. 'Meneer Barends, dit is toch niet de beginnerscursus? Want dan ben ik verkeerd.'

'Nee, nee, nee. 't Komt allemaal in orde.' Henk Barends haastte zich naar hen toe. 'Dit ís de gevorderdencursus, maar ik had voor jou geen plaats meer bij de andere, Eline. Je doet gewoon mee, geen probleem, en je krijgt hulp van mijn charmante assistent. Maak je geen zorgen, in een paar uur ben je bij. O kijk, daar is hij al.'

Met grote gewichtige passen kwam de huismeester aanlopen met naast hem Rens Leffelaar.

'Niet zo slim, meneer Barends', zei Van Dusschoten terwijl hij de deur opende. Hij stak de sleutel omhoog. 'Deze wil ik dus straks graag terughebben. Sluit u deze ruimte goed af, want anders kan ik geen verantwoordelijkheid dragen voor de inventaris.'

'Dat spreekt vanzelf, meneer Van Dusschoten. En onze hartelijke dank.' Henk Barends stak zijn hand uit, maar de huismeester bleef de sleutel vasthouden.

'En zorgt u ervoor dat u de sleutel voortaan zelf komt afhalen van tevoren, want ik kan natuurlijk niet iedere keer naar boven komen daarvoor.'

'Ik kom u nog verder tegemoet', zei Henk Barends terwijl hij de sleutel aanpakte. 'Ik zal een duplicaat maken zodat we geen beslag meer hoeven te leggen op uw kostbare tijd.'

De huismeester duwde zijn kin naar voren. 'Het is ten strengste verboden om duplicaten te maken van sleutels van algemene ruimten.'

'Door wie is dat verboden?'

'Het bestuur.'

'Waar staat dat?'

'Nergens. Dat is gewoon zo. En iedereen kan snappen waarom.'

Barends draaide zich om. 'Gaan jullie vast naar binnen', zei hij, terwijl hij de sleutel in het slot stak. 'Dan zal ik intussen de huismeester nog even uitleggen waarom het veel prettiger is om iedereen te vriend te houden.'

Binnen keken de deelnemers elkaar onthutst maar ook wat lacherig aan.

'Wat een onhebbelijke man', zei iemand.

Eline schudde haar hoofd. Blijkbaar had iedereen moeite met hem. En Henk Barends leerde ze weer van een heel andere kant kennen. Ze liep langs de computers die in een dubbele rij op tafeltjes stonden en aarzelde of ze al zou gaan zitten. Toch was het niet leuk, dacht ze. Nou kon iedereen er al mee uit de voeten behalve zij. 't Was goed bedoeld van Henk, maar ze had liever gewacht tot er weer eens een beginnerscursus gegeven werd. Nu was ze het kneusje.

'Zo, welkom allemaal.' Henk Barends kwam binnen met Leffelaar in zijn kielzog, en ging bij het raam staan. 'Als iedereen een plaatsje zoekt en alvast het apparaat aanzet, zal ik vertellen wat we gaan doen en hoe we het gaan doen. Vooraf wil ik jullie Rens Leffelaar voorstellen. Hij assisteert mij bij de cursus en zal vooral degenen helpen die nog niet thuis zijn op de computer.'

Dat ben ik dus, dacht Eline, terwijl ze op de enig overgebleven plaats ging zitten en naar het blinde scherm keek. Leffelaar. Nou ja, misschien viel het mee. Op eigen kracht vond ze de aan/uit-knoppen en even later keek ze naar een blauw scherm met symbooltjes waar ze niets van begreep. Haar buurvrouw, een kleine Indische dame, had een prachtig berglandschap op haar scherm dat na een tik op de muis veranderde in een zeegezicht. Eline keek er jaloers naar. Daarom had ze nou liever bij een andere groep gewild.

'Zo Eline', zei Leffelaars stem achter haar. 'Ik mag toch wel Eline zeggen? Waar zullen we beginnen?' Hij schoof een stoel bij en ging zitten.

Ze keek opzij. 'Het antwoord op je eerste vraag is ja, want dat deed je al, beste Rens. En de tweede vraag lijkt me simpel: bij het begin. Ik ben een onbeschreven blad.'

'Ik ben dol op onbeschreven bladen', zei hij. 'Je kunt er zoveel op kwijt namelijk.' Hij keek even opzij en toen weer naar het scherm. 'Weet je waar je nu naar kijkt?'

Oppassen, dacht ze. Geef hem geen kans. Niet proberen slim te zijn, niet ingaan op zijn grapjes en dubbelzinnigheden. En als hij na de les vraagt of ik iets bij hem kom drinken, ben ik verhinderd. En na alle volgende lessen ook. Ze fronste haar wenkbrauwen. 'Vertel het me maar, Rens', zei ze.

Toen ze na afloop duizelend van alle informatie met Henk Barends het computerzaaltje uit kwam, stond ze oog in oog met Heleen de Rover, die uit het appartement ertegenover kwam. Het duurde een fractie van een seconde voor ze de naam op haar tong had. 'Heleen! Wat leuk! Dat is ook toevallig.'

Heleen reageerde vertraagd. 'Hé, dag Eline.' En toen, alsof ze vond dat ze nog iets moest zeggen: 'Dat is inderdaad toevallig.'

Ze stonden even wat schutterig tegenover elkaar. 'Ik kom net van computerles', zei Eline.

'O ja, leuk.' Heleen hield nog steeds de deurknop in haar handen. Door de kier was een stukje vloerbedekking zichtbaar en de voet van een paraplustandaard.

'Hier woon je dus', zei Eline. En je hebt ook Jabo, zou ze kunnen zeggen.

Heleen werd rood. 'Het spijt me, Eline, ik kan je nu niet binnenvragen. Ik moet even...'

Eline zag dat Henk Barends langzaam doorliep. 'Maar dat geeft toch helemaal niet. Ik kom een andere keer langs, als het schikt. Ik weet nu waar je woont.'

Heleen knikte. 'Dat is goed. Dag.'

Terwijl ze Henk Barends achterop liep, vroeg Eline zich af waardoor Heleen zo verlegen was met de situatie. Had ze zich overvallen gevoeld of was er iets anders? Ze was er niet gerust op.

'Waar is Rens gebleven?' vroeg ze aan Henk terwijl ze op de lift wachtten.

'Rens sluit af en brengt de sleutel terug. Dat is het voordeel als je een assistent hebt. Ik wil die huismeester vandaag niet meer zien.' Hij trok een gezicht. 'En ging het een beetje, buurvrouw? Wel luxe hoor, een particuliere leraar!'

Eline lachte. 'Zeer luxe, maar ook zeer kleverig. Hij zit zowat bij me op schoot. Als je nog eens wat weet!'

'Je kunt niet alles hebben', zei Henk.

Bea stond al op hen te wachten. 'Zo, hoe was het?' vroeg ze aan Eline. 'Hebben ze nog wat geleerd of maakt hij alleen maar flauwe grapjes?'

'Nee, Bea. Jouw man is een bekwaam cursusleider', zei Eline. 'Ik ben echt onder de indruk.'

'Zo', zei Bea. 'Daar hoor ik van op.'

'En ik mag de volgende keer al in het web.'

'Óp het web', zei Rens Leffelaar. Eline had hem niet zien aankomen. Hij legde zijn hand op haar schouder. 'Dit is mijn knapste leerling, Bea. Ik ben heel tevreden.'

'Knáp is ze zeker, Rens, dat moet ik toegeven.' Bea wierp Eline een blik toe die alles kon betekenen. 'Kom je, Henk, we gaan eten.'

Eline had zich bevrijd van de hand op haar schouder en liep naar haar deur. 'Eet smakelijk allemaal.'

'Mag ik mijn beste leerling uitnodigen bij mij iets te komen drinken?' vroeg Leffelaar.

Daar was het dan, dacht ze. 'Nee dank je, Rens', zei ze. 'Laat ik nou toch verhinderd zijn.'

'Een volgende keer dan? Mijn vrouw zou het ook heel leuk vinden.'

Zijn vrouw, dacht ze. Heeft hij een vrouw? Daar had ze nog helemaal niet over nagedacht.

'Wie weet', zei ze.

7

Toen Eline voor een paar boodschapjes tegen vijf uur de supermarkt binnenliep, bleef ze in de deuropening staan. Wat een rijen voor de kassa's. Anders kwam ze nooit om deze tijd, maar 't had vandaag allemaal wat tegengezeten. Even overwoog ze om terug te gaan, maar ze had geen koffie meer en geen jam, en nog maar een heel klein stukje kaas, haar voorraad was nog steeds niet op orde. Terwijl ze aan het muntenslot van het wagentje morrelde, hoorde ze haar naam roepen. Midden in een rij zag ze een opgestoken hand en daaronder het lachende gezicht van Rens Leffelaar. Waar ze ook kwam tegenwoordig, altijd liep ze die man tegen het lijf, leek het wel. Ze knikte met een lachje en probeerde er wat verrastheid in te leggen. Hij stootte de vrouw aan die achter hem stond en Eline zag een tanig gezicht met een grote bos grauwgrijs haar, bijeengehouden door twee benen kammen. Voor alle zekerheid knikte ze nog maar een keer. Dat was dus zijn vrouw. Ze had bij Betsy voorzichtig naar haar geïnformeerd, maar die kon haar niet veel vertellen. 'Die zie je haast nooit. Ik geloof dat ze veel op pad is voor vrijwilligerswerk of de wereldwinkel, zoiets. Ik weet het niet.' Zo te zien zat Betsy er niet ver naast.

In de nauwe doorgangen liep ze met haar wagentje voortdurend vast op andere klanten. Ze had een glimlachje klaar of een verontschuldiging, terwijl ze onrustig de stellingen afzocht, want ze wist nog steeds niet goed de weg in deze winkel. Of ze verplaatsten alles elke week, dat kon ook, want ze kon zich niet herinneren dat de zoetigheid de vorige keer ook tussen de conserven en de tijdschriften stond.

Maar ja, ze kon zich wel meer niet herinneren. Bijvoorbeeld dat Eefje vanmiddag op de thee zou komen. Ze scheen het gezegd te hebben de laatste keer, ze had een afspraak in de buurt en zou even aanwippen, zoiets. Eline hoopte wel dat ze aardig geweest was, want Eef kwam nog wel aankondigen dat Hubert eerstdaags bij haar een computer zou installeren, hij had er een overcompleet op zijn kantoor. Maar het kwám nou eenmaal ongelegen vandaag. Sander was net op bezoek, niet onaangekondigd, dat deed hij nooit, maar wel onverwacht vlug na hun zondagavondwandeling. En als ze nou een ding niet wilde, dan waren het veelbetekenende blikken van haar kinderen, gegniffel, of meewarig gedoe. En ze had Eef zien kijken vanmiddag!

Terwijl ze haar ogen langs alle soorten jam liet gaan, keek ze onwillekeurig opzij. Er was iets vreemds aan die jongen in dat grijze trainingsjack, iets vreemds maar ook iets bekends. Wie deed er nou bij dit weer z'n capuchon op? Toen herkende ze het hulpje van de huismeester, Rachid. Hij stond een cd te bekijken, heel geconcentreerd, en ze wilde iets tegen hem zeggen, een groet, iets aardigs, maar ze deed het niet. Ze keek naar de jam, reine-claudes of bosvruchten, maar de aardbeienjam was in de aanbieding, en intussen had ze de jongen in het hoekje van haar netvlies. Hij zette de cd terug, pakte een andere, zette die weer terug, pakte er weer een, misschien dezelfde. Ze voelde dat hij opzij keek, naar haar, en ze pakte de pot reine-claudes en bekeek het etiket aandachtig voor ze hem in het wagentje legde. Terwijl ze overeind kwam en haar wagentje wendde, stuurde ze haar blik Rachids kant uit, klaar om verrast te kijken en een praatje te maken, maar de jongen stond nu met zijn rug schuin naar haar toe en frommelde iets aan zijn jack.

Jakkes, dacht ze, terwijl ze het wagentje de andere kant op duwde, in de richting van de vleeswaren waar ze helemaal niet naartoe hoefde want de kaas was juist vooraan. Ze merkte dat ze trilde. Dit wilde ze niet weten. Dit had ze helemaal niet willen zien. Ze liep twee stellingen voorbij en keerde om naar de kaasafdeling, waar ze zonder om te kijken naar de kassa's treuzelde bij de voorverpakte stukjes en ten slotte toch een pond jonge van het mes bestelde. Toen ze aansloot bij de dichtstbijzijnde kassa, zag ze Rachid drie rijen verder staan. Hij was bijna aan de beurt. Ze kon vanaf haar plaats niet zien wat er naast hem op de band stond en deed een stapje terug om te kijken. Opeens zag ze zijn ogen, hij keek naar haar met een ondoorgrondelijke blik, het leek alsof hij haar niet herkende. Misschien was dat ook wel zo, dacht ze even later, terwijl ze haar boodschappen op de band legde, ze hadden elkaar maar twee of drie keer gezien. Maar waarom had hij dan omgekeken toen hij met de twee blikjes Coca-cola in zijn hand naar de jongen liep die bij de deur op hem wachtte? Of besteedde ze er gewoon te veel aandacht aan?

Dit waren ook dingen die je niet zo gauw met anderen besprak, dacht ze, toen ze 's avonds de planten opzijzette om de gordijnen te sluiten. Agaath, dat was wat anders natuurlijk, die wist wel hoe ze was, dat ze niet meer vooroordelen had dan een ander. Maar met Betsy, nee, nog niet, zelfs niet met Sander, die haar nu toch in korte tijd al zo vertrouwd geworden was. Zodra je over dit soort onderwerpen begon, begrepen de mensen je zo gauw verkeerd. Het regende, zag ze, er kwamen kleine spatjes op de ruit die het licht braken in glinsterscherfjes, voorbode zeker van de weersomslag waarover ze op het journaal gehoord had. Eindelijk zou er een eind komen aan de warmte van de laatste tijd. Het was nog een buitje van niks, merkte ze toen ze even het balkon op ging, ze voelde het nauwelijks, maar ze rook het toch, uit de tuin kwam een sterke geur van aarde en blad, bijna al herfst. Alleen de temperatuur was nog zomers. De cipressen waren in het duister nauwelijks te onderscheiden, donkere zwijgende schimmen achter het licht dat op het gazon viel. Gewoon coniferen hoor mam, had Eefje laatst gezegd, niks bijzonders. Het tuincentrum staat er vol mee. Jij altijd met je cipressen.

Het kon haar niet schelen. Otto noemde ze altijd zo, maar misschien was het een ander soort geweest, achter zijn tuin, hoewel ze het verschil niet zag, net zulk dicht, fijnvertakt groen, dat in de schemering naar zwart neigde, dreigend zwart en zwaar van het vocht toen ze zich die avond erdoor worstelde achter de garage, met takken als handen die langs haar gezicht streken, in haar kleren haakten, haar bijna deden stikken. Ze huiverde. Toch dacht ze er de laatste twee weken minder aan dan daarvoor. Dat kwam zeker door alle afleiding. Voor ze de deur sloot, zag ze Rens Leffelaar voor zijn raam staan. Doordat hij met zijn rug naar het kamerlicht stond, wist ze niet zeker of hij naar haar keek, en ook niet of hij al die tijd daar al stond, maar ze maakte zich geen illusies. Ze trok de gordijnen dicht, niet te haastig, anders zou hij het nog persoonlijk opvatten, zo was hij wel. Maar weer voelde ze zich bespied. Had die man niets beters te doen?

Op de ochtend van de generale repetitie voelde ze zich een beetje gespannen. Ze was al vroeg in de recreatiezaal, waar ze bij een kopje cappuccino uit de automaat de krant inkeek. Over haar bril heen zag ze Sander Vreeman de achteringang binnenkomen. Hij keek haar kant uit, maar ze deed alsof ze hem niet zag, waar ze direct weer spijt van had toen hij doorliep naar de kamer van de huismeester. Tegen tien uur kwamen Betsy en Agaath binnen.

'Jij moet beslissen, Eline', zei Betsy. 'Mag er publiek bij? Of heb je 't liever niet?'

'Agaath is geen publiek', zei ze.

Haar vriendin lachte. 'Ik hoor bij de inventaris. Allemaal koffie?'

'Graag', zei de klinkende stem van Anton Bolhuis. Hij stond in de deuropening en naast hem verscheen het gezicht van zijn vrouw Henny. Betsy en Eline wisselden een blik. 'Oké, een generale met publiek', zei Betsy zacht. 'Gewoon zingen alsof je alleen bent.'

Eline schoot in de lach. 'In een duet zeker.' Ze voelde de spanning van zich afglijden. Wat gaf het? Dit waren toch haar vrienden, iedereen mocht het horen, er hing niets van af.

Toch was het anders dan op hun eerdere repetities, merkte ze al snel. Dat lag niet aan Agaath en Henny, die bij elkaar aan een tafeltje waren gaan zitten, maar aan de ruimte, die veel hoger was dan ze gewend waren, aan de piano die een beetje blikkerig klonk, en tot haar verrassing ook aan de begeleiding. Direct al in het eerste lied van Grieg zat Betsy er een paar keer flink naast en haar onzekerheid sloeg over op de zangers. Eline wenkte Anton met haar ogen en ze gingen al zingend aan weerszijden van de piano staan, hun hoofden naar Betsy toe die met een hoogrode kleur krampachtig haar partij uitspeelde. Na het slotakkoord zei Eline: 'Hé Bets, weet je nog wel. Gewoon spelen alsof je alleen bent.' Opeens begonnen ze alledrie te lachen, de spanning brak, ze bespraken de verschillen waar ze rekening mee moesten houden, en daarna ging het zoals ze wilden. Ze deden het eerste lied over en toen werkten ze het repertoire af met af en toe kleine onderbrekingen en herhalingen die de concentratie niet verstoorden. Bewoners die over de gang passeerden, bleven staan luisteren, een enkeling kwam op zijn tenen binnen en ging zitten, maar het gaf niet. Agaath had met haar lange lijf twee stoelen in gebruik en luisterde met gesloten ogen, Henny zat kaarsrecht en keek strak naar Anton alsof ze bang was dat het fout zou gaan, en als er een lied uit was, applaudisseerde er niemand, want ieder wist dat hier geoefend werd. Tijdens de laatste maten van Mozarts 'Bei Männer' zag Eline opeens Sander zitten in een hoekje achterin, alsof hij niet gezien wilde worden. Ze voelde zich licht worden, alsof ze groeide, en toen ze klaar waren en Betsy zich omdraaide om te vragen of ze het nog een keer zouden doen, zei ze: 'Nee, dat is niet nodig. Nu Mendelssohn. Goed, Anton?' Hij knikte. 'Goed. Dan nu jouw lied.'

En het was haar lied, voelde ze terwijl ze inzette, het waren haar woorden, 'Ich wollt' meine Lieb ergösse sich', een woord dat ze meegaf aan de wind naar de juiste bestemming, het enige woord voor de enige verstaander, ze keek niet maar ze was zich voortdurend bewust van die stille figuur achterin de zaal. Anton was naast haar, stuwend, zij zweefde, hij ondersteunde, hun stemmen trokken de parallelle tertsen alsof ze twee kunstschaatsers waren, alles gelijk maar toch verschillend, een licht spoor en een donker spoor, ze sloot haar ogen en zag de stemmen neerdalen en verstillen. 'Bis in den tiefsten Traum.' De piano hamerde zachtjes na. Eline haalde diep adem en opende haar ogen. Ze keek naar Anton, zijn rode goedhartige kop dichtbij haar, een glimlach op zijn gezicht. Even liet ze haar hoofd tegen zijn schouder komen, een kopje zoals een kat geeft, toen zuchtte ze en allebei begonnen ze te lachen. Het was nog nooit zo goed gegaan. Een stoel verschoof. Henny kwam naar voren, haar hakken tikten op de vloer, ze haakte haar arm door die van Anton en zei: 'Zo is het wel genoeg.' Haar gezicht was rood en ze keek Eline niet aan.

Na afloop liep Agaath met haar mee. 'Ik ben zoals altijd weer jaloers op je, Lientje Marchand. Dat heeft me nou m'n hele leven zo heerlijk geleken, zo zingen zoals jij doet, en ik ben niet eens op een koor gegaan. Dom hè? Ben je nou niet moe?'

'Een beetje.' Ze voelde hoofdpijn opkomen, het was het beste als ze straks even ging liggen. 'Dat is toch wel een verschil met vroeger. Minder lucht, en de techniek is ook niet meer je dat.'

'Ja. We zijn geen twintig meer. Daarom wonen we ook hier. Maar ik vind dat jij nog geen klagen hebt hoor.'

Niets meer aan doen, had Betsy gezegd, een beetje overbodig want Anton was de deur al uit, met zo'n generale moet het een prachtige uitvoering worden. Eline was er nog niet gerust op, het omgekeerde had ze ook wel meegemaakt. Vervelend nou van die hoofdpijn. Ze voelde dat Agaath naar haar keek.

'Wat is er?'

'Je trekt je dat toch niet aan, Lientje?'

'Wat?'

'Wat Antons vrouw deed. Zo'n benepen reactie...'

'Welnee', zei ze. 'Ik was het eigenlijk al weer vergeten. Ik heb gewoon een beetje hoofdpijn.'

Sander was naar haar toegekomen na afloop. Enigszins plechtig had hij haar een hand gegeven en gezegd dat hij ontroerd was. Ze had veel meer van hem willen horen, maar ze zag aan zijn ogen dat het waar was wat hij zei en daarom was het genoeg.

'Zal ik koffie zetten?' vroeg ze terwijl ze de sleutel in het slot stak.

'Moet je niet gaan liggen?'

'Straks.'

'Een kopje dan, ik zal het zelf wel zetten.' Agaath duwde haar zachtjes in haar stoel en verdween in de keuken. 'Waar zijn de filterzakjes?'

Eline stond op om ze te wijzen. Ze had geen rust, de muziek gonsde rond in haar hoofd maar niet zoals de laatste dagen. Ze zag het gezicht van Henny weer voor zich. Vervelend, maar misschien voor Anton nog meer dan voor haar. Ze begreep ook nog niet precies wat zijn vrouw bedoeld had.

'Vind jij dat Betsy goed speelt?' vroeg Agaath. Ze stak haar hoofd door het doorgeefluik.

'Over het algemeen wel.'

De bel ging. 'Zal ik...?' riep Agaath, maar Eline was al bij de deur. Het was de assistent van de huismeester, Rachid, met een stapeltje boeken onder zijn arm.

'Ja?' zei Eline.

'Mevrouw Marchand? Ik heb een boek.' Hij keek alsof hij nog iets ging zeggen, toen schoten zijn ogen langs haar heen en achter de deur hoorde ze Agaath zeggen: 'O, jij bent er al.'

De jongen pakte het bovenste boek. 'Alstublieft.'

Het was *Eva*, van Carry van Bruggen. Dat was al vlug.

'Moet ik ervoor tekenen?' vroeg Eline.

'Tekenen?' Hij ontweek haar blik nu.

'Dat ik het van je gekregen heb.'

Hij haalde zijn schouders op. 'Nee.'

'Dan is het in orde zo. Dankjewel', zei Eline tegen zijn rug.

Ze legde het boek op het kastje. Dat was dan toch weer attent van Henny, ze had ook kunnen wachten tot ze de volgende keer boeken kwam lenen. Agaath kwam met de koffie binnen en ze gingen voor het raam zitten. 'Waar hadden we het ook weer over?' vroeg Eline. 'Je zei iets… O… Betsy. Ja, die was daarstraks wel een beetje nerveus, hè?'

'Ze speelt een beetje zoals ze is. Niet speciaal vandaag, want nerveus is ze niet zo gauw. Ik bedoel enthousiast, bonkig. Betsy is heel direct en het is grappig dat je dat in iemands spel kan horen. Tenminste, dat denk ik.'

'Ze is een goeie vriendin, vind ik', zei Eline. 'En je weet wat je aan haar hebt. Hoelang ken jij haar al?'

'Ze kwam een jaar nadat ik hierheen verhuisd was. Ruim drie jaar dus. Het klikte meteen. In de bewonerscommissie gaat het ook gesmeerd. We lopen niet de deur bij elkaar plat, maar dat hoeft ook helemaal niet. Laat je koffie niet koud worden, Lien.' Ze pakte haar kopje van de tafel. 'Het is alleen jammer dat ze zich zo uitslooft voor Sander Vreeman. Dat past helemaal niet bij haar.'

'Voor Sander?' vroeg Eline. 'Hé, daar heb ik nog niets van gemerkt.' Ze wreef met haar vingertoppen over haar voorhoofd.

'Uitsloven is ook het woord niet', zei Agaath. 'Het is meer… Betsy is zich altijd zo sterk bewust van Sanders aanwezigheid.' Ze stond op en pakte het bibliotheekboek. 'Is dit weer zo'n boek uit de collectie? Hé, *Eva.* Dat is lang geleden.' Ze bladerde erin. 'Moet jij nou niet even een aspirientje nemen? Zal ik het pakken?'

'Nee, die kun jij toch niet vinden. 't Is nog zo'n rommeltje.'

Terwijl ze in de slaapkamer het medicijnkastje overhoop haalde, schoot haar iets te binnen. Ze liep naar de tussendeur. 'Weet je wat nou vreemd is, Agaath? Ik weet niet eens of Betsy getrouwd is geweest. Weet jij dat?'

'Ja, geweest. Maar het was geen succes. Haar eigen woorden. Hoe direct ze ook is, daar vertelt ze nooit iets over.'

Had ze dat nou wel of niet gedacht? Ze wist het niet meer. 'Tja', zei ze. 'Niet iedereen zit zo over z'n huwelijken te rebbelen als ik.'

Agaath lachte. 'Nee, gelukkig niet. Maar jij vertelt ook alleen maar wat je kwijt wilt, toch? Zelfs tegen mij. Niet dan?'

'Voor jou heb ik niet zo veel geheimen, geloof ik.'

'Dat denk je maar.'

Het had een verrassing moeten zijn, maar Agaath had toch haar mond voorbij gepraat. Toen Eline de volgende avond om kwart voor acht de zaal binnenging en Cleo opeens stralend voor haar stond, liet ze echter niets blijken. 'Wat énig, kindje, dat jij naar je oude oma komt luisteren. Wat een verrassing! Ik hoop nou maar dat ik je niet teleurstel.' En ze omhelsde haar kleindochter, iets voorzichtiger dan anders want voor het eerst sinds tijden had ze zich uitvoerig opgemaakt.

'Wat ziet u er mooi uit, omi!' Cleo ging een pas naar achteren en bekeek haar van hoofd tot voeten. 'Chic!'

'Dank je. Kom, dan stel ik je voor aan de belangrijkste vrouw van deze avond', zei ze en ze nam haar mee naar Betsy die met een hoogrode kleur rondliep. Terwijl die twee met elkaar praatten, probeerde Eline te zien wat Betsy zag, dat tengere meisje met dat fijne, klassieke profiel dat ze ook niet van een vreemde had, die donkere ogen die nu straalden maar het volgende moment naar binnen konden keren, dat ontsierende ringetje in haar linkerwenkbrauw dat, als je langer naar haar keek, er toch op de een of andere manier bijhoorde, die veel te zwaar aangezette donkerrode mond die haar zo weerloos maakte als ze lachte, zoals nu.

Betsy maakte een grapje over het zingen en Eline legde haar arm om Cleo's schouder en zei: 'Begrijp je nu dat ik trots ben op m'n kleindochter, Bets?' Anton kwam naar hen toe om kennis te maken en ze zag zijn blik van Cleo naar haar gaan en terug. En toen Betsy haar even later toefluisterde dat ze een enige kleindochter had en dat ze ook niet anders verwacht had, lachte ze blij. Sander zag ze nog niet.

Hun optreden was het laatste van de eigen-huistalentenserie voor de pauze. Betsy was verantwoordelijk voor de naam, en het programma deed Eline een beetje denken aan de schoolavonden van vroeger, voordrachten, een sketch, wat muzikale optredens. Het geheel werd ingeleid door een geestige toespraak van Agaath en begeleid door enthousiaste maar niet altijd door begrip gedragen reacties van de voor driekwart gevulde zaal. Na de pauze zou er een cabaretgroep optreden, daarna was er een uitloop van anderhalf uur waarin gedanst kon worden.

Betsy's verwachting dat hun duetten het klapstuk zouden zijn vóór de pauze, kwam niet helemaal uit en deze keer lag het niet aan de pianiste. Ze speelde veel zekerder dan bij de generale, maar vanaf het begin merkte Eline dat zij zelf niet genoeg geconcentreerd was. Ze was zich te veel bewust van de zaal. Ze zag Cleo zitten op de derde rij, naast Agaath, vlak daarachter buurvrouw Bea met haar Henk, andere buurvrouw Dorothee en merkwaardig genoeg ook Magda Ittersum, ze ving tijdens Mozart de blik op van Henny, die haar bewust maakte van iets waaraan ze onder het zingen niet wilde denken. En Sander kon ze nog steeds niet ontdekken. Maar toch, het gíng, Grieg een beetje slapjes nog, 'Bei Männer' kreeg al meer bijval uit de zaal en bij de eerste maten van Mendelssohn kreeg Eline het gevoel dat alles nog goed zou komen. Maar juist dat lied kwam geen moment van de grond. Anton zong een tempo te laag en terwijl ze over haar blad naar hem toe zong om hem mee te trekken, zag ze aan zijn benarde blik dat hij het moeilijk had. En toen ze probeerde er dan maar het beste van te maken, zat ze zelf met een inzet ernaast. Niettemin hoorde ze onder het hartelijke applaus iemand 'encore' roepen.

Terwijl ze bogen, zei Anton: 'Sorry Eline, ik heb het verpest.'

Ze had met hem te doen en hield hem tegen toen hij na het applaus weg wilde lopen. 'Anton Bolhuis', zei ze. 'Ik wil er niet van horen. We hebben misschien wel eens beter gezongen...'

'Ik zong als een zak aardappelen', zei hij.

Ze schoot in de lach en onwillekeurig lachte hij mee. Betsy kwam op hen toelopen en ze gierde het uit om Antons vergelijking. 'Jongens, jullie hebben ongelijk. Het ging prima', zei ze. 'De mensen zijn hartstikke enthousiast.'

Eline voelde een arm om haar hals en ze keek in het lachende gezicht van Cleo. 'Hé, omaatje, mooi gezongen hoor. Keigaaf.'

'Dit is míjn oma', zei ze tegen de mensen om haar heen. 'Goed hè?'

'Heel goed', zei een vertrouwde stem. 'Ik wou dat ik zo'n oma had.' Sander Vreeman legde zijn handen op Eline's schouders en kuste haar op haar wangen. 'Prachtige muziek, prachtige vertolking.' Eline kon even niets uitbrengen.

'En dit is dus jóúw kleindochter', zei Sander.

'Ja', zei ze. 'Dit is nou Cleo. Ik heb je over haar verteld, weet je nog?'

'Ja, maar niet alles', zei hij. Ze begreep niet wat hij bedoelde, maar Cleo sprong in.

'Meneer en ik hebben al kennisgemaakt', zei ze met een kleur. 'Op het stationsplein. Ik was op de fiets.'

'Ik niet', zei Sander. 'Dat was m'n geluk. En de rest vertellen we wel een andere keer. Zoeken jullie maar vast een tafeltje. Wie wil er géén koffie?'

Toen ze zich omdraaide, stond ze oog en oog met Heleen de Rover. "t Was prachtig, Eline', zei haar vroegere klasgenoot. 'Je hebt een mooie stem, zeg! Mag ik je mijn man voorstellen?'

Nu pas zag Eline de man in de rolstoel naast Heleen.

'Herman de Rover', zei hij en hij stak zijn hand uit. 'Heleen heeft me al veel over u verteld, mevrouw Marchand. We kijken erg uit naar uw bezoekje. En mijn complimenten voor uw optreden. Heel bijzonder.' Alles aan hem was droog, vond ze. Het benige hoofd, de dorre handdruk, zijn kraakstem. Wat mankeerde hij ook alweer? Voor ze iets terug kon zeggen, viel Heleen in.

'Herman heeft iets ontdekt in de tekst van je laatste lied, is het niet, Herman, dat...'

'Laat mij maar even Heleen', zei hij. Heleen keek Eline aan. 'Herman is germanist, moet je weten', zei ze een beetje hulpeloos.

'Werkelijk?' zei Eline. Ze lachte naar Heleen.

'Dit kan iedereen weten', zei De Rover. 'Daar hoef je geen Duits voor gestudeerd te hebben. Kent u Heine, mevrouw Marchand? *Das Buch der Lieder*?'

'Niet uit mijn hoofd', zei Eline lachend. Wat een vreselijke man, dacht ze.

'Daar staat de tekst in waar Mendelssohn Bartholdy uw lied op componeerde. Maar er is een verschil. Een curieus verschil. 't Is maar één woord, maar het maakt alles uit.' Hij keek haar aan en het leek alsof hij haar peilde.

Ze wachtte iets langer dan beleefd was. Toen vroeg ze: 'En welk woord is dat? '

'Sander heeft koffie gehaald, Lientje', zei Agaath naast haar. 'Hallo Heleen, dag Herman. Leuk dat jullie er ook zijn.'

'De bibliotheek heeft het vast wel', zei Herman de Rover. '*Das Buch der Lieder*. En anders mag u het wel van mij inzien.'

Heleen kijkt net zo als vroeger, dacht Eline. Wat vreselijk. 'Heel vriendelijk van u', zei ze. 'Nu ga ik even koffiedrinken.'

De rest van het programma ging een beetje aan haar voorbij. Nu de spanning verdwenen was, voelde ze zich doodmoe. De cabaretier was flauw, begreep ze van Cleo toen ze haar na afloop naar de deur bracht, maar verder was het een leuke avond. 't Was dat ze het eerste uur college had, anders bleef ze nog wel even.

'Handig hoor, dat je tegenwoordig je fiets mag meenemen in de trein', zei Eline, terwijl ze haar portemonnee pakte. 'Hier kind, voor de reis.'

'Omi, ik heb een OV-jaarkaart, dat heb ik u al vaker gezegd. Het kost me niets.'

'Dan koop je er maar iets voor. Wat was dat trouwens met meneer Vreeman?'

Cleo lachte. 'Ik reed 'm bijna van de sokken en toen zei ik ook nog iets lelijks ook.'

'Mooi is dat. Wat dan wel?'

Ze rukte de hoge damesfiets uit het rek. 'Dat moet u hém maar vragen, omi. Doeg!' En terwijl ze wegfietste, riep ze over haar schouder: 'Leuke man, dat wel!'

Alleen omdat Betsy het gevraagd had, ging ze nog even terug naar de zaal voor de nazit. Het was maar een kleine kring, Anton en Henny waren al weg, en terwijl Agaath een stoel bijtrok, stond juist de vrouw van Rens Leffelaar op.

'Ik ga nét naar boven', zei ze tegen Eline. 'Zo'n latertje is niks voor mij.' In de pauze hadden ze al kennisgemaakt. Ze had lieve ogen, vond Eline. 'Welterusten dan maar.'

'Je kunt ook hier zitten, Lientje!' riep Rens Leffelaar terwijl hij op de stoel naast hem wees.

Ze schudde haar hoofd en ging zitten. 'Sinds wanneer mag hij je Lientje noemen?' vroeg Agaath voor iedereen verstaanbaar.

'We zijn toch bijna buren!' riep Rens. Hij nam een slok van zijn bier. Toen proestte hij het uit. 'Ik denk dat ik jou Gaatje ga noemen.' Er viel een stilte.

'Rens, kom je ook zo?' vroeg zijn vrouw van bij de deur.

Sander boog zich naar Eline toe. 'Een glas wijn?' vroeg hij.

Ze aarzelde. 'Eigenlijk wil ik naar bed.'

'Als slaapmutsje dan?'

'Goed. Eéntje.'

Ze sliep onrustig die nacht en toen ze voor de zoveelste keer wakker werd en zag dat het al licht was, stond ze op en trok de gordijnen open. De wekker wees halfzes. Terwijl ze een glas water dronk, zag ze het bibliotheekboek liggen dat gisteren gebracht was. *Eva.* Met het boek en een beschuitje installeerde ze zich weer in bed. Er stak een randje van een bladwijzer uit, bijna halverwege, en toen ze het boek daar opensloeg, zag ze dat er een ex-libris op stond, een gekalligrafeerde dubbele B boven een vignet met twee zwanen en Jugendstil-ornamenten. Beelaerts. Daaronder stond iets met potlood in de lengterichting van het papier. Ze draaide de bladwijzer naar het licht. Krasserige hoofdletters, alsof het potlood er een paar keer met kracht overheen gehaald was. 'GA WEG'.

Ze draaide de wijzer om. Aan de achterkant zag ze de letters doorgedrukt in spiegelschrift. Ze pakte het boek en bracht de pagina waar het open lag dicht bij haar ogen. Op de onderste helft, bijna in de linkermarge, moeilijk te onderscheiden maar zichtbaar voor wie wist wat hij zocht, stond de boodschap opnieuw. GA WEG. Ze keek er een tijdje naar, bladerde toen terug naar het eerste hoofdstuk en begon te lezen.

8

Het leek op het zaterdaggevoel van vroeger. Er hoefde dan even niets en de vermoeidheid die de hele werkweek genegeerd was, had door het uitslapen vrij spel gekregen en hing om haar heen als een wattige sluier. Niet onprettig, ze mocht eraan toegeven voor een paar uur, een dag. Wel was het nu sterker, het leek alsof ze een slaapmiddel had ingenomen. Bijna verlammend. Kwam dat dan toch nog door de operatie? Het kan soms wel een halfjaar duren, had de specialist gezegd. Ze scharrelde in haar kamer rond, ruimde hier en daar wat op, plukte dorre blaadjes uit de geranium en staarde vervolgens met haar handen diep in de zakken van haar peignoir een tijd naar buiten. Het was mooi weer, frisser dan de laatste weken, merkte ze toen ze het raam openzette. De dahlia's in de tuin waren over hun hoogtepunt heen. Eindelijk werd het dan toch herfst.

Er was ook weer een droom geweest. Iets donkers. Zo een waarvan alleen het gevoel haar nog even bijbleef toen ze wakker werd, daarna vervluchtigde het. Dromen had ze altijd gedaan, net als praten in haar slaap. Otto had vaak geklaagd dat hij er wakker van werd, maar dat was toevallig altijd als hij veel gedronken had. Hij moest er nodig wat van zeggen met zijn gesnurk. Ze waren steeds vaker het bed op de logeerkamer gaan gebruiken. Maar Eefje had haar ook wel eens wakker gemaakt vroeger, als ze bij haar mocht slapen, of was het Welmoet, verschrikt, ongerust door haar stem in het donker.

Toen Betsy belde, was ze juist weer in bed gaan liggen, halfelf. Of ze al een beetje bijgekomen was. Laat mij vandaag maar even, had ze gezegd, ik heb gemerkt dat ik geen twintig meer ben.

'Maar ook geen tachtig, hoor, Eline. Gisteren schatte iemand je op halverwege de zestig.'

'Voor of na de uitvoering?'

'Tijdens.'

Tevreden, bijna spinnend als een poes, vertelde Betsy over de complimenten die van alle kanten gekomen waren, het plezier dat ze er zelf aan beleefd had, het plan om bij de eindejaarsbijeenkomst weer iets te gaan doen en dat ze samen maar eens wat repertoire bij elkaar moesten zoeken.

'Maar nu even niet', zei Eline. Betsy was niet te stuiten. Het was nota bene nog september!

'Nu even niet. Oké. Dus geen koffie?'

Geen koffie. Ze had haar boek gepakt, niet *Eva* maar dat andere, van Clare Lennart, waar ze nog een paar hoofdstukken uit moest, en was voor het open raam gaan zitten. Maar ze had meer zitten staren dan lezen. Toen Rens Leffelaar voor zijn raam verscheen, een paar keer zelfs, had ze gedaan alsof ze hem niet zag. Vervelende man. Die moest ze echt op afstand zien te houden.

Tussen de middag belde Hubert. Hij had de computer achter in de auto staan en zou hem het liefst na kantoor komen installeren. Ze wist dat ze hem niet kon vragen om het een andere dag te doen, ze kende haar schoonzoon, 's avonds zou hij tegen Eefje zeggen: 'Nou, dat is ook mooi. Heb ik al die moeite gedaan, komt het je moeder niet zo goed uit. Alsof ik de een of andere monteur ben.'

'Dat is fijn, jongen. Ik weet alleen niet waar hij moet staan. Neemt zoiets veel plaats in?'

Het betuttelende vertoon waarmee hij zei dat ze zich geen zorgen hoefde te maken, prikkelde haar. Ze was zijn moeder niet. Halfzes, vervolgde hij, om en nabij natuurlijk, want het kon tegen zitten op de weg, maar ze hoefde niets te doen voor het eten, want hij nam zelf wat mee.

O? dacht ze toen ze de hoorn neergelegd had. Welja. Was ze dat dan van plan geweest? Maar daarna vond ze zichzelf toch wel erg onaardig. Er waren genoeg vrouwen die lief waren voor hun schoonzoons, ook al waren dat zelfgenoegzame kwallen. Zij was wel erg kritisch soms.

Terwijl ze op het krukje voor de douche haar pantoffeltjes uittrok, keek ze naar zichzelf in de spiegel. Vals kreng, zei ze zachtjes.

Maar dat was ook weer niet écht waar, dacht ze onder de warme stralen. Eén keer maar had iemand dat tegen haar gezegd, een lerares, en ook toen wist ze dat het niet echt waar was. Juist daarom had ze dat nooit vergeten, omdat ze zich zo tekortgedaan voelde. Zelfs met Heleen de Rover was ze niet echt gemeen geweest, ze had meer iets uitgeprobeerd, hoe ver ze kon gaan, het was geen boosaardigheid. Er was verschil tussen hoe ze leek en wat ze was, tussen buitenkant en binnenkant, maar bij wie was dat niet zo? Nog steeds. En op haar leeftijd ging ze dat toch echt niet meer veranderen bij zichzelf.

Ze voelde zich onrustig vandaag. Er was iets. Het onbestemde, een beetje vervelende gevoel dat haar de vorige avond bekropen had, verdween maar niet, zelfs niet onder de douche. Het bleef op de achtergrond zacht maar hardnekkig zeuren. Agaath merkte het aan haar toen ze even aanwipte en schreef het toe aan vermoeidheid. Ze was weer verdwenen voor Eline kon besluiten haar in vertrouwen te nemen. Maar wat viel er nou helemaal te vertellen?

Om halfvier belde de wijkverpleegkundige aan, een energiek blond ding dat Eline zich herinnerde van de introductie. Ze stelde zich voor als Brigitte en kwam de zorgbehoefte inventariseren, zoals ze zei.

'Heb ik een zorgbehoefte?' vroeg Eline.

'Dat wil ik nu graag met u nagaan. Ik zie hier dat u een heupoperatie hebt ondergaan, en uw dochter, mevrouw Rademaker, dat is toch uw dochter?, heeft via de fysiotherapeut de indicatiecommissie schriftelijk gevraagd om...'

Wat had Eef nu weer buiten haar om gedaan? Eline voelde zich boos worden.

'Luister meisje', zei ze en ze deed haar best om het niet hooghartig te laten klinken. 'Het enige waar ik op dit moment behoefte aan heb, is rust. Bovendien wil ik hierover eerst met mijn dochter spreken. Zullen we daarna dan proberen een afspraak maken?'

De verpleegkundige schudde haar hoofd. 'Liever meteen, mevrouw Marchand. Het is in uw persoonlijk belang. Wanneer spreekt u uw dochter?'

Zo, dacht Eline, die laat zich niet afpoeieren. Ze heeft nog gelijk ook. Ze haalde haar agenda erbij en keek voor de vorm. 'Ergens in de komende week. Zegt u het maar.'

'Volgende week woensdag halfvier', zei het blonde ding. Het klonk bijna dreigend, maar ze had onschuldige ogen. Wel liet ze een formulier met vijfendertig vragen achter en een ballpoint van het huis. 'Dan weet u alvast waar ik het over wil hebben', zei ze met een lachje.

Vlak voor sluitingstijd van de bibliotheek trok Eline haar mantel aan en ging naar beneden. Ze deed alsof ze een boek zocht en wachtte tot een man en een vrouw die met Henny stonden te praten vertrokken waren. Toen vroeg Eline haar of er in elk boek van de Beelaerts-collectie zo'n boekenlegger zat.

'Als het goed is wel', zei Henny. 'Een legger of een leeslint. Maar we willen dus ook nog een stempeltje aanbrengen op het schutblad. Hoezo, zat er in jouw boek geen?'

Eline keek haar aan. 'Jawel, maar ik was gewoon benieuwd. Ze zijn nogal bijzonder met die Jugenstil-versiering. En de mijne had nog letters ook, heel apart.'

'Leuk.'

Ze lette scherp op of ze iets van spot in Henny's ogen zag, maar die boog zich weer over de catalogus, ze was bijna klaar met de eerste opschoning zoals ze het genoemd had, er zat veel in het bestand wat niet klopte.

Toen Eline nog wat treuzelde, keek ze weer op. 'Kan ik nóg iets voor je doen, Eline? Een nieuw boek misschien?' Dáár was dat lachje, zag ze, alsof ze meer wist dan ze liet merken. Of verbeeldde ze het zich alleen maar?

'Kan ik ergens zien wie vóór mij een bepaald boek geleend heeft?' vroeg ze.

'Ja, maar dat is nog steeds erg primitief, ik kan het beter zelf doen. Waarom?'

Eline hoopte dat ze niet rood werd. 'Er zat iets tussen de pagina's dat die persoon waarschijnlijk wel terug wil hebben.'

'Dat komt wel eens vaker voor. Meestal bewaar ik het dan.' Henny pakte een ringcahier uit de la en sloeg het open. 'Dit is nou een van die dingen die Anton in de computer zal zetten. Om welk boek gaat het?'

'Het laatste dat ik geleend heb, *Eva* van Carry van Bruggen.'

‘O, dat weet ik zo ook wel. Dat was mevrouw Ittersum. Ook een echte lezeres. Zal ik het aan haar geven?’

‘Ik doe het zelf wel, als je het niet erg vindt’, zei Eline. ‘Het is een beetje persoonlijk.’

‘Zoals je wilt’, zei Henny.

Klokslag zes stond Hubert voor de deur met een wagentje vol apparatuur. Hij was weer goeie maatjes met de huismeester en nu mocht hij diens steekkar gebruiken, zei hij trots terwijl hij achteruit manoeuvreerde naar de kamer. De sterk geurende plastic tas die bovenop stond, gaf hij aan haar over.

‘Fu Yong Hai’, zei hij glunderend. ‘Daar bent u toch zo dol op? In een steegje achter de rechtbank zit de beste Chinees van Haarlem. Misschien wel van het hele land. Hebt u een magnetron?’

Hij kon zo wisselend zijn, Hubert, vond ze. Zo opgewekt als nu maakte ze hem niet vaak mee. Gewoon een leuke man, die zijn bejaarde schoonmoeder graag een plezier deed. Kwam het doordat Eef er niet bij was? Wat deden die twee elkaar toch aan? Ze liep met de tas naar de overburen.

‘Hebben jullie een magnetron, Henk?’ vroeg ze. ‘Mijn schoonzoon heeft Chinees eten meegebracht.’

‘Wij hebben alles’, zei Henk Barends. ‘Ons tarief is de helft van de maaltijd, dat is geen bezwaar neem ik aan?’

‘Laat hem maar praten Eline’, riep Bea vanuit de kamer. ‘Wil je het voor de gezelligheid hier opeten of ben je nog steeds liever op jezelf?’

Heerlijk was dat toch, dacht Eline terwijl ze doorliep naar de kamer, dat je zo in één keer thuis was in een kring van mensen, hun taal sprak, hun humor begreep. ‘Lieve Bea’, zei ze. ‘Binnenkort gaan wij een keer samen naar de Chinees. Ik trakteer. Maar deze bakjes ga ik met mijn schoonzoon Hubert leegmaken. Hij komt mijn computer installeren en hoewel ik daar niets van snap, blijf ik bij hem tot hij klaar is.’

‘Wat hoor ik?’ vroeg Henk boven het geraas van de magnetron uit. ‘Mag ik even komen kijken, Eline? Je begrijpt dat ik daar best in geïnteresseerd ben.’

Toen ze even later met het opgewarmde eten de deur uit gingen, riep Bea haar iets na. Eline liep terug. 'Wat zei je?'

'Ik vroeg alleen of het verder goed met je ging. Ik zag zuster Heijmer vanmiddag je deur uit komen, dus ik dacht even, o heden...!'

'Maak je geen zorgen', lachte Eline. 'Als er iets met me is, ben jij de eerste die het weet!'

'En laat je ook niets aansmeren hoor! Nu die engerd van een coördinator met haar werk is begonnen, wil iedereen natuurlijk wel scoren!'

Waar heeft ze het over? dacht Eline. Naast haar hoorde ze een kuchje.

'Mijn lieve vrouw,' zei Henk Barends, 'is een toonbeeld van objectieve en onpartijdige nieuwsgaring en verspreiding. Gelukkig is ze op papier milder.'

'Je kunt beter even wachten tot die mensen gegeten hebben, Henk Barends', zei Bea.

Hij lachte zijn sullige lachje. 'Je hebt alweer gelijk, lieve.'

Tot Eline's verrassing kon Hubert het direct vinden met haar overbuurman. Terwijl Eline de etensboel opruimde, bespraken ze geanimeerd de mogelijkheden van de apparatuur en de programma's die Hubert wilde installeren. Ze probeerde het te volgen, maar hoewel ze door de cursus het jargon een beetje begon te beheersen, was het meeste nog geheimtaal voor haar.

Henk was de expert, dat merkte ze aan Huberts reacties, maar hij was het op een leuke manier. Toen hij even wegliep om een schijfje uit zijn appartement te halen, zei Hubert: 'Dat is iemand om te vriend te houden, moeder, als je ooit hulp nodig hebt. En 't is bovendien een aardige man. Wat heeft hij vroeger gedaan?'

'Iets op kantoor. Het kadaster, of iets dergelijks.'

Toen Henk vlak voor het journaal weer vertrok, hield Hubert het ook voor gezien. Ze kon er nu van alles mee doen, had hij uitgelegd, teksten maken, boekhouden, tekenen. De toegang tot internet was nu ook geregeld en na enig nadenken herinnerde ze zich het wachtwoord dat Cleo haar laatst had aangeraden, een woord dat ze altijd zou kunnen onthouden. Nu kon ze e-mails versturen en ontvangen. Hubert had de adressen ingevoerd van de familie en Henk die van De Groene Vallei, ze had zelf namen moeten opschrijven en hij had er eigener beweging die van het huis en van de stichting aan toegevoegd. Sander Vreeman stond er niet bij. Volgens Henk had hij net een nieuw adres, blijkbaar gaf Sander het niet aan iedereen door, want hij kende het nog niet. 'Wil jij wel dat iedereen het jouwe heeft?'

'Waarom niet?' had ze gezegd. ''t Is toch net zoiets als een brievenbus?'

Ze wachtte tot het journaal afgelopen was en verstuurde toen onder het toeziend oog van Hubert haar eerste mailtje naar de kinderen, een tweeregelige boodschap over haar nieuwe speeltje aan Eef met een kopie voor de andere twee en voor Cleo. En het tweede verstuurde ze naar haar hele adressenbestand, dezelfde boodschap, maar nu stond er niet 'lieve schatten' boven.

'Dit is dus veel gemakkelijker en goedkoper dan telefoneren, moeder', zei Hubert bij het weggaan. 'U zult wel merken dat u het steeds vaker gaat doen, als u eenmaal gewend bent.'

'Vast wel', zei ze. 'Maar ik wil af en toe ook nog wel even jullie stem horen.'

De rest van de avond zat ze te dubben over de vraag of ze er nou goed aan had gedaan om de apparatuur in de hoek van de zitkamer te laten opstellen in plaats van in de slaapkamer. Nu zat ze de hele tijd tegen dat lelijke scherm aan te kijken. Maar Henk had gezegd dat ze maar een seintje moest geven als ze het anders wilde. Dat was wel een geruststelling.

Toen ze in bed lag, vroeg ze zich af wanneer ze nou eigenlijk dat vermoeide gevoel was kwijtgeraakt vandaag. Ze wist het niet. Maar één ding was wel duidelijk, gezelschap was goed voor haar. Ze strekte haar arm uit naar het nachtkastje voor haar boek en twijfelde even. Clare Lennart was zo saai soms. Toen pakte ze resoluut *Eva* en sloeg het open op de plek waar ze een geel papiertje tussen gestoken had. Ze moest zich niet aanstellen.

De volgende morgen regende het mailtjes. Eerst verbluft, en toen ze begon te lezen allengs opgetogen, werkte ze de helft van de lijst af en bewaarde de rest voor later. Welmoet was de eerste geweest, helemaal uit Canada nog wel, 'Welly' stond er onder de enthousiaste begroeting en Eline besloot meteen om haar in het vervolg zo te noemen. Cleo begon met 'Hé omi, welkom in digiland!!!', Eef prees vooral Huberts inzet en vroeg of ze zondag kwam eten, en verder was het een lange reeks grappige verwelkomingen of nuchtere bevestigingen van bijna iedereen, Agaath, Betsy, Henk – mede namens Bea –, buurvrouw Dorothee, Anton Bolhuis, de administratie van De Groene Vallei, Rens Leffelaar, ongewoon zakelijk voor zijn doen, Heleen de Rover nota bene, ze had nooit geweten dat die allemaal e-mail hadden, waarom had zij dan zo lang gewacht? Alleen miste ze Sander. Dat was toch wel jammer. En Kees, natuurlijk weer, zelfs nu ontbrak haar zoon. Maar misschien was hij nog niet thuis geweest. Ze moest zich inhouden om ze niet allemaal direct te beantwoorden. Henk had haar gewaarschuwd. Allemaal leuk en aardig, maar voor je het weet, zit je de hele dag te kletskousen, had hij gezegd. Maar misschien moet je het gewoon ervaren.

Ze belde Sander Vreeman en vijf minuten later had ze al zijn eerste mailtje in haar mailbox, met daarin de aankondiging dat hij haar over een kwartier kwam halen voor een kopje koffie beneden. Ze had nog maar net tijd om zich wat op te knappen.

'Loop je even mee langs de lift?' vroeg hij toen ze de deur achter zich dichttrok. 'Ik wil even kijken hoe ver ze zijn.'

Terwijl Sander overlegde met een monteur, wachtte zij naast de houten aftimmering, het enige dat ze tot dan toe ervan gezien had. Hoog vanuit de schacht klonken metalige geluiden, een stem zei iets, een hol gemompel dat vanaf een ander punt galmend beantwoord werd. Sander had verteld dat ze per verdieping bezig waren de portaalkozijnen te monteren. Ergens begon een motor te draaien en opeens ging het brommende geluid over in het gesnerp van een boor, zo doordringend dat ze haar handen tegen haar oren drukte.

Ze voelde een hand op haar arm. 'Wil je even kijken?' vroeg Sander dicht bij haar oor. Ze knikte en hij lachte om de uitdrukking op haar gezicht. Terwijl ze achter het schot een blik wierp in de koker, hield hij haar arm stevig vast. Omhoog was het alsof ze in een schoorsteen keek, een diep gat met allerlei kabels en geleiders, ergens viel ook licht naar binnen en ze boog zich nog verder naar voren om te zien waar, maar toen ze daarna omlaag keek, voelde ze het opeens in haar maag en ze deed een stap naar achteren. 'O. Ik denk dat ik het wel gezien heb.'

Sander verontschuldigde zich direct en dat vond ze zo aardig, dat ze besloot om de volgende keer zich niet te laten kennen. Toen ze in de koffiecorner tegenover elkaar aan een tafeltje zaten, viel haar pas op dat hij er moe uitzag. Een beetje grauw ook, alsof hij niet lekker was. Het leek haar beter om er niet direct naar te vragen. In plaats daarvan begon ze over zijn vrouw, maar al snel hield ze op.

'Wil je er soms liever niet over praten?' vroeg ze.

Hij keek haar aan over zijn koffie. 'Merk je dat dan?'

'Ik denk het.'

Even was het stil. Toen zei hij: 'Ik ben me er niet altijd van bewust. En als ik het zelf wel merk, vind ik het eigenlijk heel erg. Dat ik blijkbaar...' Hij maakte zijn zin niet af.

'Dat je uitgepraat bent over haar?'

Met zijn vinger volgde hij de nerven in het tafelblad. 'Wat haar huidige toestand betreft wel. Er is geen nieuws meer. Al jaren. Geen ontwikkeling, hoogstens een lichte verergering, maar op die nuances zit niemand te wachten. Ik heb dus ook geen woorden meer. Voor stilstand heb je op den duur geen woorden. Alles is opgebruikt. Hetzelfde, zeg ik dan, zo'n beetje hetzelfde, maar daar neemt men dan weer geen genoegen mee, ikzelf eigenlijk ook niet, dus dan ga ik toch weer de toestand resumeren, en dat elke keer opnieuw.'

Eline had hem nog niet zo bitter meegemaakt.

'Misschien vind je het wel cru van me om het zo te zeggen, maar ik voel me als ik bekenden tegenkom, een beetje "de man-ván". Onvermijdelijk komt het gesprek op Pauline, vaak al in de eerste of tweede zin, onvermijdelijk wordt mijn positie afgemeten aan de hare, als je begrijpt wat ik bedoel. Moet ik het uitleggen?'

'Nee', zei ze.

'Ik wil erg graag dat het een keer over mij alleen gaat. En niet dat ik eerst een aureool van zieligheid aangemeten krijg omdat Pauline zielig is. Vind je dat egocentrisch?'

'Nee', zei ze.

'Ik krijg dat de laatste tijd wel eens in bedekte termen te horen.'

'Natuurlijk vormt haar leven met het jouwe een eenheid. Maar daarbinnen heb je elk je eigen ruimte. Als ik je goed begrijp, eis jij de jouwe op... Dat kan ik geen egocentrisme noemen.'

Sander schudde zijn hoofd. 'Ruimte is niet het goede woord, geloof ik. Het is moeilijk om er een beeld voor te vinden, maar... het lijkt een beetje alsof ik in een schaduw sta die door Pauline geworpen wordt.'

Het was anders dan wat zij met Otto had meegemaakt, dacht ze. Zij had ook haar ruimte moeten veiligstellen, maar dat was onderling. Natuurlijk was zij ook wel de vrouw-ván geweest, maar dat had met zijn beroep en zijn status te maken. Het ging gedeeltelijk over toen hij met pensioen was, collega's op den duur wegbleven en de herinnering van patiënten afnam. In het geval van Sander en Pauline ging het om de belangstelling van de buitenwereld. Met zo iemand naast je kon je nooit concurreren, vooral omdat de belangstelling zich uitte in meegevoel. Dat moest ze nu tegen hem zeggen, ook om hem te laten zien dat ze hem begreep.

'Ik weet wat je bedoelt', begon ze. 'Als je naast...'

'Hé jongens', zei de stem van Agaath. 'Goedemorgen. Gezellig. Mag ik even bij jullie mijn cappuccinootje komen opdrinken?'

'Tuurlijk', zei Eline. 'Ook goedemorgen.' Terwijl ze wat opschoof, wierp ze een blik op Sander. Hij glimlachte naar Agaath. 'Alles goed deze morgen, mevrouw de presidente?'

'Wat je goed noemt. Om kwart voor negen hing er al iemand aan de telefoon over onveiligheid en overlast, er schijnt weer gedoe geweest te zijn bij de hoofdingang gisteravond. Ze denken steeds vaker dat ik een verlengstuk ben van de huismeester. Zo dom! Daar moet maar eens een stevig stuk over in ons blaadje. Ik denk er hard over me niet nog een keer verkiesbaar te stellen. Zo.' Lachrimpeltjes kreukelden haar nog altijd gebruinde gezicht. 'En verder, beste Sander, is het goed. En met jou, Lientje?' Ze klopte zachtjes op Eline's hand. 'Alweer wat bijgekomen? Heb je m'n mailtje al gelezen? Leuk hoor, dat je nu ook on line bent.'

'Ik moet nog wel even wennen. Opeens krijg ik van tien kanten tegelijk post. Beantwoord je die nou ook altijd weer?'

'Dat hangt ervan af. Als iemand je iets vraagt natuurlijk wel, net als bij een gewone brief. Maar dat mailtje van mij, het soort van "leuk, hallo" niet hoor, want dan blijf je aan de gang.'

'E-mail is een nogal dwingend medium', zei Sander. 'Als je niet oppast, kost het je een halve dag en het gaat vaak nergens over.'

'Nou, je wordt bedankt', zei Agaath. 'Ik stuur je nog eens wat.'

Hij lachte. 'Agaath, je weet dat ik meer het type ben van de verzegelde brief. Maar als dat je gerust kan stellen, jouw mailtjes zijn altijd de moeite waard.'

'Vleier. Nou hoor je het eens van een ander, Lien!' Agaath stond op. 'Ik bedenk opeens met schrik dat ik beloofd heb iemand naar de trein te brengen. Luister eens Sander, wordt het nog wat met dat schaken? Ik hoor maar niets.'

'Daar zal ik je vandaag nou eens over mailen', zei hij. 'En meteen de anderen ook. Mijn fout, ik had het Wouter beloofd. Weet je dat Eline ook meedoet?'

'O leuk', zei ze. 'Ik hoor het wel. Dagdag.'

'Wil jij nog een kopje?' vroeg Sander toen Agaath vertrokken was.

Eline aarzelde. Ze wilde hem nog iets zeggen, maar het moment was voorbij. 'Moest jij niet weg?'

Hij knikte. 'Het stadsarchief van Haarlem. Ik heb iets opgevraagd. Ga je mee?'

Heleen de Rover kwam binnen en keek naar haar terwijl ze naar de koffieautomaat liep. Eline zwaaide en ze zwaaide terug. 'Nee', zei ze. 'Ik wil het nog een beetje rustig aan doen. En ik hoef geen koffie meer, dank je. Sander?' Hij keek haar aan. 'Als jij geniet van iets, plezier hebt, tevreden bent, noem maar iets... voel jij je dan schuldig?'

'Niet meer.'

Ze knikte. 'En mensen in je omgeving, gunnen die jou je eigen leven met dat wat ik net noemde, van iets genieten, plezier hebben?'

'Sommigen wel,' zei hij, 'maar die hoor je er niet over.'

Op weg naar de uitgang bleef ze bij Heleen staan. 'Hé, hoe gaat het?'

'Goed, dank je.' Ze zat stijfjes op haar stoel. 'En met jou?'

Het was bij haar ook hollen of stilstaan, dacht Eline. Of was er soms iets anders?

'Weet jij wat je man bedoelde? Hij had het over een woord in het lied dat ik zong eergisteren. Het verschilde geloof ik van de oorspronkelijke tekst.'

'Ik denk dat hij je dat het liefst zelf vertelt', zei Heleen. 'Je zou altijd nog eens langskomen.'

'Dat doe ik ook zeker. Ik wist trouwens niet... Heleen, je had me niet verteld dat je man een rolstoel nodig had. Hij heeft toch last van z'n hart of vergis ik me?'

'Nee, zijn hart inderdaad. Maar hij gebruikt die stoel ook niet vaak. 't Is meer...' Ze zweeg.

'Hij wordt gauw moe, zeker.'

Heleen pakte het koffielepeltje en draaide het rond tussen haar vingers. Toen lachte ze een beetje zenuwachtig. 'Hij vindt het wel interessant staan, denk ik.'

'O', zei Eline. Ze wist even niet wat ze moest zeggen.

'Weet jij nog waarom ik vroeger die bijnaam had?' vroeg Heleen opeens.

Eline verschoot. 'Bijnaam?' vroeg ze.

'Ja. Jullie noemden me nooit bij mijn eigen naam. Dat weet je toch nog wel. Waarom eigenlijk?'

'Ik...' Was ze maar doorgelopen daarnet. Eline trok een stoel naar achteren en ging op het puntje zitten. 'Heleen...' Ze zuchtte. 'O, dit vind ik erg. Ik schaam me ontzettend. Weet je dat ik me dat pas veel later herinnerde? Toen je die foto liet zien, in Haarlem.'

'Ja, dat merkte ik aan je. Dat ligt natuurlijk ook voor de hand. Maar waarom noemden jullie me nou zo?'

'Omdat we kinderen waren en omdat kinderen wreed zijn en onnadenkend.'

'Dat weet ik ook wel. Dat bedoel ik niet. Waarom noemden jullie mij Big?'

Eline voelde haar ogen vochtig worden. 'Dat weet ik niet. Echt Heleen, volgens mij sloeg die naam nergens op. Zo gaat dat toch zo vaak? Kinderen bedenken maar wat. Vroeger hadden we in de buurt een man...' Ze zag dat Heleen haar ongelovig aankeek. 'Heus waar. Ik vraag me ook af waarom je dat nou nog wilt weten?'

'Mijn man vroeg ernaar', zei Heleen.

Toen Eline de sleutel in het slot van haar deur stak, stond Rens Leffelaar opeens naast haar. 'Gefeliciteerd met je computer, Lientje', zei hij. 'Lukt het allemaal een beetje?'

'Jazeker. Prima hoor.' Ze duwde de deur open en stapte op de mat.

'Als je hulp nodig hebt, moet je het zeggen hoor! Wat is het er eigenlijk voor een?'

'Je zult het wel dom van me vinden,' zei ze, 'maar ik zou het zo niet weten.'

Aan de overkant zag ze de schim van Bea achter de vitrage.

'Mag ik 'm even bekijken?' vroeg hij. Ze zag dat hij pantoffels droeg. Had hij soms op haar gewacht?

'Nu liever niet, Rens', zei ze. 'Ik wilde even gaan rusten.'

'Even maar. Ik zal toch moeten weten op wat voor machine mijn leerling thuis werkt, nietwaar?'

Ze pakte de greep van de deur. 'Een ander keertje graag.' Was het teleurstelling op zijn gezicht of iets anders? 'En Rens, ik heb liever dat je me Eline noemt. Ja?'

Hij knikte langzaam.

'Dag', zei ze.

Ze voelde zich inderdaad moe. Nadat ze een sinaasappel gegeten had, ging ze in haar stoel bij het raam zitten. Waarom was alles zo ingewikkeld? Als ze Agaath weer zag, moest ze het maar eens met haar bespreken, die was altijd zo nuchter. Toen ze merkte dat haar ogen steeds dichtzakten, ging ze toch maar in bed liggen, een beetje slaap zou haar goed doen. Om vier uur werd ze met een schok wakker en ze stond direct op. Met een kop thee om de katterigheid te verdrijven ging ze achter de computer zitten. Er waren weer nieuwe mailtjes binnengekomen, niet zo veel als vanmorgen, maar toch nog vier. Ze zag direct dat Kees erbij zat en opende de zijne als eerste. Een lange brief voor zijn doen, van Liefste Mamsi tot Dikke Kus, ze was weer helemaal gerustgesteld, en toen ze hem uithad, schonk ze zich nog een kop thee in en las hem voor de tweede keer. Zo was het toch wel een uitkomst, die e-mail. Als ze puf had, zou ze straks een antwoordje sturen. Cleo had alweer gemaild, ze kwam morgen langs schreef ze, de volgende was een soort reclame, net zo een als ze vanmorgen al gekregen had, en daarna tot haar verrassing weer een van Sander, twee regeltjes maar, met een attachment, zoals hij dat noemde. Hoe ging dat ook alweer? Ze klikte het aan, maar ze had het zeker verkeerd gedaan, want nu had ze het beginscherm weer. Die paniek die ze nu voelde, hoorde erbij, had Rens gezegd, die ging vanzelf over als ze meer ervaring had. Rens. Had ze toch nog wat geleerd van hem. Gewoon rustig opnieuw proberen, zei hij, stap voor stap, als je het eenmaal weet, is het heel simpel, zie je wel, hij hing ongeveer over haar schouder toen hij dat zei, ze kon hem letterlijk ruiken, maar het hielp nu, zag ze, daar was de mailbox weer, Sanders attachment was er ook nog steeds, maar eerst maar even dat laatste mailtje voor ze weer iets verkeerd deed. Ze klikte het aan en toen nog een keer dubbel. Ook maar twee regeltjes. Als verlamd staarde ze naar het scherm.

GA WEG, MENS.

GA ALSJEBLIEFT WEG.

Haar maag kwam omhoog en ze slikte. Toen drukte ze op de aan/uit-schakelaar en het scherm werd zwart.

9

Ze kon zich niet herinneren 's morgens zo lang in bed gelegen te hebben als de laatste twee dagen. Ze maakte van de nacht een dag en andersom, zei ze tegen zichzelf. Het was niet goed, maar wat deed je ertegen? Warme melk met honing was goed tegen slapeloosheid, wist ze van vroeger, dat had ze ook altijd aan de kinderen gegeven als die niet konden slapen. Een probaat middel. Maar niet in haar geval, niet nu. Vannacht om halfdrie had ze het nog eens geprobeerd, maar het had niet geholpen. Pas tegen de morgen viel ze in slaap, en als ze dan wakker werd, zoals nu om kwart voor tien, was ze zo moe, dat ze zich het liefst zou omdraaien en verder slapen. Gisteren had ze het gedaan, tot halftwaalf nota bene en als toen niet de telefoon gegaan was... Het kón niet, het mocht ook niet, want dan sliep ze 's nachts helemaal niet meer, dan was het einde zoek. Het einde zoek. Dat was ook zo'n uitdrukking die 's nachts door haar hoofd spookte. Als dit kon gebeuren, was het einde zoek.

Ze voelde haar oogleden weer zwaar worden. Een heerlijk gevoel eigenlijk, net als vroeger als ze ziek was en mama haar wakker maakte voor een paar slokjes kwast en ze daarna haar hoofd weer op het kussen legde en verder sliep, zich nog half bewust van de hand die haar laken gladtrok, haar voorhoofd streelde, van het licht dat weer uitgedaan werd op het nachtpitje na. Dromen zou ze nu niet meer, dat gebeurde nooit overdag. 's Nachts voelde ze zich gevangen tussen twee kwaden, die steeds dreigender werden naarmate het later werd. Als ze wakker lag, draaiden haar gedachten in steeds engere kringetjes rond in haar hoofd, als ze in slaap viel, waren er de dromen die haar angst aanjoegen. En het was zo vreemd, ze leken allemaal op elkaar en ze had ze allemaal eerder meegemaakt, maar dat baatte niet, het was zelfs alsof het feit dat ze wist hoe ze afliepen, de dromen nog beklemmender maakten. Altijd de cipressen, altijd dat geluid van de aanwakkerende wind, altijd de wetenschap dat daarachter datgene lag wat ze moest vermijden, maar waar ze onweerstaanbaar naartoe getrokken werd omdat de droom nu eenmaal zo moest gaan, er was geen ontkomen aan. En als ze wakker werd en het was nog donker, dacht ze soms dat ze in de Lindenlaan was, Otto's huis, met de hoge plafonds en de zware gordijnen die geen glimpje licht doorlieten.

Ze was nog maar net aangekleed toen er op de deur geklopt werd. Bea. Die klopte altijd, omdat ze te dichtbij woonde om te bellen, zei ze.

'Dag buurvrouw', zei ze, terwijl ze de deur opendeed. Maar het was Henk, die een beetje bedremmeld vroeg of ze aspirientjes in huis had.

'Vast wel', zei ze. 'Is het voor jezelf?'

'Bea heeft schele hoofdpijn. We hebben ze altijd in huis, maar juist als je ze nodig hebt...'

'Daar heb je nou buren voor', zei Eline.

Hij bleef in het halletje wachten terwijl ze zocht. 'Lukt het met de computer?' vroeg hij toen ze hem een strip gaf.

'O, jawel hoor', zei ze.

'Heb je m'n mailtje nog gelezen?'

'Ja,' zei ze, 'nog bedankt. Leuk was dat, bijna iedereen stuurde iets terug. Wacht, ik loop met je mee, even bij Bea kijken.'

Haar overbuurvrouw zat met een wit gezicht in een stoel bij het raam. 'O, kon hij ze zelf weer niet dragen?' vroeg ze toen ze Eline zag. 'Hij heeft ook al moeite met de boodschappenlijstjes. Aspirine, bovenaan met grote letters, maar je moet niet denken...'

Haar man gaf haar zwijgend een glas water en een tabletje. 'Doe maar meteen twee', zei ze.

'Drink je een kopje koffie mee, Eline?' vroeg hij.

'Graag, Henk. Ik vind dat jij over je man niets te klagen hebt, Bea. Maar vertel eens, hoe voel je je?'

'Nu slecht en straks weer beter. Dit heb ik gewoon af en toe. Lijkt een beetje op migraine, maar minder erg.'

'Je ziet er ook niet goed uit', zei Eline. 'Moet je niet even gaan liggen?'

Bea schudde haar hoofd. 'Laten we het eens over jou hebben, buurvrouw. Je ziet eruit alsof je twee nachten niet geslapen hebt. Ik heb je trouwens gisteren niet gezien en eergisteren ook niet. Ben je soms ziek?'

'Ziek niet, wel een beetje moe. De reactie, denk ik. Schrijf je er nog een mooi stukje over in de krant?'

'Wat denk je! Met een foto erbij. Eline Huppelepup, de nieuwe ster van de Vallei.'

'Marchand, lieve', zei Henk.

Bea keek Eline aan. 'Soms denk ik wel eens, wat zou ik zonder hem moeten?'

Dit deed haar zo goed, dacht Eline bij zichzelf. Zo gewoon, met elkaar, dat was beter dan in haar eentje op haar kamer zitten tobben. Dat moest ze ook niet meer doen, het hielp allemaal niets. Ze had zich zelfs met een smoesje van Betsy afgemaakt toen die wilde langskomen. Dat kon niet, ze was juist zo blij geweest met al die mensen om haar heen, dat moest ze juist koesteren.

Toen Henk haar uitliet, zei hij: 'Ik bedoelde een ander mailtje hoor, daarstraks. Over de computercursus. Lees het nog maar even.'

'O,' zei ze, 'ja, dat kan, ik heb er gisteren niet aan gedacht om te kijken. 't Is nog geen gewoonte, dat merk je wel.'

''t Is van eergisteren', zei Henk.

Terwijl ze voor zichzelf nog een kopje koffie maakte, keek ze naar de computer in de hoek van de kamer. Ze had niet goed naar de afzender gekeken, maar als er weer zo'n bericht was, zou ze het wel herkennen, dacht ze, en dan opende ze het gewoon niet. Ze hoefde hiervoor toch niet al haar post te laten liggen? Er kon best iets van Sander zijn, hij had de afgelopen twee dagen niets van zich laten horen. Voor het raam staande dronk ze haar koffie. Als ze het niet gedacht had, daar had je Rens alweer. Toch een beetje een zielepoot, die man. Was ze erg onaardig tegen hem geweest? Ze knikte en stak haar hand op. Zag hij haar nou niet of zou hij nog beledigd zijn? O nee, nu zwaaide hij, een beetje uitbundig zelfs. Dat beloofde weer wat voor de eerstvolgende keer.

Voor ze de computer aanzette, belde ze Eefje. 'Even over zondag, kind. Hoe laat denk je mij te komen halen?'

Ook haar dochter zei direct dat ze eens in haar mailbox moest kijken, ze had al twee keer iets gestuurd over zondag en ze had van Cleo ook gehoord dat ze geen antwoord kreeg. Eline beloofde haar leven te beteren. 'Je moet wel begrijpen dat het voor mij even wennen is, hoor. Ik heb bijna tachtig jaar zónder gedaan, moet je bedenken.' Ze hoorde Eefje zuchten. Vlug zei ze: 'Even iets heel anders, Eef. Ik denk erover om de hond mee terug te nemen zondag.'

'Zou u dat nou wel doen? We hebben helemaal geen last van hem hoor. Dan moet u er weer aan denken om hem uit te laten en zo. Kunt u dat wel weer aan?'

'Het lijkt me wel weer gezellig.'

Er was een hele lijst nieuwe mailtjes. Dertien, zag ze even later in de onderbalk staan. En een waarschuwing dat ze de vorige keer verkeerd had afgesloten, maar gelukkig hadden ze daar wat op gevonden, begreep ze. Ze zocht in de geopende post de afzender van het eerste nare bericht. 'Brevenhuis' stond er. Eigenaardige naam. Snel liep ze de rij daaronder af. Er stond er weer een bij. Ze negeerde hem. Achter elkaar opende ze de andere brieven en klikte op *reply* als ze vond dat ze meteen moest antwoorden. Henk – de cursus schoof een dag op, Eefje – dat had ze net allemaal al gehoord, Cleo – het was weer aan met Alex en ze zou gauw met hem langskomen, het was zo lang geleden – weer Eef, Betsy – of ze niet thuis was, ze wilde een etentje afspreken, en zo de hele rij af, bijna koortsachtig tot ze er nog twee overhield en dacht, wat kan mij het schelen? Ze opende het en las: JE DENKT ZEKER DAT HET WEL OVER GAAT. MAAR IK GA NET ZO LANG DOOR TOT JE WEG BENT.

Haar ogen vulden zich met tranen terwijl ze naar de woorden staarde, ze pakte haar zakdoek en drukte die tegen haar gezicht. Wie was dit, ze kende de naam helemaal niet, hoe kende hij haar dan? Of waren deze boodschappen niet voor haar bestemd? Dat gebeurde toch wel vaker, dat je iemand iets stuurde en dat een ander het kreeg, dat had ze wel eens gehoord. Ze kalmeerde wat. Natuurlijk, het was haar naam en haar e-mailadres, maar dat hoefde nog niets te zeggen. Eigenlijk zou ze dat aan Henk moeten vragen, of het kon dat je mail kreeg die niet voor jou bestemd was.

Ze staarde naar het scherm. Wat zou ze ermee doen? Deleten, zoals Hubert dat noemde? Dan ging het ergens in een apart vak en als je dan nog een keer op die knop drukte, was het voorgoed weg. Dat kon. Brevenhuis. Wie was dat? Ze schudde haar hoofd. Weg ermee. Of zou ze antwoorden?

Ze stond op en liep naar het raam. Het was al bijna middag en nog steeds lag het gazon in de schaduw. 's Winters zou het hier best donker kunnen zijn. Maar ze was mal dat ze hier nog stond met dat mooie weer in plaats van te wandelen, dat ze zich van de wijs liet brengen door een paar van die valse mailtjes. Ze liep terug en bewoog de muis naar het vakje delete. Toen klikte ze. Zo, dat luchtte op. Bijna vergat ze het laatste mailtje te openen. Het was van Welly. Hoe kon dat nou, dat ze het niet direct herkend had? Maar de brief zelf gaf het antwoord al, haar dochter in Canada mailde vanaf het zakenadres van Peter en ze had goed nieuws, schreef ze. Als er niets tussenkwam, zouden ze volgend jaar zomer met z'n allen met vakantie naar Nederland komen. Peter dus ook, het ging de laatste tijd zo goed, dat ze het er nu wel een keer van konden nemen.

Eline leunde achterover in haar stoel. Voor de tweede keer kreeg ze tranen in haar ogen, ze moest er zelf om lachen. Dit was goed. Dit was zo goed, het maakte dat al het andere niet meer bestond. Terwijl ze het programma afsloot, bedacht ze dat ze geen mailtje van Sander gezien had. Zou er iets zijn? Of was ze direct al weer veeleisend en ondankbaar?

Het was maar goed dat ze een boterham had meegenomen voor als ze trek kreeg onderweg, want ongemerkt wandelde ze veel verder dan ze van plan was geweest. Het was ook zulk heerlijk weer, niet te warm en niet te fris, en haar heup hield zich goed, 't ging eigenlijk steeds beter de laatste weken. Ze had vanuit de dorpskom de bordjes 'Ruïne van Brederode' gevolgd, maar eenmaal erbuiten was ze van de route afgeweken. Precies op het juiste moment kwam ze een bankje tegen, in de bocht van de weg achter een bosje. Met uitzicht op de bomen van de Duin- en Kruidbergerweg rustte ze uit. Dit was zo'n mooi stukje. Ze was gesteld geraakt op de duinrand, bijna nog meer dan op de Veluwezoom waar ze jaren gewoond had. Alleen vond ze het op zulke dagen een beetje jammer dat ze haar autootje niet meer had. Dan had ze nu naar het strand kunnen rijden om bij Parnassia thee te drinken en wat te wandelen. Vroeger deed ze dat vaak met Otto, buiten het badseizoen dan want anders kwam je er gewoon niet door, zo druk was het, en na zijn dood was ze dat blijven doen, Parnassia, den Ruygen Hoek, een enkele keer Noordwijk. Een echte wandelaar was Otto overigens nooit geweest, in hun vakanties in Zwitserland en de Dolomieten was zij het altijd die de plannen maakte en de tochten uitstippelde. Hij ging wel mee en mopperde gelukkig niet onderweg, maar Otto hield meer van drentelen, zei hij, van flaneren, boulevard, wandelpier, terras. Eigenlijk paste dat helemaal niet bij zijn karakter, had ze steeds gevonden. Maar zo was het ook aan de meren geweest, Como, Maggiore, Orta.

Zo was het ook begonnen, toen in Orta, toen hij elke avond naar de kleine boulevard wilde, eerst vóór het diner, later steeds erna, hij genoot daar zo van, zei hij. Ze hoefde niet mee als ze niet wilde, welnee, je moest op vakantie nooit iets tegen je zin doen. Dus had ze zitten lezen op de patio van hun hotel, als het laat werd ging ze soms alvast naar bed, wachten hoefde nooit van Otto. Tot ze het op een avond te benauwd vond om naar de kamer te gaan, er hing onweer in de lucht, en ze naar het meer was gelopen, langs de aanlegsteiger van de boot naar het eilandje en langs de ommuurde tuinen van de villa's met de hoge cipressen, over het treurwilgenpad naar het vervallen prieel, waar je alleen maar kon komen als je het laatste stuk door het water liep of als je je tussen een haag van lage cipressen doorworstelde. Ze hadden het ontdekt op de tweede dag van hun verblijf. Die avond had ze het spoor door de cipressen gevolgd, omdat ze wist dat er ratten in het water huisden, hoe blauw het er overdag ook uitzag. Waarom ze zo ver was gegaan, wist ze eerst niet. Eigenlijk drong het pas tot haar door toen ze Otto's stem hoorde.

En verder wist ze alleen nog dat de onweersbui losbarstte nog voor ze op de terugweg tussen de cipressen vandaan was en dat ze in paniek en half verblind haar weg had gezocht tussen de takken.

En ook dat ze in het hotel in bad was gaan liggen met een groot glas grappa en dat toen Otto thuiskwam, hij had gezegd dat hij pas met haar wilde praten als ze weer nuchter was. De volgende dag waren ze teruggegaan naar Nederland.

In de verte reed een trekker over de duinweg. Ze volgde hem met haar ogen tot hij na een bocht uit het zicht verdween. Als ze niet oppaste, viel ze nog in slaap, zo heerlijk was het hier. Maar dat zou niet verstandig zijn. Haar boterham smaakte niet, ze borg hem na twee happen weer weg en nam een pepermuntje. Als ze in het dorp een kopje thee ging drinken, zou ze er wel wat bij nemen. Langzaam wandelde ze terug met de namiddagzon in de rug en haar schaduw voor zich uit. Dit soort momenten moest je onthouden, dacht ze, vasthouden, voor als het minder ging. Vanmorgen was ze wanhopig en nu was ze gelukkig. Het kon zo verkeren. Nee, niet gelukkig, tevreden. Innig tevreden. Voor geluk ontbrak er iets, één persoon. Ze wachtte op de rand van het trottoir tot de straat vrij was. Een auto stopte en de bestuurder maakte een wuivend gebaar. Ze knikte naar hem voor ze overstak. Dank u, meneer, dacht ze. Ik ben een oude dame en u weet hoe het hoort. Samen komen we er wel. Maar toen vlakbij het centrum twee jongens op een scooter haar tegemoet kwamen, ging ze dichter langs de tuinen lopen met haar tas stevig onder haar arm geklemd. Je hoorde zo veel de laatste jaren.

Het potje thee met de dikke plak rozijnencake was precies wat ze nodig had. Ze deed er lang over, genietend van de smaak, uitkijkend over het drukke kleurige pleintje. Toen zag ze Magda Ittersum. Ze stak van links naar rechts het plein dwars over en Eline kon haar helemaal volgen met de ogen. Dat was de vrouw die brieven schreef over de manier waarop zij aan haar appartement gekomen was. Wat had Bea ook alweer van haar gezegd? Iets als salonsocialiste. De Ittersums waren een adellijk geslacht, kleine adel, volgens Bea. Bea wist alles. Maar Magda Ittersum was dus wel iemand voor wie principes gingen boven afkomst of aanzien of vriendjes. Ook als het haarzelf zou betreffen? Zou zo iemand in staat zijn om gemene briefjes te sturen? Eline keek de oude vrouw na. Ze liep zonder op of om te kijken. Deden alle dove mensen dat?

In de cadeaushop zag ze in de vitrines niets leuks voor als ze zondag naar de kinderen ging. Wat was dat nou toch vreemd tegenwoordig, dat je overal dezelfde rommel tegenkwam. Ze had gehoord dat veel mensen weer vaak naar de Hema gingen omdat die nog originele dingen verkocht tegen normale prijzen. Vroeger was het een volkszaak. Misschien kon ze zaterdag naar Haarlem gaan. Ze drentelde verder langs etalages die ze eerder op de middag al bekeken had. Haar voeten deden pijn in haar schoenen, ze had al veel te lang gelopen, maar eigenlijk had ze geen zin om terug te gaan. Het liefst wilde ze helemaal niet meer terug. Ze schrok van de gedachte.

Voor de ingang van De Groene Vallei hoorde ze haar naam roepen. Achter een van de openstaande ramen op de eerste verdieping zag ze iemand zwaaien. Sander.

Ze wachtte in de hal tot hij beneden was.

'Waar was je?' vroeg hij. 'We hebben je overal gezocht.'

'Wandelen', zei ze. Even voelde ze iets van irritatie. 'En waar zat jij?'

Hij keek haar aan alsof hij begreep wat ze bedoelde. 'We wilden uit eten gaan, Betsy heeft wat te vieren en iedereen vond dat jij ook mee moest.'

'Zo?' zei ze. 'Zeer vereerd. En wie is iedereen?'

'Eline', zei Sander. 'Het is moeilijker dan ik dacht. Ik leid twee levens.'

Ik wel tien, wilde ze zeggen, maar tegelijk trok er een nieuw en lang niet gekend gevoel door haar heen dat veel sterker was dan gekwetste trots of wat dan ook. 'Je hoeft niets uit te leggen, Sander, ik begrijp het zo ook wel. Vertel eens, wat heeft Betsy te vieren en wie gaan er mee?'

Magda Ittersum kwam de hal binnen. Terwijl ze doorliep naar de brievenbussen, knikte ze naar Sander en wierp een blik op haar.

'Nog eens,' zei Eline, 'Agaath, Wouter en...?'

'Evelien. De vrouw van Wouter. Je hebt haar vast wel eens ontmoet. Betsy dacht aan een visrestaurant in IJmuiden. De aanleiding zal ze je zelf wel vertellen.'

Magda Ittersum had een krant uit haar bus gehaald en stond nu naar haar te kijken. Eline werd er onrustig van. 'Lijkt me leuk, Sander. Hoe laat hebben jullie afgesproken?'

'Er is een tafel gereserveerd voor halfzeven. We wilden om zes uur weg, maar dat kan ook nog wel iets later.'

Ze keek op haar horloge. 'Dan moet ik opschieten. Ik wil me wel een beetje opfrissen.'

Toen ze naar de trap liepen, kwam Magda Ittersum op haar af. 'U bent toch mevrouw Marchand?' vroeg ze met haar luide stem.

'Inderdaad', zei Eline. Sander gebaarde dat hij haar zo wel zou zien en liep door.

Magda Ittersum hield haar hoofd een beetje schuin terwijl ze met haar waterige oogjes Eline aankeek. Ze is al oud, dacht Eline, veel ouder dan ik. Een oud rimpelig vogeltje.

'Ik ben Magda Ittersum', zei de vrouw.

Eline knikte. 'Ik heb over u gehoord.'

'Wat zegt u?' Ze hield haar hand achter haar oor.

'Dat ik over u gehoord heb.'

Er vonkte iets in de kleurloze ogen. ''t Is allemaal niet persoonlijk bedoeld hoor, moet u maar denken. Maar ik wil wel dat het ophoudt. Begrijpt u?' Zonder Eline's antwoord af te wachten scharrelde ze weg.

Wat haar opviel die avond, was dat niets meer zonder rafelrandje was tegenwoordig. Zo noemde ze dat voor zichzelf. Het was zó gezellig, zo persoonlijk ook, met elkaar rond de tafel in het restaurant, leuke mensen, kleine grapjes, interessante gesprekken, en dan was er toch weer iets dat voor haar een schaduw wierp over het etentje. Op de heenweg had Betsy haar in de auto verteld dat ze vandaag uitslag had gekregen van een baarmoederonderzoek van een maand geleden. Er was niets aan de hand.

'Nou ja, niets,' zei ze, 'het is beter als het er een keer uit gehaald wordt, maar het is goedaardig.'

'Daar wist ik helemaal niets van', had Eline gezegd. 'Heb je dat nou al die tijd voor jezelf gehouden?' Ze had meteen spijt van wat ze gezegd had. Wat dacht ze nou helemaal van zichzelf? Dat ze Betsy's beste vriendin was? Ze kenden elkaar pas een paar maanden! Ze geneerde zich dat ze zichzelf op een lijn gesteld had met de anderen, Agaath, Evelien. Sander misschien ook wel. En die hadden het haar ook niet doorverteld. Natuurlijk niet, in dat soort dingen was je discreet.

Toen ze tegelijk met Agaath bij de wastafel in het toilet stond en zei dat Betsy zich wel opgelucht zou voelen, vertelde Agaath dat ze eigenlijk al sinds de geboorte van haar kind problemen had gehad. En al die gynaecologen bij elkaar hadden daar blijkbaar nooit iets aan kunnen doen. Niet dat die cyste er altijd gezeten had, maar toch.

'Betsy een kind?' vroeg Eline.

Agaath was even stil. 'Als ze het ooit aan je vertelt, moet je niets laten merken. Zo'n dertig jaar geleden, ze was al wat ouder. Doodgeboren. Vijf minuten voor de partus leefde het nog. Daar is nog heel wat om te doen geweest met die… gynaecoloog.' Hun blikken kruisten elkaar in de spiegel en ze zag een vreemde trek op Agaaths gezicht. 'Wat is er?' had ze gevraagd.

'Niets. Ga je mee naar binnen?'

Pas na een tijdje was tot haar doorgedrongen wat het zou kunnen zijn dat Agaath voor haar verzweeg. En hoewel ze zich voorhield dat zij daar toch niets mee te maken had, was het aardige van de avond er voor haar af. Niet alleen door wat ze vermoedde, ook door de gedachte dat Betsy het blijkbaar niet nodig had gevonden haar dat een keer te vertellen.

'Je was een beetje stil vanavond', zei Sander terwijl ze van de parkeerplaats naar de hoofdingang liepen. 'Vond je het wel gezellig?'

'Erg gezellig', zei ze.

''t Is een mooie avond, zullen we nog een ommetje maken?'

'Mijn vorige ommetje zit nog in m'n benen, Sander. Ga maar alleen. Ik denk dat ik op tijd naar bed ga.'

'Is er iets?' vroeg hij.

Ze aarzelde. 'Nee. Wat zou er kunnen zijn?'

'Alles', zei hij. 'Ik geloof je ook niet. En ik wil binnenkort met je praten.'

'Dat is goed', zei ze. 'Prettige wandeling.'

Bij de lift kwam ze het echtpaar Bolhuis tegen. 'Hé, dag Henny, hallo Anton', zei ze. 'Alles goed?'

'Dag Eline', zei Henny wat stijfjes. Anton lachte naar haar. 'Wat een mooie avond, hè? We gaan er nog even van profiteren.'

'Je hebt gelijk, hoor. Veel plezier.'

'Dank je', zei Henny terwijl ze doorliep.

'Tot ziens!' riep Anton over zijn schouder. Hij deed Eline denken aan haar terriër MacMillan. Die keek net zo als ze hem meetrok.

Verdorie, dacht ze, terwijl ze in haar tasje naar haar sleutel zocht, kan er dan helemaal niets meer normaal gaan?

Binnen liep ze meteen door naar de slaapkamer en sloot alle gordijnen voor ze de lichten aandeed. Toen kleedde ze zich uit en stapte in bed. Al die tijd had ze niet naar de computer gekeken.

10

'Rustig aan', zei ze, terwijl ze de riem losmaakte. 'Zo. Ga je etensbak maar halen.'

De blauwzwarte terriër dribbelde de kamer in met zijn neus langs de grond. Veel bijzonders kon hij niet ruiken, dacht ze, sinds gisteren was er niemand geweest. Of was hij nog niet klaar met zijn verkenning?

Hier woon je nu, had ze gezegd toen ze zondag met hem thuiskwam. Hubert en Cleo droegen de mand en zijn overige spullen en samen hadden ze gekeken hoe de hond de kamers verkende. Ze had zowaar nog een spoortje teleurstelling bij zichzelf ontdekt toen MacMillan kwispelend aanstalten maakte om Hubert te volgen toen deze vertrok.

'Zo gaat dat nou eenmaal met honden, kind', had ze tegen Cleo gezegd, toen die haar plagerig troostte. 'Maar het is wel een bewijs dat jullie lief voor hem zijn geweest.'

Toen ze vertrokken waren, was ze met de hond voor het raam gaan zitten, maar hij was zo ongedurig dat ze hem maar was gaan uitlaten. De afgelopen nachten had ze de mand naast haar voeteneind gezet, dat waren ze nog gewend van thuis. Ze had goed geslapen en wonderlijk genoeg niet gedroomd, voor het eerst sinds dagen. 't Kon aan van alles liggen, maar in ieder geval was zo'n klein ommetje 's avonds goed voor lichaam en geest. En misschien hielp het ook dat ze al drie dagen de computer niet had aangezet.

Ze had op het punt gestaan om Cleo in vertrouwen te nemen. 'Wat is dat nou, omi?' had haar kleindochter gevraagd. 'Ik geloof dat ik u in het vervolg maar beter kan bellen. U geeft nóóit antwoord. Erger nog, u schijnt ze soms helemaal niet open te maken. Vindt u het zo moeilijk, of is het iets anders?'

't Was dat ze niet alleen waren. Ze had iets gepreveld over onwennigheid en ook gezien dat Eefje haar dochter een teken gaf. Laat oma nou. 'Het komt vanzelf wel goed, moeder', had Hubert gezegd. 'Ik heb een collega die steeds in paniek raakte als z'n secretaresse er een dag niet was. Dat heeft jaren geduurd. Nu moet hij erom lachen.'

'Ik moet dus gewoon geduld hebben?'

'Of een cursus van drieduizend gulden volgen,' zei Eef, 'want dat heeft Roel tenslotte toch gedaan? Goed voorbeeld, Huub!'

'Ik doe het voor niks, omi,' zei Cleo, 'als ik deze week langskom.'

'De expert woont tegenover mij, hoor', had ze gezegd. 'Als jij komt, hoef je niet meteen iets voor me te doen.' Het betekende wel dat ze tijdig haar mailbox zou moeten legen.

Cleo was opvallend gezeglijk geweest, op het gedweeë af. Eline merkte dat Eefje er zenuwachtig van werd. 't Was ook nooit goed. Maar hoewel de beide jongens ter compensatie ruzie maakten voor twee, was het nu wel veel gezelliger geweest dan toen ze er nog logeerde. En ach, daar kon ze bitter over zijn of niet, het was nu eenmaal zo en dat hadden alle kinderen met hun ouders, ze had het zelf vroeger meegemaakt, alleen nog wat gecompliceerder. Na de scheiding was haar moeder jarenlang een soort oppas-oma geweest, waardoor er een vreemde verhouding was gegroeid. Haar kinderen luisterden beter naar oma dan naar haar, net als nu de hond met Hubert, en zijzelf was in haar eigen huis meer dochter dan moeder. En toen de kinderen groter werden en haar moeder moeilijk afstand kon doen van haar rol, ontwikkelde zijzelf een allergie voor alles wat naar bemoeienis met de opvoeding zweemde. Logeerpartijen werden soms een drama. Langer dan een dag kon ze mamma niet bij zich in de buurt hebben. Wat zou ze het haar eigen kinderen dan kwalijk nemen?

'Hé, jij hebt een hond, hè?' zei haar buurvrouw Dorothee Moerman toen ze haar op de gang tegenkwam. 'Een logeerhond of is hij van jezelf?'

'Heb je last van hem?' vroeg Eline. 'Wil je 't alsjeblieft zeggen als dat zo is?'

'Welnee. Ik geloof dat ik hem een keer heb horen blaffen, verder niet. Ik zag je ermee buiten lopen. Hij is dus van jou, begrijp ik. Mag ik hem even zien?'

Terwijl Eline thee zette, probeerde Dorothee bij MacMillan in het gevlei te komen.

'Hij is in het begin nogal op afstand', waarschuwde Eline. 'Als hij je vertrouwt, komt hij vanzelf naar je toe.'

'Is hij waaks?'

'Ja, maar niet zo overdreven als andere terriërs. Hij gromt vooral, pas als het hem te gortig wordt, slaat hij aan. Voor zo'n kleine hond heeft hij een nogal zware blaf, daarom vroeg ik daarstraks of je hem hoorde.'

'Zo', zei Dorothee. 'Hebt u een nogal zware blaf, meneer MacMillan. Dat komt eigenlijk wel goed van pas, vindt buurvrouw.'

'Hoezo?' vroeg Eline.

'Voor als er onraad is. Dan kan iedereen 'm goed horen en bovendien denken ze dan dat het een hele grote hond is. Maar dat is hij helemaal niet, nietwaar meneer MacMillan.' Ze stak haar hand uit en de hond rook eraan en legde toen zijn kop erin. 'U is maar een heel klein opdondertje van een hondje.' Ze krauwde hem onder zijn kin. 'Maar wel lief.' MacMillan liet z'n oogleden zakken.

'Jij hebt een hond gehad, hè?' zei Eline. 'Beken het maar. Wat voor een?'

'Van alles. Ook van die grote waar de jouwe tien keer in kan. Maar op een gegeven moment had ik er genoeg van. Te lastig, vooral toen ik ouder werd. Maar als ik dit zie...'

Eline zette een kop thee voor haar neer. 'Is hier wel eens onraad?'

'Hoezo?'

'Je zei net iets daarover. Dat het goed was om hier een hond te hebben.'

Dorothee keek haar nadenkend aan, haar lippen in een tuitje, alsof ze iets aandachtig proefde. Eline kreeg de indruk dat ze gewogen werd. 'Och,' zei ze toen, 'dat kan nooit kwaad natuurlijk.'

'Staat er dan geen hek tussen de straat en het huis?'

Dorothee schudde haar hoofd, eerst traag en toen steeds sneller. 'Nee. En als het er wel stond, had je er nog niet veel aan.'

Wat een eigenaardige vrouw, dacht Eline. Helemaal geen zustertype. Die houding alleen al, en die mimiek. Eerder een actrice. En negentig jaar gaf je haar ook niet.

'Weet je, Dorothee,' zei ze, 'ik kan er nooit zo goed tegen als ik met een kluitje in het riet word gestuurd.'

Haar buurvrouw lachte opeens breed. 'Heel goed, Eline. Maar er valt niet zoveel te zeggen hierover. Er is wel eens een gluurder geweest, er hebben inbraken plaatsgevonden, maar dan heb ik het wel over een periode van jaren. Niet boven het gemiddelde hoor, al ken ik het gemiddelde niet.' Ze keek Eline aan en nu lachte ze niet meer. 'Het heeft ermee te maken dat ik niet meer zo dapper ben als vroeger. En vroeger had ik nota bene ook nog een hond.'

Er was vast iets gebeurd, dacht Eline, iets met haar, wat haar onzeker heeft gemaakt, maar ze zou er nu maar niet naar vragen.

'En dan hebben we natuurlijk onze huisgluurder nog.'

Eline keek haar aan.

'Ga me nou niet zeggen dat je dat nog niet gemerkt hebt, Eline.'

Ze schudde haar hoofd. 'De eerste dag al. Maar... het lijkt me meer staren dan gluren.'

'Nou... Ik heb er wel verticale lamellen voor aangeschaft. Eerlijk, ik had hem bijna de rekening gestuurd. Kijk, Rens Leffelaar mag dan door iedereen een zielig geval gevonden worden en een ongevaarlijke gek, maar als je hem op je buitentrap aantreft, ga je daar anders over denken.'

'Op je buitentrap?'

'Met een of ander smoesje, er was iets van z'n balkon gewaaid, een handdoek. Zó doorzichtig.'

'En toen?'

'Toen niks. Ik heb het over drie, vier jaar geleden. Het is niet meer voorgekomen en... Ach, iedereen kent hem, maar iedereen kent ook z'n vrouw en daarom zeggen ze maar niets.'

Toch vond ze dit geen plezierige manier om over iemand te praten, dacht Eline nadat Dorothee weer vertrokken was. Het was zo onbarmhartig. Als Bea zulke dingen zei, wist ze zo langzamerhand hoe ze dat moest opvatten, maar met Dorothee was het anders. Tenzij er natuurlijk in het verleden iets gebeurd was wat haar zo hard maakte in haar oordeel.

’s Middags belde Henny Bolhuis met de vraag of het klopte dat ze nog een boek besteld had uit de Beelaerts-collectie.

‘Ik geloof het wel,’ zei Eline, ‘maar ik ben vergeten welk.’

‘Ik heb hier *Wier* liggen van Jan Campert. Is dat het?’

‘Gunst ja,’ zei Eline, ‘ook weer zo’n boek van vroeger dat je nergens meer ziet.’

‘Goed,’ zei Henny, ‘dan leg ik het apart. Kun je het vanmiddag misschien zelf komen halen? Ik ben er de rest van de week niet.’

Eline slikte het grapje over de teruglopende dienstverlening in. De dingen lagen misschien nog wat gevoelig. En daarnaast was het toch allemaal maar pro deo wat Henny deed. Misschien moest ze daar ook eens iets aardigs over zeggen. Op de terugweg van boodschappen doen ging ze bij de bibliotheek langs. De hond moest even op de gang blijven, zei Henny direct, er waren mensen die het niet prettig vonden en daar moest ze rekening mee houden.

‘Ik vind het heel bijzonder dat je dit werk zomaar voor iedereen doet’, zei Eline, terwijl Henny het boek pakte. ‘Als je ooit hulp nodig hebt, ik wil best wat doen.’

‘Ik zal het zeker onthouden’, zei Henny. ‘Er zijn nog een paar dames die dat aangeboden hebben.’

‘Zie maar. Alleen, bezorgen doe ik niet meer op mijn leeftijd. Maar iets als een catalogus bijwerken kan ik vast wel, ik heb vroeger veel administratief werk gedaan. Het lijkt me nog leuk ook.’

‘Dat is het ook’, zei Henny. Ze leek een beetje te ontdooien. ‘En wat dat bezorgen betreft, dat was toch extra. Nu Rachid er niet meer is, moet iedereen z’n boeken maar weer komen halen.’

‘Werkt hij niet meer hier?’

‘O, dat weet je nog niet? Nu hij weer betrapt is, wordt die taakstraf van hem volgens de politie omgezet in iets anders, zegt de huismeester.’

‘Betrapt? Waarop?’

‘Winkeldiefstal. Hier in de supermarkt.’

Op de gang trok Eline de boekenlegger uit het boek en bekeek de voorkant nauwkeurig. Toen draaide ze hem om. Er stond niets op.

'Is er iets niet in orde?' Henny stond in de deuropening van de bibliotheekkamer.

'Nee hoor, er is niets.' Eline liet haar stem een beetje zingen. 'Ik las even een stukje. Ik ga thuis gauw verder. Kom, Mac.'

Terwijl ze haar mantel ophing, werd er gebeld. Door het kijkgaatje zag ze het gezicht van Rens Leffelaar. O heden, dacht ze. Even speelde ze met de gedachte om niet open te doen, maar waarschijnlijk had hij haar zien thuiskomen. En daarbij, het zou toch erg onaardig zijn.

'Hé, dag Rens', zei ze terwijl ze de deur opende. 'Kom je soms naar m'n computer kijken?'

Hij was zichtbaar verrast. 'Eh, ja,' zei hij gretig, 'schikt het wel?'

'Eventjes wel. Hij staat in de kamer. Ga je gang.'

Ze hoorde MacMillan grommen. 'Mac, 't is goed', riep ze.

Rens bleef in de deuropening staan. 'Heb je een hond? Is hij eh...?'

'Als je niet op 'm let, laat hij je wel met rust. Maar hij is wel erg waaks, daarom gromt hij zo. Alle terriërs zijn nogal fel, ook de kleinere soorten.'

Waarom zei ze dat nu allemaal? Omdat duidelijk te zien was dat Rens bang was voor honden? Als het erop aankwam, was ze net zo'n vals mens als Dorothee. Ze keek hoe haar achterbuurman na een blik over zijn schouder voor de computer ging zitten. Wel een oud mannetje, die Rens, als je hem van dichtbij zag. Dat was haar op les nog niet eens zo opgevallen. Dun haar, schriel nekje boven de boord van zijn overhemd dat zo te zien ook z'n beste tijd gehad had. Ze moest een beetje lachen om zichzelf, omdat ze steeds weer vergat dat zij er zelf minstens zo oud uitzag.

'En, wat zeg je ervan?' vroeg ze, nadat ze had staan kijken hoe hij de computer startte en verschillende dingen uitprobeerde.

'Een goede machine.' Het klonk alsof hij het over een machtige scheepsmotor had. Hij mompelde iets over capaciteit en nieuwere types, toverde icoontjes tevoorschijn en weer weg, en zei toen: 'Prima hoor, goed genoeg voor wat je ermee wilt. Er zijn snellere, maar ach...'

'Nóg sneller?' vroeg ze. 'Wat heb ik daaraan? Ik vind dit al zo vreselijk snel.'

Hij lachte, en het was voor het eerst dat ze zag dat hij oprecht lachte, niet dat wat gemaakte, berekende, dat ook iets gluiperigs had. Nu was het even een gewone man. 'Precies. Wij hebben tijd genoeg. Maar wat doe je er nu mee?'

'Je bedoelt, waar ik hem voor gebruik?'

'Ja. Mail, tekstverwerking, internet, spelletjes?'

'Een beetje mail.'

'Een beetje. Wat is dat? Lees je niet alles? Verstuur je niets?'

Ze was weer op haar hoede. 'Nog niet elke dag.'

'En de rest?'

'Nog niet.'

'Moet ik je ermee helpen? Je moet toch zéker gaan internetten, als je daar goed in thuis bent, hoef je naar geen enkele bibliotheek meer. We hebben het geoefend, maar ik kan me voorstellen dat je niet alles in één keer onthoudt op de cursus. Een beetje extra hulp kan geen kwaad. We kunnen wel iets afspreken.'

Daar kon ze niet tegen, merkte ze, zoals hij haar nu weer aankeek. 'Heel vriendelijk, Rens, maar als ik je hulp nodig heb, laat ik het wel weten.'

Hij keek naar het scherm. 'Neem me niet kwalijk dat ik het zeg, maar dat is niet zo aardig van je, Eline. Dat je dat zo maar afwijst. Ik bied je aan om te helpen, dat kost mij tijd maar dat heb ik er best voor over, en dan zeg jij heel hooghartig "als ik je hulp nodig heb, laat ik het wel weten".'

Haar hart klopte in haar keel. 'Als dat hooghartig klinkt, heb ik dat niet zo bedoeld, Rens. Ik waardeer je aanbod ook. Maar ik wil graag de dingen zelf uitzoeken, in mijn tempo. En als mijn manier niet goed is, is mijn schoonzoon er nog, van wie ik de computer gekregen heb, die af en toe langskomt, en zoals je weet heb ik een overbuurman die er veel verstand van heeft...'

'Anderen wel hè? Natuurlijk...' Hij stond op en ze zag dat er vlekken in zijn gezicht kwamen.

'Ach,' zei ze, 'nou heb ik helemaal vergeten de hond eten te geven toen ik thuiskwam. Mac, waar zit je? Je zult wel denken.' Ze liep naar de keuken voor het pak met brokken.

Rens Leffelaar schoof zijn stoel achteruit. 'En dat je de laatste week je gordijnen zo veel dicht hebt, dat is zeker ook om mij hè? Omdat je het niet prettig vindt dat ik als achterbuurman...'

'Nou ja', zei ze. 'Rens, alsjeblieft, wil je nu weggaan?'

'Nee, laat me uitpraten', zei hij, opeens driftig. 'In het begin was het vrolijk zwaaien en lachen en dikke pret, op de computercursus vind je het maar wat gezellig allemaal, maar eens iets aardigs terugdoen is er niet bij. Het aardig doen bewaar je voor anderen. Ze mogen je Lientje noemen, dikke maatjes, en als ik je een mailtje stuur, antwoord je niet eens, mij zie je niet staan en...'

'Nou is het genoeg', zei Eline. Ze liep naar de hal en deed de deur open. 'Ga onmiddellijk weg.' MacMillan stond opeens naast haar, opgewonden, grommend, hij begreep er waarschijnlijk niets van, maar dat deed er niet toe. Rens schrompelde ineen, zichtbaar, hij kroop bijna, het schuldbewuste lachje op zijn gezicht was gewoon akelig om te zien en zijn stem fleemde. Dat hij alleen maar haar vriend wilde zijn, dat moest ze toch begrijpen, hij had haar vanaf het begin bewonderd omdat ze zo anders was, en ze moest het hem maar niet kwalijk nemen dat hij er een beetje van in de war was, 't zou ook niet meer gebeuren. Maar misschien konden ze dan gewoon wat mailen met elkaar, dat was ook een manier om contact te houden.

Ze hield alleen de deur wijd open en zei niets. Hij ging met een boogje om de hond en haar heen. Op de gang draaide hij zich om, ze zag dat hij weer wat wilde zeggen.

'Dag Rens', zei ze zacht en ze sloot de deur. Achter het kijkgat wachtte ze tot hij verdwenen was. Ze voelde dat ze een beetje trilde, niet erg en daar was ze best tevreden over, en ook over de hond, ze bukte zich en streelde de ruige vacht. 'Blij dat je er bent, Mac. Wat ben jij een dappere hond. Kreeg jij nog niet wat eten van mij?'

Binnen kwam de reactie. Ze beefde zo dat de brokken naast de etensbak vielen en terwijl ze knielde, kreeg ze het benauwd, zodat ze even op de grond ging zitten om lucht te krijgen.

Wat een akelige toestand. Het nare was dat ze ook nog met die man te doen had, hoe afschuwelijk ze hem verder ook vond. En met z'n vrouw. Dat alleen al maakte het moeilijk om er werk van te maken.

MacMillan naast haar gromde. 'Wat is er?' vroeg ze terwijl ze zich aan de keukentafel optrok. 'Weer onraad?' Toen hoorde ze dat er geklopt werd. Even stond ze doodstil. Ze ging niet nog een keer met hem praten. Op haar tenen liep ze naar de deur en keek door het gaatje.

Toen opende ze de deur.

'Wij willen ons nergens mee bemoeien, buurvrouw,' zei Bea, 'maar als je hulp nodig hebt, weet je ons te vinden hè?'

Eline sloot haar ogen en knikte glimlachend. 'Dat weet ik Bea. Dankjewel.'

'Gaat het wel?'

'Ja, 't gaat. Het was ook niet zo ernstig allemaal en ik heb het gelukkig zelf kunnen oplossen.'

'Mooi', zei Bea. 'Dus ik kan met een gerust hart weer naar binnen gaan?'

Eline knikte. 'Ja.'

'Heus?'

'Heus. Maar ik zou Henk wel even iets willen vragen.'

Nog voor ze uitgesproken was, stond hij achter in het halletje. 'Gelukkig is hij niet nieuwsgierig', zei Bea met een grijns van verstandhouding.

''t Gaat over de computer', zei Eline. 'Ik wil je even iets laten zien. Kan dat? Maar ik heb wel een hond nu.'

'Ik lust honden rauw', zei hij. Hij liep achter haar aan naar binnen en ze sloot de deur.

'Wat is er? Doet hij het niet goed?'

'Ik krijg vervelende mailtjes', zei ze.

Hij keek haar met opgetrokken wenkbrauwen aan. 'Zo? Sinds wanneer?'

'Vorige week begon het. Gisteren en vandaag heb ik nog niet gekeken.'

'Dat is al gauw, zeg. Je hebt 'm nog maar net. Weet je wie de afzender is?'

'Nee, ik bedoel, ik ken die naam niet. En ik kan er nu zelfs even niet opkomen.'

'Zijn ze erg vervelend?'

Ze haalde haar schouders op. 'Wat is vervelend. Ik bedoel... Ik heb er last van.'

'Je kunt mails van bepaalde afzenders blokkeren, weet je dat? Heel simpel. Als je geen post meer wilt ontvangen van iemand... één druk op de knop als het ware en je krijgt het niet meer. Ik heb het wel met allerlei reclame gedaan die mij ongevraagd toegestuurd werd. Hoeps, weg.'

'Ach, wil je dat voor mij doen, Henk? Dan ben ik ervan verlost.'

Hij startte het mailprogramma en klikte op het adresboek. 'Als je meekijkt, kun je het de volgende keer zelf doen. Geef de naam maar. O nee, je weet hem niet uit je hoofd hè? Zitten ze nog in de inbox?'

'Nee, ik heb ze gewist', zei ze.

'Helemaal weggegooid? Twee keer?'

Ze knikte. 'Stom hè?'

'Helemaal niet. 't Is alleen nu even lastig. Geen enkel idee?'

'Hij begon met een b, geloof ik.'

Henk klikte de inbox aan. 'Kijk maar even, je weet maar nooit.'

Er was weer een flinke voorraad ongeopende post. Ze keek uit haar ooghoeken naar haar overbuurman, maar hij liet niets blijken. Wat een goeie man was het toch.

'Barends,' zei hij, 'dat ben ik. Wel lezen hoor. En verder... Brevenhuis? Is dat hem? Vandaag om 14.35.'

Ze hield onwillekeurig haar adem in. Er was wéér een nieuwe. 'Ja', zei ze. 'dat is 'm. Er komt er nu elke dag een.'

'Goed', zei Henk. 'Ik kan hem nu blokkeren. Wil je dat?'

'Ja', zei ze.

'Wil je de boodschap nog lezen voor ik 'm delete?'

Ze keek naar de naam op het scherm en voelde dat Henk naar haar keek. 'Ach nee', zei ze. 'Waarom zou ik hem nog lezen? Veeg 'm maar uit.'

Ze keek mee hoe hij het deed, het was zo simpel dat ze zich ineens geweldig opgelucht voelde. Dit kon ze voortaan ook.

Henk keek haar aan. 'Heb je enig idee wie dit doet?'

'Nee,' zei ze, 'geen enkel. 't Kan iedereen zijn. Bij wijze van spreken dan.'

Hij bromde wat in zichzelf. Toen zei hij: 'Die naam... op de een of andere manier komt die me bekend voor. Maar ik zie zoveel namen. In ieder geval, ik hoop dat je er nu van verlost bent, Eline. Als er nog eens wat is, weet je me te vinden hè?'

Precies dezelfde woorden die Bea zojuist gebruikt had, dacht ze, terwijl ze de deur achter hem sloot. Ze mocht blij zijn dat ze zulke overburen had.

Ze zette de televisie aan voor het journaal van zes uur, maar na een paar minuten had ze er al genoeg van. Onder het koken luisterde ze naar de cd die ze gekocht had vlak voor ze ging verhuizen, vioolsonates van Mozart met Grumiaux en Haskil, vroeger had ze daar een plaat van, en de muziek bracht rust in haar hoofd. Ze at een kleine portie van de rijst met het restje ragout van gisteren en nam er een half glaasje wijn bij, meer omdat die aangebroken fles er al zo lang stond, en daarna nog maar een half glaasje zodat de fles nu ook bij het vuil kon. Daarna deed ze de kleine vaat, borg alles in de kast en toen was de cd aan zijn eind en had ze haar besluit genomen. Toen ze haar vest omsloeg, ging MacMillan overeind zitten. 'Nee,' zei ze, 'ik ga even alleen. Jij past op.'

Agaaths appartement lag in de uiterste hoek van de zuidvleugel, een verdieping hoger dan het hare. Terwijl Eline ernaartoe liep, bedacht ze dat ze er nog niet zo dikwijls geweest was, Agaath zat vaker bij haar. Eigenlijk was dat altijd zo geweest, waar ze ook woonden, meestal kwam haar vriendin naar haar toe, zelden andersom. Vroeger lag dat voor de hand vanwege de kinderen en omdat Agaath toch altijd onderweg was, en daarna was het blijkbaar een gewoonte. Alleen tijdens haar huwelijk met Otto was het een beetje verdeeld, maar dat kwam ook doordat Agaath en Otto elkaar niet konden luchten of zien.

In het trappenhuis hing de etensgeur van de dinerservice. Het ging hier alleen nog even de magnetrons in, maar zelfs dat was blijkbaar al genoeg. Dat was ook een van die centrale dingen waar ze geen gebruik van had willen maken. Het was vast wel gemakkelijk, maar zolang ze alles nog zelf kon doen, hoefde ze zo'n gaarkeuken niet.

Agaath was niet thuis. Voor alle zekerheid belde ze drie keer, daarna liep ze aarzelend terug naar het trappenhuis. Dit was jammer. Heel jammer. Ze had het nu zo graag kwijt gewild en buiten Agaath was er niemand met wie ze dit zou kunnen bepraten. Henk Barends wist dan wel van het bestaan van die mailtjes, maar ze had hem niet verteld wat erin stond. Dat ging niemand iets aan. Betsy ook niet, hoe graag ze haar ook mocht. Ze kenden elkaar gewoon nog te kort, dat was het. Daar had ze onder het eten zo over nagedacht. Ze had zich de omgekeerde situatie proberen voor te stellen, dat iemand haar vertelde dat hij of zij dat soort boodschappen over de mail kreeg. Van wie zou zij dat zonder voorbehoud geloven? Alleen van Agaath. Bij ieder ander zou ze bijgedachten hebben, of ze wilde of niet. Is het wel waar wat je vertelt, wat schuilt erachter, is het geen poging om aandacht te krijgen, heb je die boodschappen niet zelf bedacht? En, als het wél waar was, is er dan niet iets gebeurd in het verleden waar ik niets van weet en wil ik daar nu wel in betrokken worden? Vreselijk, van die argwanende, egocentrische gedachten, ze kreeg gewoon een hekel aan zichzelf, maar toch was het de enige manier om eruit te komen. Wie zou háár zonder voorbehoud geloven, behalve Agaath? Met haar hand op de leuning stond ze stil. Sander?

Ze was blij dat MacMillan er tenminste was, toen ze thuiskwam, want ze voelde zich even heel erg alleen. Ze zette water op voor thee en liep naar de computer. Ze kon Sander ook niet met zoiets belasten, het was de verkeerde proef op de som, dit mocht ze hem niet aandoen. Eigenlijk begreep ze zelf niet precies wat ze nu wilde, want die goeie Henk had de zaak toch even voor haar geklaard. Nu hoefde ze dus ook niet te wachten met de rest van de post. Ze drukte op de startknop. Met een vers kopje thee naast zich bekeek ze de oogst. Sinds Henks opschoning was er alweer wat bijgekomen. Maar geen Brevenhuis meer, dat zag ze direct. Dat was voorbij.

Ze las ze eerst allemaal door voor ze eventueel nog iets ging beantwoorden, want haar hoofd stond niet erg naar brieven schrijven. Welly kreeg in ieder geval antwoord. Wat leuk dat dit zo snel ging, dit was al de derde keer deze week en het was nog veel goedkoper ook, zei Hubert. Het mailtje van haar makelaar nam ze voor kennisgeving aan, hij had deze week twee bezichtigingen en zou daarna contact met haar opnemen. Had Hubert hem het mailadres doorgegeven? En wat ze met de twee regeltjes van HmdeRover aan moest, wist ze ook nog niet. 'Hebt u al uitgevonden welk woord ik bedoelde? Ik wil u best behulpzaam zijn.' Ze kon het niet helpen dat ze achter de woorden onmiddellijk het hulpeloze gezicht van Heleen zag. Wat wilde die man?

Half geërgerd opende ze het laatste mailtje en het was alsof ze een klap in haar gezicht kreeg. DAT ZAL JE NIET HELPEN. IK GA DOOR TOT JE WEG BENT. De hoofdletters dansten voor haar ogen. Had ze nou toch niet opgelet? Ze keek naar de afzender. Lydraven, en dan dat apenstaartje. Hoe kon dit? Waren het er nu meer of was het dezelfde? Ze bewoog de muispijl naar het delete-vakje, maar stopte toen. Misschien moest ze deze bewaren, als bewijs dat ze geen onzin vertelde. Doodstil zat ze achter de computer. Bewijs voor wie? Voor Henk Barends? Hij was de enige die ervan wist, hij had de afzender geblokkeerd en nu was er een andere afzender. Was dat toeval of...? Opeens raakte ze in paniek. Kon ze dan niemand vertrouwen?

Hijgend belde ze een paar minuten later aan bij Sander Vreeman. Ze hoorde de binnendeur opengaan, een stem, toen ging de deur open.

'Hé Lientje,' zei Betsy, 'kom binnen. Ik doe maar even open want San is met iets vreselijk ingewikkelds bezig op de computer en dat is al tien keer fout gegaan.'

'Nee.' Eline schudde haar hoofd. 'Ik kom...' Ze slikte. 'Ik spreek hem morgen wel.'

Ze draaide zich om en liep weg. 'Wat is er?' riep Betsy, 'Lientje, kom nou even terug. Is er iets?'

Het leek alsof ze droomde, ze wilde teruggaan naar de warmte van haar vrienden, ze snakte ernaar om te vertellen wat er was en daar dan samen om te lachen, het weg te lachen, maar ze liep door omdat het moest, omdat ze niet anders kon. Daar was het trappenhuis, het houten schot van de nieuwe lift, ze greep de leuning en zette haar voet op de eerste tree. Een hand omklemde haar schouder.

'Eline', zei Sander. Hij kwam voor haar staan. 'Eline, wat is er? Wat kwam je doen? Waarom loop je weg?' Zijn bezorgde gezicht was vlak voor het hare.

'O, niets hoor', zei ze. 'Ik kwam gewoon...' Toen begon ze te huilen. Ze voelde Sanders armen om haar heen en ze hoorde hem dingen zeggen die ze heel lang niet gehoord had, van niemand.

'O, alsjeblieft, Sander', zei ze. 'Ik wil niet dat de mensen me zo zien. Wil je me alsjeblieft even naar mijn appartement brengen.'

11

'Ik moet me toch niet een beetje zorgen gaan maken?' vroeg Agaath.

Over de straatweg passeerde een ambulance met loeiende sirene en Eline wachtte tot het weer stil was.

'Als je last van het raam hebt, moet je het zeggen', zei Agaath.

'Nee, het is juist heerlijk zo. Laten we er nog maar even van genieten.'

'Ja, laten we dát doen.'

Eline herkende de toon. Agaath begon zich te ergeren.

'Je hóéft je geen zorgen te maken', zei ze. 'Er is hoegenaamd niets aan de hand. Gut, ja, de ene dag gaat het wat beter dan de andere, maar ik ben niet anders gewend de laatste jaren. Over het geheel heb ik het hier prima naar mijn zin...'

Agaath schoof met een ruk haar stoel naar achteren. Eline keek naar de kwaaiige rug voor het raam, zo recht nog voor iemand van tweede helft zeventig. Ze had half verstaan wat haar vriendin mompelde toen ze opstond. Iets als dat ze zichzelf eens zou moeten horen.

Agaath draaide zich om. 'Hoe komt het nou dat ik het gevoel heb dat je van alles voor me verbergt? Leg me dat eens uit.' Eline zei niets.

'Je speelt weer het zonnetje in huis. Grote onschuldige ogen, een lachje van mens, ik weet niet waar je het over hebt... Ik wéét het gewoon, zo doe je je hele leven al. Volgens Betsy was je gisteravond behoorlijk over je toeren, en nu, jawel hoor, twaalf uur later en niets aan de hand.'

'Niet helemaal niets', zei Eline. 'Ik slaap slecht de laatste nachten.'

Agaath ging weer zitten. 'Nog koffie?' vroeg ze.

Zonder iets te zeggen schoof Eline haar kopje naar de kan. Ze keken elkaar aan. Agaath had die blik in haar ogen die ze kende, nu zou dat plooitje om haar mondhoek komen, links, en daarna zou ze haar hoofd schudden over de domheid van dat mens dat zich haar beste vriendin noemde. 'Je kunt soms toch zó stom doen, weet je dat', zei Agaath. 'Beledigend stom.'

'Toe maar.'

'Hoelang is het geleden, de scheiding van Jaap? Meer dan veertig jaar, bijna vijftig. Weet je nog hoe je eerst mooi weer speelde, rondliep van "niks aan de hand en ik rooi het allemaal best", terwijl je eruitzag als een geest. Ik moest het uit je trékken. Alles verzweeg je. Terwijl ik elke week, soms zelfs twee keer in de week bij je langskwam en we echt vriendinnen waren geworden, al kenden we elkaar nog niet zo lang. Víjftig jaar geleden! En je bent nog geen steek veranderd, als het eropaan komt.'

Eline verkruimelde haar zandkoekje tussen haar vingers. 'Ik vind dat je die dingen niet met elkaar kunt vergelijken, Agaath. Gisteravond was ik een beetje uit m'n doen door dat gedoe met Rens Leffelaar. Maar vannacht dacht ik, dat is toch niet iets om over in huilen uit te barsten, en toen besefte ik dat ik de laatste tijd mezelf geen rust heb gegund. Ik ben eigenlijk doodop. Twee verhuizingen zeg maar, binnen drie maanden, dat zijn me nogal veranderingen. En dan al die mensen met wie je contact krijgt, lieve mensen meestal maar ook lastige, veel kennismakingen, bezoekjes, allemaal nieuwe indrukken. Ik nam veel te weinig tijd om het eens een beetje te laten bezinken, om eens even op mezelf te zijn. Dat zei Sander ook al. Waar een ander een jaar over doet, dat deed ik in een paar maanden. En vergeet het zingen niet, ontzettend leuk, Betsy had alweer een nieuw plan en ik zou zo weer willen, maar het kan even niet, het was te veel tegelijk allemaal. Ik ben moe, ik ben af en toe zó moe. Ik slaap ook slecht daardoor, te veel aan m'n hoofd, te veel ín m'n hoofd en daar word ik nog meer moe van...'

Met een natgemaakte wijsvinger prikte ze koekkruimeltjes van het tafelkleed en stak ze in haar mond. 'En dan,' zei ze, 'komt daar dus zo'n kleverige man die mij kwalijk neemt dat ik niet van hem gediend ben. Terwijl ik probeerde zo aardig mogelijk te zijn. Dat werd me even te veel.'

'Je mag nog wel een koekje', zei Agaath. 'Ik begrijp dat je het er dus al met Sander over gehad hebt.'

'Ja', zei Eline. De kleur die ze nu voelde opkomen, kon net zo goed van de opwinding zijn, hoopte ze. 'Gisteravond natuurlijk. Die begreep ook niet wat er aan de hand was.'

De herinnering aan de vorige avond was verwarrend vaag. Na haar uitbarsting op de gang had Sander haar naar haar appartement gebracht. Op de achtergrond scharrelde Betsy ook nog even rond, maar die was op een bepaald moment verdwenen. Sander had haar in een stoel geplant en was gaan koffiezetten. Halverwege zei ze dat ze eigenlijk iets sterkers wilde en dus had hij naast de kop koffie een glas cognac neergezet. Waar die vandaan kwam, wist ze niet, niet van haar in ieder geval. En toen hadden ze gepraat, en toen weer koffie gedronken met cognac ernaast, en toen alleen nog cognac. Het merkwaardige was dat ze glashelder gebleven was, de hele avond, en dat ze vanmorgen met net zo'n helder hoofd wakker geworden was, maar dat het leek alsof er in haar droomloze, diepe slaap een luik was dichtgevallen. Ze wist alleen nog maar dat ze alsmaar gepraat hadden. Over zichzelf, over elkaar. En dat ze zich op het allerlaatste moment voorgenomen had om niets over de mailtjes te vertellen en dat ze zich voor zover ze wist daar ook aan gehouden had.

Agaath zat naar haar te kijken, haar handen gevouwen onder haar kin.

'Wat is er?' vroeg Eline.

'Weet je wat me opvalt?'

Ze keek terug. 'Nee. Maar je gaat niet nog een keer beginnen, hè?'

Agaath lachte niet. 'Dat we hier minder contact hebben dan toen jij nog in Vogelenzang woonde. Toen zagen we elkaar misschien niet vaker, maar we belden wel. En nu... Vreemd hè? Het ligt ook aan mij hoor, ik ben nogal eens weg en heb hier in huis natuurlijk m'n andere verplichtingen...'

'Je beschouwt mij ook als een verplichting?'

'Gaan we spits doen, Lientje Marchand?'

Het duurde nooit lang tussen Agaath en haar, dacht Eline. En meestal hoefde er niets bijgelegd te worden, ze begrepen van elkaar wel hoe de ander het bedoeld had en waar het zo'n beetje fout was gegaan. In dit geval had Agaath natuurlijk het grootste gelijk, ze was niet eerlijk tegen haar geweest, maar ze had nu eenmaal besloten dat niemand iets hoefde te weten over die vervelende mailtjes en daar hield ze zich aan. Het was voor iedereen beter, ook voor haarzelf. Overigens was het toch wel weer een blijk van hun sterke band, dat Agaath direct in de gaten had dat er iets was.

Ze legde haar hand op die van Agaath. 'Je blijft mijn beste vriendin, al doe je nog zo lelijk tegen me.'

Maar in het geval van Rens Leffelaar wilde ze voorlopig niets ondernemen, wat Agaath er ook van vond. In haar ogen was haar achterbuurman eerder een zielepoot dan een maniak en nu ze gewaarschuwd was, zou ze hem wel op afstand houden. Negeren, had Sander gisteravond gezegd. Negeren en afpoeieren.

'Dat is bij hem niet voldoende', zei Agaath. 'Ook op afstand kan hij heel hinderlijk zijn. Kijk Lien, als hij niet zo'n goeie ziel van een vrouw had, was hij allang het huis uitgezet. 't Is al eens op tafel geweest in de bewonerscommissie en ik heb gehoord van een ander geval, veel eerder, met anonieme briefjes en telefoontjes waar uiteindelijk te weinig te bewijzen viel om er een zaak van te maken. Maar iedereen wist dat Leffelaar erachter zat. Een stalker, noemen ze zo iemand tegenwoordig. En daar is niets zieligs aan.'

'Brieven?' vroeg Eline. 'Wat voor brieven? Liefdesverklaringen?'

Agaath maakte een gebaar. 'Ach, wat praat ik ook langer. Jij neemt het toch niet serieus. Gisteravond was je nog van streek en nu lach je erom.'

'Ik neem het wel serieus. Alleen wil ik het niet erger maken dan het is. Zeg nou, wat voor brieven waren dat?

'Een soort liefdesverklaringen ja. Heel korte briefjes, die ze overal aantrof. En toen ze niet reageerde, ging hij dreigen, heel vervelend.'

'Om wie ging het?'

'Een vroegere bewoonster, ken je niet. Ik heb haar maar een paar maanden meegemaakt. Ze is dood.'

'Hoe heette ze?'

Agaath schudde haar hoofd. 'Ik kan even niet op haar naam komen. Maar wat doet dat er nou toe?'

'Gewoon,' zei Eline, 'nieuwsgierigheid. Je wilde me toch overtuigen?'

'Ze was schilderes, tenminste, voor ze hier kwam wonen had ze een atelier. Een nogal aparte vrouw. Hij valt blijkbaar op alleenstaande, aparte, wat artistieke vrouwen.'

'Agaath!' Eline keek haar bestraffend aan. 'Nou praat je inderdaad alsof hij een maniak is.'

'Beschouw het maar als een compliment', zei haar vriendin.

Een uur voordat Cleo kwam, opende Eline haar mail. Er waren maar twee nieuwe berichten, waarvan er een afkomstig was van Lydraven. Vanmorgen om 9.20 uur binnengekomen. Zonder het te openen keek ze een tijdje naar de naam van de afzender en daarna klikte ze op het kruis boven in de balk. Nu zou het nog een tweede keer weggegooid moeten worden. Ze zocht in de adressenlijst de blokkering op. Als ze wilde, kon ze nu ook van deze afzender de post tegenhouden, dat had Henk haar geleerd. Maar wat schoot ze ermee op? Ze was er zeker van dat het van dezelfde persoon kwam. Iemand die zich daardoor niet liet tegenhouden, dat had hij zelf geschreven. Wat had Sander ook al weer gezegd? Negeren, zo lang als dat kon. En anders afpoeieren. Toen had hij het wel over Leffelaar natuurlijk, maar het gold natuurlijk voor alles. Niet bang worden, niet in je schulp kruipen, bedoelde hij. 'Of moet ik met hem gaan praten?' had hij gevraagd. Als ze de post van deze afzender nu niet blokkeerde, maar ook niet las, was dat een soort negeren. Mailtje na mailtje zou binnenkomen zonder dat ze er iets mee deed, tot haar hele brievenbus zou uitpuilen. Alleen, wist de afzender dat wel? Was er iets waaraan hij kon zien dat zijn post niet gelezen werd? Ze dacht van niet.

Als het niet zo lief bedoeld was geweest, had ze Sander bijna in zijn gezicht uitgelachen. 'Moet je je voorstellen hoe dat gaat', had ze gezegd, en toen ze dat samen hadden gedaan, waren ze alsnog in lachen uitgebarsten. Ook dat had haar gevoel versterkt dat ze het zelf aankon, dat ze zich niet moest laten kennen. Ze klikte naar de rubriek 'verwijderde berichten'. Daar was het. Ze keek naar de onbegrijpelijke naam van de afzender. Ze zou natuurlijk ook gewoon een mailtje kunnen terugsturen.

Cleo kwam een kwartier eerder dan ze had afgesproken. Terwijl Eline thee zette, had ze voortdurend het gevoel dat ze in die tijd iets had moeten doen en toen haar kleindochter haar achter de computer zette en ze de mailbox opende, zag ze het tegelijk met Cleo. 'Er zit ongeopende post in uw eerste prullenbak, omi. Moet dat of is het per ongeluk?'

Ze verzon iets over ongewenste reclame, hetzelfde wat Henk Barends haar onlangs verteld had, maar Cleo luisterde gelukkig al niet meer, ze had inmiddels de muis veroverd en demonstreerde allerlei mogelijkheden uit de menubalk zonder dat Eline er veel van snapte. Toen sprong ze door naar het internet, waar ze Eline op de website van haar academie een stuk liet zien met haar naam eronder, projectleidster Cleo Rademaker. 'Je bent beroemd', zei Eline. 'Eindelijk. Ik ga het straks aan iedereen vertellen, of beter nog, ik stuur een mailtje. Ik heb een beroemde kleindochter.'

'Wereldberoemd in Amsterdam-Oost', zei Cleo en toen gingen ze theedrinken. Eline had het lichtje met de theepot-van-vroeger op tafel gezet, wat voor Cleo aanleiding was om te schamperen op haar inhalige moeder die op dat mooie art-deco-theekastje beslag had gelegd.

'Ach kind, gun haar dat toch. Ze heeft het er al zo lang over.'

Cleo haalde haar neus op. 'Een voorschot nemen op een erfenis vind ik onfatsoenlijk. U kunt nog zeker twintig jaar plezier hebben van dat kastje. Waarom moet ze dat nu al hebben?'

'Twintig jaar? Meer niet?'

'Nee, langer gaat zo'n kastje niet mee', zei Cleo. Ze lachten.

'Hoe gaat het met Alex?'

'Goed. Dat wil zeggen, hij zal het derde jaar grotendeels over moeten doen, maar hij studeert tenminste weer. Dat bedrijfje van hem is niks geworden.'

'En met jou en Alex?'

Cleo's gezicht betrok. 'De wittebroodsweek is alweer voorbij. Ik weet het niet, omi. We kunnen niet goed zonder elkaar, maar mét ook niet. Het blijft een constant gevecht. Ik word er doodmoe van.'

Onder Cleo's relaas keek Eline naar haar gezicht. Hoelang was het geleden dat ze tegenover haar aan de keukentafel zat te tekenen, met haar voeten op de spijlen en een kring van chocolademelk om haar mondje? Het ging zo snel allemaal. Cleo was nu ongeveer zo oud als zij toen ze zich met Jaap verloofde. Moest zíj, met haar geschiedenis, haar kleindochter raad geven? Twee huwelijken, één mislukt, het andere nooit een succes, al gaf ze dat zelden toe. Twee mannen in wie ze zich vergist had. En die derde? Ze voelde zich warm worden.

'Houd je van Alex?' vroeg ze.

Haar kleindochter zuchtte. 'Was het maar zo simpel.'

'Zo simpel is het vaak wel', zei Eline.

Toen ze Cleo naar de uitgang bracht, zei het meisje: 'Weet u wat ik zo fijn vind? U zit niet meteen klaar met een antwoord, of met zogenaamde goede raad, zoals mamma.'

Ze schudde haar hoofd. 'Ik heb het veel gemakkelijker dan een moeder, hoor. Ik ben maar een oma.'

'Maar niet zomaar een oma', zei Cleo.

Ze liep mee tot de straat en daar namen ze afscheid. 'We hebben het weer alleen maar over mij gehad', zei Cleo.

'Dat geeft toch niet? Dan kom je gauw weer op bezoek en dan gaan we over mij praten.'

Cleo liet haar ogen over het gebouw gaan. 'Hebt u het nou echt wel naar uw zin hier, omi?'

'Echt wel', zei Eline. 'Hier kind, voor de terugreis. Puur, daar houdt Alex ook van volgens mij.'

'Volgens mij niet', zei Cleo.

Toen ze terugliep, zag ze Herman de Rover in zijn rolstoel opzij van de ingang staan. Hij was alleen en zat kaarsrecht met zijn armen op de leuningen voor zich uit te kijken. Eline groette in het voorbijgaan en bedacht zich toen.

'Kan ik u misschien helpen? Of wacht u op uw vrouw?'

'Dank u.' Zijn stem kraakte alsof hij hem lange tijd niet gebruikt had. 'Heleen komt eraan, ze haalt iets van boven.'

Omdat hij haar bleef aankijken, liep ze nog niet door. 'En, hebt u al in *Das Buch der Lieder* gekeken?' vroeg hij.

'Ik heb nog geen gelegenheid gehad', zei ze.

'Het is zo'n opmerkelijk verschil. Van het ene uiterste in het andere. Eén woordje maar.' Hij herhaalde het in het Duits.

'U houdt me wel heel erg in spanning', zei ze luchtig. 'Wilt u het me niet zelf vertellen?'

'Nee...' Hij rekte het woord, plagerig, maar zijn ogen achter de brillenglazen bleven zonder uitdrukking. 'U moet het zelf uitzoeken. Dat is het aardigst. Zoals ik al zei, u bent altijd welkom om het bij mij in te zien.'

'Dat zal ik eerstdaags doen.' Ze zag Heleen de lift uit komen. 'O kijk, daar is uw vrouw al. Tot gauw, meneer De Rover.'

Een beweging van zijn hand hield haar tegen, ze keerde zich naar hem toe en tot haar verbazing greep hij haar arm.

'U en ik hebben iets gemeen, vindt u niet?'

'O ja?' zei ze. 'Wat dan?'

Zijn ogen zochten haar gezicht af, de bleke lippen in een grimas weggetrokken van zijn gebit. Toen zei hij: 'Jawel, ik zie dat u weet wat ik bedoel. U bent net zo.'

Heleen stond nog steeds bij de lift en toen Eline haar gezicht zag, schrok ze. Opeens walgde ze van De Rover.

Ze maakte zich los van zijn hand. 'U houdt nogal van raadseltjes, merk ik.' Uit zijn keel kwam een eng hoog giechellachje.

Heleen keek langs haar heen toen ze aan de andere kant van de hal passeerde, dus zwaaide ze maar niet.

Het gordijntje van de overburen bewoog toen ze voor haar appartement stond en terwijl ze de sleutel in het slot stak, ging de deur achter haar open. 'Eline?' Het was Henk. 'Heb je...' Toen keek hij links en rechts de gang in.

'Neem me niet kwalijk', zei hij. 'Ik kom even naar je toe.'

'Heb je nog van die mailtjes gekregen, je weet wel?' vroeg hij toen hij naast haar in het halletje stond.

'Nee,' zei ze, 'gelukkig niet.'

'Dat is mooi. Zie je wel dat zo'n blokkering werkt.' Hij schutterde wat met een vel papier.

'En jij hebt wat gevonden.' Hij knikte.

Van 1988 tot 1997 had er een Bernardus Rudolphus Evenhuis met zijn echtgenote gewoond op nr. 437 van De Groene Vallei. Zijn naam kwam voor in een ouder bestand, dat de administratie hem gegeven had toen hij het zijne aan het bijwerken was. Alleen de naam, geen e-mailadres. 'Maar de initialen kloppen, dus... En ik weet nu ook waarom ik me hem herinnerde. Hij was biljartkampioen van het huis in een bepaald jaar. Ik kende hem niet persoonlijk.'

'Zo', zei Eline. 'En wat moeten we daar nu mee? Wat heeft die biljartkampioen met mij te maken?'

'Niets, denk ik. Er zijn twee mogelijkheden. Of die Evenhuis zit in het wilde weg mailtjes te versturen, of iemand gebruikt zijn naam.'

'Waar is hij naartoe gegaan? Hij woonde hier tot 1997, zei je?'

'Geen idee. Ik weet niet eens of hij nog leeft.'

'Weet je wat?' zei ze. 'We laten het gewoon rusten. Het is toch geblokkeerd?'

'Gelijk heb je.' Hij keek zo opgelucht dat ze moest glimlachen. 'Maar ik dacht, je moet het toch even weten.'

Toen hij weg was, startte ze de computer. Tussen haar nieuwe post stond nog steeds dat ene ongeopende mailtje van Lydraven. 'Weet je wat?' zei ze tegen zichzelf. 'Ook gewoon laten rusten.'

De volgende morgen vroeg keek ze naar de lucht en daarna belde ze Sander op. 'Ik heb een voorstel', zei ze. 'Als je erop ingaat, staat er over een uur een taxi voor de hoofdingang.' Hij ging erop in, waarna ze MacMillan bij Dorothee bracht. Hij mocht zo lang blijven als ze wilde, zei haar buurvrouw.

Het werd een heerlijke dag, een van de mooiste van de laatste jaren, vond ze. Lunchen onder de bomen bij Dreefzicht, wandelen rond de hertenkamp van de Haarlemmerhout, de expositie van Kees Verwey in de Vleeschhal die ze nog steeds moest zien, thee op het terras van de Waag aan het Spaarne, tot het te kil werd en ze zei: 'Als we binnen nou een aperitief nemen, kan ik meteen een taxi bellen.'

'O nee,' zei Sander, 'dat glaasje is prima, die taxi ook, maar vanaf nu ben je mijn gast.' Hij zag er goed uit in zijn zandkleurige spencer met dat sjaaltje, vond ze. Een aantrekkelijke oudere heer. 'Mij best', zei ze. En zo reden ze met de taxi naar Zandvoort, waar op de boulevard niets fatsoenlijks open was, zo buiten het seizoen op een doordeweekse dag. Dus reden ze door naar de kop van de Zeeweg, de zon stond al laag boven de zee, waar een klein restaurant nog wel wat van de kaart serveerde. Veel bijzonders was het niet maar dat gaf niet. Ze maakten samen een halve Sauvignon blanc soldaat en na de koffie gingen ze het strand op. Er brandde een houtvuur waar ze een tijd bij stonden te kijken, op de achtergrond ging de zon onder in een loodkleurige zee. In het halfdonker trok ze haar kousen uit en liep met haar schoenen in de hand door de uitlopers van de golven, terwijl Sander haar stok vasthield. Het koude water beet in haar huid.

'Zijn wij bijna tachtig?' vroeg ze.

Sander lachte. 'Ben je mal. Dat zijn andere mensen.'

Op de terugweg moest ze op de steile opgang een paar keer op adem komen, maar dat was de wijn, zei Sander terwijl hij haar hand pakte, dat had niets met leeftijd te maken. In de taxi terug waren ze allebei stil. Eline voelde zich rozig, als ze nóú niet kon slapen, wist ze het niet, maar eenmaal in De Groene Vallei liepen ze fluisterend en giechelend als pubers over de gang, het was al na elven en alles was stil. Sander wilde haar per se de lift laten zien, hij werd de volgende week opgeleverd, maar ze weigerde dichterbij te komen en kneep haar ogen dicht toen hij zich op de derde etage vooroverboog in een van de deuropeningen. Toen hij haar naar haar appartement had gebracht, kwam ze op het idee om nu hem weg te brengen, maar deze keer met de oude lift. Ze werden steeds lacheriger en ook aanhaliger, het was een soort roes en toch wist ze haarscherp wat er gebeurde. Ook toen hij al pratend zijn lippen op haar hand drukte, zijn arm om haar schouder legde toen ze te onstuimig de trap afliep, alles. Eén keer ging er een deur open en zei iemand iets over stil zijn. En toen ze voor de tweede keer bijna onderaan de trap waren, zei een bekende stem: 'Vermaken jullie je nogal?' Betsy hing over de leuning boven hun hoofd. Ze legde haar vinger tegen haar lippen. 'Op jullie leeftijd!'

Bij haar appartement aangekomen zei Eline: 'Nu ga ik naar bed. Dankjewel voor de heerlijke dag.' Ze ging op haar tenen staan en kuste Sander op zijn wang. Toen ze de deur geopend had, zei hij: 'Wie moet wie nu bedanken?' Ze voelde zijn handen om haar middel, hij liet haar een halve slag draaien en kuste haar op haar mond. 'Welterusten', zei hij. Bij de overburen schemerde het blauwe scherm van de computer achter de gordijnen. Henk was nog laat op.

De volgende dag bleef ze lang in bed liggen. Toen ze MacMillan opgehaald en uitgelaten had, kocht ze in het dorp warme croissants en een ochtendkrant en ontbeet lang en luxueus. Daarna schoof ze de stoel voor het open raam en las haar boek uit. Ze had zich in tijden niet zo goed gevoeld. 's Middags maakte ze de badkamer en de keuken schoon, dat was lang niet gebeurd, en daarna rommelde ze wat op de computer. Er waren een paar nieuwe berichten in haar postbox en een ervan was van Lydraven. Ze negeerde het en las en beantwoordde de andere. Daarna staarde ze voor zich uit. Wat geeft het? dacht ze. Openen of niet, het komt op hetzelfde neer. Ze klikte op het laatste bericht. Het was maar een regeltje lang.

DAN MOET JE HET ZELF MAAR WETEN. Precies, dacht ze. Ik moet het zelf weten.

Tegen vijf uur ging ze naar beneden. De Indische rijsttafel, die vier keer per jaar in de recreatiezaal aangericht werd door een groep bewoners en waar ze de vorige week op aanbeveling van Agaath op ingetekend had, zou beginnen met een kleine ontvangst met Oosterse hapjes en drankjes. Het was zoiets bijzonders en zo authentiek, had iedereen haar verzekerd, daar kon geen restaurant aan tippen. De hele dag hingen de geuren al in het trappenhuis en in de gang kwamen de klanken van gamelan haar tegemoet. Het was bij de ingang een drukte van jewelste, het leek of het hele huis hierop afgekomen was.

Ze probeerde te zien of Sander er was of een van de andere vrienden, het zou leuk zijn als ze bij elkaar konden zitten, maar het was te vol om haar heen. Vlak voor het trapje naar de zaal hoorde ze achter zich haar naam noemen, ze keek om, maar tegelijk kwam de stroom weer in beweging en ze moest opletten om op de been te blijven. Ze bleef staan en tastte met haar stok naar de eerste tree omlaag, achter haar ontstond meteen gedrang, iemand zei 'gaat u maar' en opeens verloor ze haar evenwicht. Ze viel met haar hoofd naar voren in de leegte die net ontstaan was, het waren maar drie treetjes maar het leek een eindeloze val en ze kon er niets tegen doen, het leek of ze verlamd was.

12

Het was niet de eerste keer dat ze wakker werd en zich bewust was van pijn. Maar nu deed ze voor het eerst haar ogen open. Een kamer met behang dat ze niet kende en gordijnen die haar vreemd waren. Haar ogen zakten weer dicht. Waar was ze? Een stem riep haar terug en onwillig gaf ze er gehoor aan.

'Ja?' zei ze. Ze opende haar ogen.

Een breed zwart gezicht zweefde vlak boven het hare. 'Mevrouw Marchand!'

'Dat ben ik', zei ze. 'Ik wil nog even slapen.' Haar mond was lui, haar lippen duwden de woorden naar buiten.

'Straks mag u weer slapen', zei de stem. 'U moet nu wat drinken. Denkt u dat u uw hoofd een beetje kunt optillen?'

Ze deed automatisch wat gevraagd was en een pijnscheut trok door haar schouder en onderrug. 'Ietsje hoger nog.' Een hand ondersteunde haar en ze voelde een rietje tussen haar lippen. De eerste teug die ze binnenkreeg, schroeide haar keel, daarna werd het minder. Ze dronk gretig, ze was uitgedroogd. Terugzakken op het kussen was een verademing.

'Hoe voelt u zich?' vroeg de zwarte vrouw.

Ze zocht naar een antwoord. 'Niet zo goed', zei ze.

'Hebt u pijn?'

Ze maakte een instemmend keelgeluid. Toen zei ze: 'Ik voel dat er pijn is. Maar het is nu vooral zwaar. En mijn hoofd bonkt.'

Ze sloot genietend haar ogen toen de vrouw met een vochtig doekje haar gezicht afveegde. Ze heette Shelley, vertelde ze terwijl ze Eline's polsen en handen verfriste en ze was eerstverantwoordelijke op de ziekenboeg. Zij had dit weekend dagdienst en zou voor haar zorgen, vanavond kwam er iemand anders.

'Hoe laat is het dan?' vroeg Eline.

'Halfnegen.' En toen ze Eline's gezicht zag: 'Zaterdagmorgen halfnegen. Ja, u hebt de klok rond geslapen.'

Het kwam bij stukjes en beetjes terug terwijl Shelley vertelde.

De ambulance, het onderzoek op de afdeling Eerste Hulp van het ziekenhuis, de opname op de wijkziekenboeg van zorgcentrum Velserpoort. Voortdurend zag ze Eefjes gezicht ertussen. 'Mijn dochter!' zei ze, 'is mijn dochter hier al?'

Er had vanmorgen een dochter gebeld, zei ze, mevrouw ..., ze zou het even nakijken. Straks zou ze komen. Opname in het ziekenhuis was gelukkig niet nodig gebleken, nadat de wond behandeld was en de kneuzingen waren verzorgd, was ze verwezen naar de zorgafdeling van Velserpoort. Zo'n boeg was een uitkomst voor wie zich thuis even niet zou kunnen redden, zei Shelley.

'Wat heb ik dan?' vroeg ze. Het was een hele lijst. Schouder ontwricht, arm uit de kom, gekneusde elleboog, lichte hersenschudding.

'En mijn heup?' vroeg ze.

Daar stond niets over in de status. 'Hebt u daar pijn?'

Ze wist het niet. Alles deed steeds meer pijn, een soort klem waar ze in lag, de hele rechterhelft van haar lichaam leek beurs. 'Ik ben eraan geopereerd...' zei ze. Shelley zou het navragen. Toen pas voelde ze dat er iets op haar voorhoofd zat, bij haar rechterslaap, een verband. 'U bent ook op uw hoofd terechtgekomen. 't Is een schaafwond, gelukkig. Wat wilt u eten?'

Niets, maar ze moest. Shelley liet het hoofdeinde wat omhoogkomen, duwde een kussen in haar goede zij en voerde haar dobbelsteentjes brood met kaas. 'Alleen vandaag', zei ze streng. 'Morgen moet u het zelf kunnen.' Ze had een brede, vriendelijke lach. Vóór het middageten zou ze Eline met haar bed naar een kamer van vier brengen, kondigde ze aan. Eline vond alles best, als ze maar mocht slapen. Er cirkelden vragen rond in haar hoofd, zonder dat ze daar precies woorden voor had, maar die kwamen nog wel.

Toen ze weer wakker werd, was haar lichaam stijf als een plank, maar haar hoofd was helder. Er was al bezoek geweest, vertelde Shelley, een dame en een heer. Die chrysanten waren van hen. En haar dochter was even naar het toilet.

'Mammie!' zei Eef even later. 'Hè, wat jammer dat ik nou net even weg was toen u wakker werd. Hoe gaat het?'

Ze rook naar Rive Gauche en buitenlucht.

'Stijf, kindje, stijf en overal pijn. Maar ik voel me een stuk beter dan eerder op de ochtend. Hoe laat is het nu?'

Elf uur geweest, bijna halftwaalf, corrigeerde Eefje zichzelf na een blik op haar horloge. 'Goh, dan moet ik zo alweer weg. 't Is zo'n idiote dag vandaag.'

En daar was Jeroen ook, in de deuropening, hij had duidelijk instructies gekregen van zijn moeder. 'Kom maar jongen', zei ze. 'Oma is niet ziek hoor. Wil jij even kijken wat er op het kaartje van die bloemen staat?'

'Wat hebt u geslapen!' zei Eef. 'Gisteravond sliep u toen ik wegging en vanmorgen om acht uur vertelde de zuster dat u nog steeds niet wakker was. Ik moest eerst met Jeroen naar hockey, daar kon ik niet onderuit, dus daarom ben ik wat later. Of hebt u vannacht gespookt?'

'Ik weet nergens van. Ze zullen me wel een middeltje gegeven hebben. Kom Jeroen, schuif die stoel maar even bij. En, wat staat erop?'

'Gauw weer opstaan! Betsy en Sander.'

'Wat lief.'

Eefje was geweldig geschrokken toen ze gisteren aan het eind van de middag gebeld was, vertelde ze. En ze schrok nog erger toen ze Eline zag. 'Je lag er zo stilletjes bij, ook nog met al dat bloed, want ze hadden de wijkzuster niet kunnen bereiken, daar moet ik na het weekend nog eens even achteraan want dat kan natuurlijk niet. Maar gelukkig zeiden ze op de EH dat het meeviel. Al zult u er natuurlijk wel behoorlijk last van hebben. Ik was zo bang voor uw heup, dat daar weer iets mee zou zijn. Hoe kon dat nou gebeuren?'

'Ik viel', zei Eline. 'Ik struikelde of ik verloor m'n evenwicht, denk ik, ik denk dat dat het vooral was, ik verloor m'n evenwicht en toen viel ik. En ongelukkig genoeg stond ik net boven aan dat trapje naar de zaal.'

'En waardoor kwam het?'

Eline was even stil. 'Wat bedoel je, waardoor kwam het?'

'U viel toch niet zomaar?'

'Dat zou ik je niet kunnen zeggen, hoor. Het was een gedrang, misschien heb ik te laat gemerkt dat de trap al begon, ik weet het niet.'

'U was niet duizelig? Vóór u uw evenwicht verloor?'

'Nee.' Ze wist waar Eefje aan dacht. De vorige keer, toen ze in de badkamer haar heup brak, had haar dochter het ook voortdurend over de neuroloog gehad. Eef geloofde niet in losliggende kleedjes. Eline begon gauw over iets anders. 'Hebben jullie al koffie gedronken? Zal ik vragen of ze wat kunnen brengen?'

'Mamma, niet doen! Het is hier geen café. Jeroen en ik hebben in de rust al wat gedronken en thuis hebben we van alles.'

'Gaan jullie dan al zo gauw weer weg?'

Maar ze protesteerde niet verder, ze voelde opeens ook haar schouder veel meer, misschien moest ze straks om een tabletje vragen. Ze vroeg Jeroen naar de wedstrijd en terwijl hij vertelde, schoten zijn ogen alle kanten op, hij was net zo verlegen en onhandig als zijn broertje bijdehand. Grappig toch, die verschillen, dacht ze, met Timmy en Sue was het precies hetzelfde, de een onbevangen, de ander bleu. Waar kwam dat vandaan?

Juist toen ze opstonden om te vertrekken, kwam Shelley aankondigen dat ze haar ging verplaatsen, en zo gingen ze in optocht naar het zaaltje aan de andere kant van de gang, waar al drie bedden stonden in een fantasieopstelling met veel planten en prulletjes, het leek wel een kantoortuin, zei Eefje. Haar bed vulde de vierde plaats. Een gemengde zaal, zag ze, een man, twee vrouwen, dat kon zomaar tegenwoordig.

'Dag dames,' zei ze, 'dag meneer. Ik ben Eline Marchand.' En ik ben op m'n hoofd gevallen, had ze er bijna achteraan gezegd, want het had iets komisch, zo'n entree op wieltjes, het was dat Eefje erbij was. Ze antwoordden in koor.

'Mooi plekje, mam, zo aan het raam', zei haar dochter. 'Je kunt hiervandaan zelfs de torens van de tunnel zien.'

'Waar dan?' vroeg Jeroen.

Nadat ze vertrokken waren, stelden haar zaalgenoten zich voor en het verraste haar dat alleen de man in het zorgcentrum woonde, de beide vrouwen kwamen uit de buurt. Een had een gecompliceerde beenbreuk en de ander iets onduidelijks waar Eline niet verder naar vroeg. De man begon een verhaal over wat hij mankeerde dat door de vrouwen werd afgekapt. 'Dat vertelt men niet waar dames bij zijn, Simon', zei de vrouw van de beenbreuk. Ze lachte erbij, maar Eline twijfelde of het wel als grapje bedoeld was. Voordat ze zelf over haar toestand kon vertellen, kwam Shelley met de etenskar langs.

'Hé,' zei Eline, 'warm eten tussen de middag? Dat is lang geleden.'

'De meeste mensen in ons huis hebben dat nog steeds het liefst', zei de verpleegkundige. En fluisterend voegde ze eraan toe: 'Ik moet er ook niet aan denken hoor!'

Nog een reden om hier zo gauw mogelijk weg te zijn, dacht Eline. 'Kan ik misschien nog een tabletje krijgen?' vroeg ze. 'Alles doet nu pijn. Ik weet niet goed hoe ik moet liggen.'

'Aan alles is gedacht', zei Shelley. Naast haar bord stond een glaasje met een rood pilletje. 'Vóór het eten innemen.'

Ze at weinig. Het was wel smakelijk, maar ze had geen trek. In haar hoofd vulde ze zo goed en zo kwaad als het ging de lege plekken in. Het beviel haar niets dat er zo weinig samenhang zat in wat ze zich van de vorige avond herinnerde. Natuurlijk, ze wás op haar hoofd gevallen, en wat er daarna gebeurde was op z'n minst verwarrend, maar toch. Ze werd toch niet vergeetachtig? Ze zag Betsy's bezorgde gezicht vlak boven het hare, ze lag op haar rug op de grond, was dat in de zaal of hadden ze haar naar het zijkamertje gedragen? Nee, het was de zijkamer, ze herinnerde zich die vreselijke gebloemde gordijnen. Wie haar daar naar toe gedragen had en hoe, wist ze niet meer. En daarvoor? Ze zag het moment van de val, alsof dat bevroren was, een stilstaand beeld. Broekspijpen, jurken, de vloer vlakbij. Maar niet het neerkomen. Was ze dus buiten bewustzijn geweest, even? Waarschijnlijk wel. En daarvoor? Vóórdat ze het evenwicht verloor?

'En wat is u overkomen, mevrouw Marchand', vroeg de vrouw met het been.

O, ik ben van een trapje geduwd. Het schoot zomaar door haar hoofd, het soort gedachten dat je zo opzettelijk onderdrukt dat je ze er ten slotte spontaan uitflapt. Nu gelukkig niet. 'Ik ben van een trapje gevallen', zei ze. 'Drie treetjes, maar dat waren er toch drie te veel.' En luchtig vertelde ze wat er gebeurd was, niets om dramatisch over te doen, een paar dagen, dacht ze en dan mocht ze weer terug naar haar appartement. 'Trapjes zijn ondingen', zei de vrouw, en toen de man, Simon, informeerde hoe dat nou was, wonen in zo'n serviceflat, ging Eline daar uitgebreid op in, maar al die tijd dreinden op de achtergrond die woorden mee. Van de trap geduwd. Toen Eef er daarstraks naar vroeg, wist ze niet beter of ze was gestruikeld of zoiets, er was alleen een diffuse herinnering en nu raakte ze er meer en meer van overtuigd. Sterker nog, het wás zo. Vlak voor ze viel, had ze een stoot in haar rug gevoeld.

Ze doezelde weg. Shelley had de gordijnen half gesloten en in het schemerige licht vielen haar ogen als vanzelf dicht. Pijnstillers waren toch wel prettig. Ze had er nooit veel mee opgehad, omdat je dan ook niet goed naar je lichaam kon luisteren, zoals ze dat noemden, maar ze was nu zo oud dat ze haar principes best een beetje mocht laten vieren.

Om halfvier kwam er bezoek. Eerst Agaath en Betsy samen, met veel zorgzame drukte en wat gegiebel omdat het fruitmandje dat ze meebrachten uit elkaar viel. Daarna Bea en Henk, die zo lang bleven dat Shelley kwam waarschuwen dat er nog meer bezoek stond te wachten, wat uiteindelijk Anton Bolhuis bleek te zijn, vergezeld van een herfststukje vol kunstpaddestoelen en eikeltjes in de dop. 'Wat vreselijk lief van je, Anton', zei Eline, aangedaan door zijn onhandige bezorgdheid. 'Wil je Henny ook bedanken?' Ze was naar haar moeder, zei hij, anders was ze natuurlijk meegekomen.

'Natuurlijk', zei Eline. 'Wat bijzonder trouwens dat ze haar moeder nog heeft.'

Allemaal hadden ze het erover hoe dat nou toch had kunnen gebeuren. 'Ik liep een stukje achter je,' zei Betsy, 'en ineens was je weg. Maar ik had er pas erg in toen iemand om hulp riep.'

Tegen het eind van de middag kwam Dorothee met MacMillan langs, het mocht heel even van Shelley's opvolgster, maar de hond had meer aandacht voor de lokkende handen uit de andere bedden dan voor Eline zelf. 'Het gaat prima', zei Dorothee. 'Toch weer vreselijk gezellig hoor, een hond. Als je 'm niet meer terug wilt, moet je het echt zeggen.'

Eline had de hele dag uit liggen kijken naar Sander Vreeman, maar toen ze hem tegen halfacht zag binnenkomen, wist ze even niet wat ze moest zeggen. Dat was wel het voordeel van de patiënt, dacht ze vervolgens, die hoefde nooit te beginnen. 'Bedankt voor je mooie bloemen', zei ze toen hij uitgevraagd was over haar toestand.

Dat was Betsy's keus, zei hij, want om eerlijk te zijn, hij hield niet zo van chrysanten. Weer iets wat ze gemeen hadden, dacht Eline. 'Dit is míjn keus', zei hij. 'Voor jou.'

Toen ze het platte pakje openmaakte, gleed er een cd uit. Mendelssohn. Duetten en een van de strijkkwartetten. 'Jouw duet staat er ook op', zei hij.

Ze was er even stil van. 'Kom eens hier,' zei ze, 'daar wil ik je een kus voor geven.' Hij boog zich over het bed.

Zijn wangen voelden een beetje ruw aan, en daarom gaf ze hem de derde kus op zijn mond. 'En ik ben alleen maar een beetje op m'n hoofd gevallen', lachte ze. Ze was zich bewust van de blikken uit de andere bedden.

'Ja,' zei hij, 'daar moeten we het zo ook eens over hebben. Maar eerst nog iets anders.' Hij haalde een draagbaar cd-spelertje uit zijn zak. 'Dit is geen cadeautje, lieve Eline, want je bent inderdaad alleen maar een beetje op je hoofd gevallen. Zolang je in bed moet liggen, mag je 'm lenen met een paar van mijn eigen cd's erbij. En nu ik weet dat je over niet al te lange tijd jarig bent, weet ik al een aardig cadeau.'

'Wat ontzettend lief van je, Sander', zei ze. 'En ook dat er een planning achter zit.' Ze moest oppassen dat ze niet te breed lachte, want het verband op haar voorhoofd trok aan de wond.

Hij was bezorgd, maar ook een beetje opgelucht. Dit had nog zoveel slechter kunnen aflopen, zei hij, hij moest er niet aan denken. Dat afschuwelijke trapje bij de recreatiezaal moest nu maar eens aangepakt worden, ze hadden het er al vaker over gehad in de commissie, maar blijkbaar moest er eerst weer een ongeluk gebeuren voor het tot daden kwam.

'Het volgende project al weer?' vroeg ze. 'De lift is nog niet eens klaar.'

'Donderdag wordt hij opgeleverd. En dat wordt tijd ook, het heeft bijna een maand langer geduurd dan was gepland. Maar dat trapje, dat is een kwestie van een tekening en twee dagen een aannemer over de vloer. Daarom, we hadden het al jaren eerder moeten doen.'

Het lag voor in haar mond om te zeggen dat het niet alleen aan het trapje lag, maar ze zei het niet.

Toen hij wegging, zei hij een beetje verlegen dat hij haar miste. Ze moest maar gauw terugkomen. Iedereen miste haar.

'Nou', zei ze. 'Dat zal nog wel meevallen. Maar ik vind wel dat ik de laatste tijd ontzettend lieve en trouwe vrienden heb gekregen. Als je alleen al nagaat wie er vandaag op bezoek kwamen, terwijl dit zorgcentrum toch bepaald niet naast de deur ligt. En ik ken iedereen nog maar zó kort! Ik vind het echt geweldig.'

'Maar in die korte tijd zijn al die mensen zeer op je gesteld geraakt, Eline', zei hij. 'En dat komt door jou.' Hij had iets in zijn ogen dat haar vertelde dat hij nog veel meer wilde zeggen, maar ze sneed hem de pas af. Niet hier, niet nu. Het was toch al zo gecompliceerd, als ze erover nadacht. 'Wacht maar,' zei ze, 'ze weten nog niet half hoe lastig en vervelend ik kan zijn.'

'Ik in ieder geval niet,' zei hij, 'want ik kom morgen ook nog even op bezoek, als je dat tenminste leuk vindt.'

Ze keek hem even aan. Lieve man, dacht ze, lieve lieve man. 'Dat vind ik wel leuk hoor, Sander.'

In de deuropening draaide hij zich om en zwaaide. Als je er een ander maar niet mee tekort doet, dacht ze.

De vrouw van het been knikte naar haar met een blik van verstandhouding. 'Als ik vragen mag, mevrouw Marchand, was dat uw partner?'

'Nee, mevrouw De Vries', zei Eline. 'Ik heb geen partner.'

De vrouw knikte bedachtzaam. 'Ik zeg altijd maar, wat niet is, kan komen.'

'U hebt veel bezoek gehad', zei de man die Simon genoemd werd. 'Net zoveel als ik in een maand.'

'Jij heb helemaal geen klagen, Simon', zei de andere vrouw. 'Jij krijgt al aandacht genoeg.'

'Van jullie zeker', zei Simon.

Misschien had ze zich het ook maar verbeeld, dacht Eline opeens, van die hand in haar rug. Al die lieve vrienden, die mensen om haar heen. Ze was blij dat ze niets tegen Sander gezegd had daarover. Het kón toch gewoon niet? En als ze het zich niet verbeeld had, kon het ook gekomen zijn doordat achter haar iemand zijn evenwicht verloor. Waarom had ze nou toch het eerst aan opzet gedacht? Had ze zich zo van slag laten brengen door die mailtjes?

De nacht duurde lang. Ze sliep onrustig en werd herhaaldelijk wakker, soms van gesnurk uit een van de andere bedden, een keer doordat haar buurvrouw op de steek moest, en toen ging ze zelf ook maar. Het hinderde haar dat ze maar op één zij kon liggen en als ze zich voorzichtig op haar rug draaide, ging haar schouder steken. Een kamer delen was onvrij, vond ze, vooral als dat met onbekenden moest, ze lag zich te ergeren aan de geluiden en kreeg het warm en benauwd. Ze zou morgen vragen of ze niet terug kon naar dat andere kamertje, al was het maar voor de nacht. Tegen de morgen sliep ze toch weer zo diep dat ze met moeite wakker werd. Ze had weer gedroomd, de beelden spookten nog door haar hoofd, de zwiepende zwarte bomen, het licht daarachter, wat dat betreft had ze weinig fantasie, maar het was geen goed teken.

Ze zag dat haar buurvrouw af en toe naar haar keek. Had ze gepraat in haar slaap?

Toen Shelley haar wilde wassen, vroeg ze of ze het zelf mocht proberen. De zuster ondersteunde haar toen ze zich uit bed liet glijden. Het lopen ging boven verwachting, maar eenmaal in het badcelletje wist ze geen raad met haar nachtpon en de badspullen, alles moest met één hand. Terwijl Shelley haar hielp, werd ze een beetje duizelig en moest ze gaan zitten. 'Geeft niet, mevrouw Marchand', zei de verpleegkundige. 'Goed geprobeerd. Elke dag oefenen, dan kunt u over een paar dagen uzelf weer helemaal redden.'

Rond koffietijd kwamen Eefje en Hubert op bezoek. Ze zouden

een uurtje blijven, maar toen Agaath ook kwam, stelden ze hun vertrek nog even uit. Ook bij de andere bedden was het een komen en gaan van zondags bezoek, waardoor ze eigenlijk niet rustig met elkaar konden praten. Agaath bleef wat langer. Ze liep met haar mee naar het toilet, schonk druivensap uit de fles die ze had meegebracht, pelde een sinaasappel voor haar en las stukjes voor uit de krant.

'Maar ik ben niet ziek', protesteerde Eline een keer.

'Nee, maar wel gehandicapt', zei Agaath. 'Laat me nou maar lekker voor je rommelen.' Het deed hen beiden denken aan de weekends waarin Agaath bij haar in Mijdrecht logeerde, dat was nog voor Otto in beeld kwam, en ze op zaterdagmorgen eindeloos aan de ontbijttafel zaten met de krant, met muziek, terwijl ze de boel de boel lieten.

's Middags kwam er niemand en dat vond ze prima. Sander was naar zijn vrouw, wist ze. Nadat ze gerust had, luisterde ze naar de Mendelssohn-cd en zong onhoorbaar haar partij in 'Ich wollt...' mee. Nu wist ze nóg niet wat het woord was dat die man van Heleen bedoelde.

Om halfzes kwam Cleo. 'Staat cool omi, dat verband', zei ze, terwijl ze een groot boeket op haar voeteneind legde. 'Hebt u ook een piercing laten zetten?'

Eline voelde haar frisse wangen tegen de hare. 'Dag kleine meid', zei ze. 'Ja, ik dacht, laat ik maar eens met m'n tijd meegaan.'

'En kijk eens, nog wat post. Gaf de zuster me net mee, allemaal voor u.'

'Post op zondag?'

Het was interne post, legde de verzorgster uit die net binnenkwam, die dagelijks tussen de drie centra van de stichting rondging. Maar deze lag er al van gisteravond, ze hadden het vergeten.

'Daar kijk ik straks wel naar', zei Eline, maar Cleo legde de enveloppen op haar deken. 'Nee hoor, omi, veel te leuk dat ze allemaal aan u denken. Lees eerst maar even, ik moet toch die bloemen in een vaas zetten.'

'Geef m'n bril dan maar even aan als je wilt', zei ze.

Het was verbazend hoe de mensen met haar meeleefden, vond

ze. Zo'n Wouter Meijerink bijvoorbeeld, wat kende ze die nou? Maar toch een hartelijk briefje. En van Rens Leffelaar en zijn vrouw, Anke heette ze, dat wist ze ook niet tot vandaag, een echte wereldwinkelkaart met groeten in wel tien talen. En een kaart met twee namen die ze niet eens herkende, tot ze de tekst las en begreep dat het de twee vrienden van de gang waren, Vincent en René, de jongens zoals Bea zei. Zo attent, ze voelde zich zelfs een beetje verlegen met al die aandacht. Een beterschapskaart van de bewonerscommissie, nota bene ook door Betsy ondertekend, en ook, en dat deed haar wel een beetje goed, een stemmig kaartje van Heleen en Herman de Rover.

'Mooi, omi?' vroeg Cleo. Ze hield de vaas met het boeket met beide handen voor zich.

'Prachtig', zei Eline. 'Zullen we die op de middentafel zetten, daar komt hij beter uit.'

Cleo plofte neer op de stoel naast haar bed. 'Zo. Leuke post? U bent wel behoorlijk populair hè?'

'Erg lief van de mensen. Wil je ze even in het nachtkastje leggen?'

'Deze is nog dicht', zei Cleo terwijl ze een rode envelop omhooghield.

Eline aarzelde een moment. 'O, die heb ik zeker over het hoofd gezien.' Ze scheurde met de pink van haar goede hand de envelop open en keek naar de kaart.

'Is er iets?' vroeg Cleo.

'Nee hoor.' Ze stopte de kaart terug. 'Zo, die kan bij de rest.'

'Omi', zei haar kleindochter streng. 'Wat is er?'

Eline drukte zich met een arm omhoog in bed. 'Ik heb last van mijn schouder. Het is vandaag zo goed gegaan dat ik een beetje overmoedig ben geworden, denk ik, en nou moet ik het bezuren. Waarom is Alex niet meegekomen? Of schaam je je voor je oma?'

'Inderdaad,' zei Cleo, 'want mijn oma denkt dat haar kleindochter ook op haar hoofd gevallen is. Maar ik zal niet langer aandringen.'

Eline stak haar hand uit. 'Lieve kind, ik wil je niet boos maken.

Er is wel iets, maar ik vertel het je liever als ik weer terug ben in mijn eigen huis.'

Toen Cleo vertrokken was, strekte Eline haar arm uit naar het stapeltje post en pakte de rode envelop. Ze keek naar de krassige blokletters van het adres en haalde toen de kaart eruit.

IK HEB JE GEWAARSCHUWD.

EN IK BEN NOG NIET KLAAR.

Hoekige letters, nijdig gekrast, steeds opnieuw alsof de boodschap niet duidelijk genoeg overgebracht kon worden.

Ze keek het zaaltje rond. De een las, de ander soesde, de derde hield boven haar breiwerk alles in de gaten. Op de gang hoorde ze de stem van de zuster. Dit was de werkelijkheid. Dit was veilig. Maar ook hier achtervolgden haar de boodschappen. Giftige, sissende slangen uit een andere wereld. Een wereld van haat. Dat bestond toch niet?

'Dat was zeker een kleindochter?' vroeg mevrouw De Vries. Eline knikte.

'Dat kon ik wel zien. Lief meisje lijkt het me.'

''t Is een schat', zei Eline. Haar keel was opeens droog.

Ze was bang.

13

Het was de eerste dokter die ze hier aan haar bed zag, maar hij was zeer tevreden, zei hij. Elke dag wat langer op, regelmatig oefenen en als het een beetje meezat, kon ze misschien vrijdag of zaterdag al naar huis. Hij zou de fysiotherapeut ook langs sturen.

'Dan pas?' zei ze. Het was nu maandag. En hoe kon die jongeman nou zeggen dat hij tevreden was als hij haar voor het eerst zag?

De arts keek op uit haar status. 'U mag best eerder vertrekken, mevrouw. Maar ik ben bang dat u dan na een dag al weer terug wilt. Hier wordt u op uw wenken bediend en thuis moet u wachten tot de verzorgster langskomt of alles alleen doen. En met uw schouder lijkt me dat geen pretje.' Met zijn piepkleine brilletje leek hij sprekend op iemand wiens naam haar niet te binnen wilde schieten. Alleen minder vriendelijk.

'Ik vind het wel gezellig als je nog wat langer blijft, Eline', zei Tiny de Vries. Sinds de vorige avond waren ze op je en jij overgestapt. 'Ik ben hier ook nog wel een tijdje.'

Ze glimlachte afwezig naar haar. 'Ik ben een beetje ondankbaar hè?' Schubert, dat was 'm. Hij leek op Schubert.

Toen Sander 's middags kwam, klaagde ze haar nood.

'Wees maar blij dat je hier opgenomen kon worden', zei hij. 'Dat is het voordeel van zo'n koepelorganisatie, zo valt er niemand tussen wal en schip.'

Ze keek hem geamuseerd aan. 'Van die hoogte had ik het nog niet bekeken. Dankjewel, Sander.'

'Houd jij mij voor de gek, Lientje Marchand?' vroeg hij.

'Sinds wanneer mag jij mij Lientje noemen? Dat is alleen voorbehouden aan enkele zeer intieme vrienden.'

'Sinds...' hij keek haar aan. '...ik denk te weten dat ik me tot die kring mag rekenen.'

'En kun je me ook vertellen waardóór je dat denkt te weten?'

'Ik heb het gelezen', zei hij.

'Gelezen?' Ze was zich opeens bewust van de stilte op het

zaaltje. Ze was de enige die nog bezoek had, Simon lag stil in bed, Tiny zat met een tijdschrift voor zich, de andere vrouw ging net schuil achter Sander. Eline dempte haar stem. 'Waar heb je dat gelezen?'

Hij boog zich naar voren. 'Het oog is de spiegel van de ziel.'

'Wat een vreselijk cliché, Sander. Heb je dat ook ergens gelezen?'

'Je moest eens weten wat ik allemaal lees.'

Ze vroeg niet verder. Zelfs zijn ogen deden nu mee aan het ontwijken. Was dat verlegenheid? Ze moest het hem maar niet te moeilijk maken.

'Je moet de groeten van mijn kleindochter hebben', zei ze.

'Ach, is ze geweest? Dank je.'

'Ja, ze is geweest. Geen dank.'

Hij keek op. 'Hoor ik enige irritatie?'

'Nee', zei ze. 'Nee, nee, nee, nee.' Ze zag de grijze ogen op haar gericht. 'Cleo vindt je een leuke meneer.'

'O ja?'

'Ik vind jou ook een leuke meneer.'

'Ik jou ook', zei hij.

Opeens proestten ze beiden van het lachen. 'Au,' zei Eline, 'mijn schouder. Ik moet niet lachen. Vertel eens iets droevigs.'

'Ik moet zo weg', zei hij. 'We gaan ruzie maken met het stichtingsbestuur. Betsy en Agaath komen me hier ophalen.'

'Dat is inderdaad heel droevig', zei ze. 'Wat moet jij toch altijd vergaderen! Is dat een hobby van je? Deed je dat vroeger ook? Of is het een late roeping?'

'Net mijn moeder', zei hij. 'Een hele serie vragen tegelijk stellen, zodat iemand gewoon niet weet waar hij moet beginnen. Is dat een hobby van je?'

'Je moeder! Hoe oud ben je nou, Sander Vreeman? Maar goed, kies dan maar een vraag uit.'

Hij had een hekel aan vergaderen, zei hij, maar toch had hij in allerlei besturen gezeten. Iemand moest het toch doen, net zoals hier. Maar hij was blij geweest dat Agaath voorzitter wilde zijn, want dát wilde hij niet meer, altijd achter anderen aan lopen.

'Agaath is een goeierd', zei ze.

Hij was even stil. 'Zo zou ik haar zelf niet noemen. Agaath is góéd, dat wel, je kunt ook op haar aan. Betsy is een goeierd.'

Ze duwde zich wat op in bed. 'Ik vínd Agaath een goeierd, bedoel ik. Ik ken haar al bijna m'n hele leven. En ik houd er niet van als mensen mij verbeteren. Ik ben je moeder niet.'

'Goed dat je het zegt.' Hij lachte. 'Vooral omdat ik al twintig jaar wees ben. Maar Agaath en jij zijn inderdaad een bijzonder span.'

'Dat mag je me bij gelegenheid nog eens uitleggen, Sander', zei ze. 'Want als je over de duvel spreekt, d'r staan er twee op de gang.' Ze zwaaide vrolijk.

'Eventjes', zei Betsy. 'Hoe gaat het, Lien?' Ze kwamen aan weerszijden van het bed staan en Agaath legde haar koude hand op haar voorhoofd. 'Koortsvrij', zei ze. 'Dit bed moet onmiddellijk vrijgemaakt worden.'

Een warm gevoel doortrok Eline. Dit waren haar vrienden, waar was ze nu toch benauwd voor?

Toen ze vertrokken en Sander haar groette, wenkte ze hem. 'Je had het goed gelezen, hoor', zei ze zachtjes, terwijl ze zijn hand vasthield. Hij begreep haar direct.

'Jawel, hè?'

Ze knikte. 'Ik weet niet wat me overkomt. Maar ik denk dat ik in jouw ogen hetzelfde zie.'

Hij knikte langzaam.

Bij de deur klonk een nadrukkelijk gekuch. 'Ik kom', zei hij.

Hij legde zijn andere hand op de hare. 'Daar moeten we het de volgende keer dan ook maar eens over hebben. Goed?'

'Wanneer is die volgende keer?'

'Morgenmiddag?'

'Kun je vanavond niet nog even langskomen?'

Ze zag de spijt in zijn ogen. 'Na de vergadering moet ik naar Bea Barends voor de krant. Morgenmiddag.'

'Morgenochtend', zei ze. 'Je moet me helpen, dan. Ik zit een beetje in de penarie.'

'Penarie?' zei hij. 'Wat dan?'

Ze liet zijn hand los. 'Morgenochtend', zei ze. 'Halfelf. Dag.'

Haar ogen volgden hem tot hij de zaal uit was. Over haar breiwerk heen keek Tiny de Vries naar haar. Eline glimlachte. 'Hoe was die uitdrukking ook al weer, Tiny?'

'Wat niet is, kan komen', zei haar buurvrouw.

'Wat niet is, kan komen', herhaalde Eline.

'Zo is 't maar net', zei Tiny.

'Ja, maar dat gaat natuurlijk voor alles op', zei Simon vanuit de andere hoek.

Tiny richtte zich op. 'Sinds wanneer luister jij gesprekken af, Simon Koops?'

'Alsof je daar moeite voor moet doen, hier', mopperde hij.

Midden in de nacht maakte de nachtzuster haar wakker.

'Wat is er?' vroeg ze. Op het lampje naast de deur na was het zaaltje donker.

'Wilt u even wat drinken? U bent erg onrustig.'

'Graag.' Ze voelde het glas tegen haar lippen.

'Hebt u nare dromen?'

'Soms', zei ze. Ook nu bleven ze maar vaag, altijd die zwarte cipressen, altijd onrust en angst. 'Ik ben al wel vijf keer wakker geweest.'

Ze zag dat Tiny naar haar lag te kijken. 'Heb ik je wakker gemaakt?' fluisterde ze.

Haar buurvrouw maakte een geruststellend gebaar.

'Ik moet naar het toilet', zei Eline. 'Nee, geen steek, ik ga zelf wel.'

Ze was zo stijf dat ze bijna viel toen ze uit bed stapte. De zuster moest haar ondersteunen.

Op de gang zei ze: 'Mag ik de rest van de nacht niet op dat aparte kamertje liggen? Dan heeft niemand last van me.'

Het mocht. Het bed was koud en ze kon toch weer niet direct in slaap komen, maar dat deerde haar niet, ze vond het een verademing om even alleen te zijn. Het was vreemd, merkte ze, hoe het in haar gedachten voortdurend wisselde tussen licht en donker. Zoals in de zweefmolen van de zomerkermis, vroeger naast de kerk, waarvan je de helft van de rondgang in de helle zon zwierde en de andere helft door de diepe slagschaduw van de muur ernaast, licht, donker, licht, donker. Het donkere verdween allengs, bleef alleen als een wolkenbank aan de horizon, ze was zich ervan bewust maar vergat het tegelijkertijd. Het lichte was warm, koesterend, was de belofte van de volgende dag, was iets wat ze op haar leeftijd niet meer voor mogelijk had gehouden, een warmte die zich door haar hele lijf verspreidde, ook iets wat ze een beetje vergeten was, dat haar lichaam naar iemand verlangde, ongeduldig, ze wou dat het morgen was.

Toen ze wakker werd, was het al halfnegen geweest. Ze lag een tijdje stil te wachten en vroeg zich af of ze moest bellen. Het leek bijna of ze haar vergeten waren. En ze moest ook plassen. Kwam de dokter niet vandaag? En waar was Shelley? Ze wachtte tot kwart voor negen en stond toen voorzichtig op. Het ging steeds beter, voelde ze terwijl ze haar peignoir aantrok, de elleboog, de schouder, de blauwe plekken zaten er vast nog wel, maar van binnen kwam het meer en meer in orde. Misschien kon ze morgen al wel terug naar huis. Toen ze haar hand uitstrekte naar de deurknop, ging de deur net open. Shelley, eindelijk.

'Goedemorgen zuster', zei Eline. 'Ik was even bang dat u me vergeten was.'

'Mevrouw Marchand, u bent... Gaat u nog even terug in bed? Ik kom zo bij u.' Er was iets met haar. Haar stem klonk minder vrolijk dan anders.

'Maar ik wilde juist naar het toilet gaan,' zei ze, 'en dat stel ik liever niet uit.'

Ze zag de aarzeling. 'Is er wat?' vroeg ze.

'Ik loop wel met u mee.'

'Maar ik ben vannacht ook alleen gegaan hoor.'

'Ik wacht wel op de gang', zei de verpleegkundige.

Eline keek haar scherp aan. 'Ik was ook van plan vandaag weer zelf te gaan douchen. Of is dat ook niet goed?'

'Toe nou maar.' Er klonk ongeduld in haar stem, maar haar gezicht liet iets anders zien, ze leek afwezig, bezorgd. Wat was er toch?

Toen ze van het toilet kwam, was de gang verlaten, dus ging ze in haar eentje terug naar haar kamertje. Ze ging op de rand van het bed zitten en vroeg zich af of het de bedoeling was dat ze weer ging liggen. Dan ging ze liever meteen terug naar het zaaltje, daar had ze al haar spullen ook, wat moest ze dan hier nog? Het was nu bijna negen uur, ze moest nu toch eens opschieten anders was ze om halfelf niet eens klaar. Ze liep naar het raam en deed het gordijn helemaal open. Dit was een andere kant van het gebouw dan waar de zaal lag, hier kon ze de ingang zien en een stukje van de parkeerplaats. Was dat Betsy niet, die daar net naar binnen ging? Ze zou zich wel vergissen. Betsy had hier niets te zoeken, tenzij er weer een vergadering was, natuurlijk. Of kwam ze voor haar? Op dit uur? Wel een beetje onzin wat ze nu aan het bedenken was.

Er klonken stemmen op de gang, de deur ging open en Shelley keek om de hoek. 'Ze is hier', zei ze. 'Mevrouw Marchand, u zou toch op mij wachten? Ik was u even kwijt.'

'Ik zou helemaal niet...' begon Eline, maar toen ging de deur wijd open en daar stond Betsy, met Henk Barends en achter hen het hoofd van de dagzorg. 'Hé,' zei ze, 'dus toch. Ik dacht net dat ik je zag, maar...'

Betsy en Henk kwamen de kamer binnen. Ze deden de deur achter zich dicht en keken haar aan.

'Er is iets, hè?' zei ze. 'Wat is er? Wat doen jullie vreemd?'

Opeens liepen Betsy de tranen over de wangen. 'O, Lientje', zei ze, 'Lientje, wil je alsjeblieft flink zijn.'

14

De dag voor de crematie van Sander Vreeman werd Eline ontslagen uit de ziekenboeg van zorgcentrum Velserpoort. De genezing verliep boven verwachting, zei de arts, en er was geen enkele reden om haar nog langer daar te houden. Hoewel ze de kinderen al had laten weten dat ze liever in haar eentje en ongezien terug wilde gaan, kon ze Agaaths aanbod om haar te komen halen niet weigeren. Na alles wat ze de afgelopen dagen meegemaakt hadden en gedeeld, zou dat onaardig geweest zijn. En zo reden ze met z'n drieën in het Renaultje naar De Groene Vallei, zij voorin en Betsy, die erop had gestaan om mee te gaan, op de achterbank. Een eindje van niks met de auto, ze waren er in een paar minuten.

Ze waren zo kies geweest om geen bloemen neer te zetten, maar verder deden ze hun best om het thuiskomen een beetje bijzonder te maken. De koffie was al klaar, Agaath had kruidkoek gebakken en ze kon zien dat de kamers een beurt hadden gekregen. Ze was er natuurlijk zo uit weg gelopen, zes dagen geleden. Zes dagen maar. Op het buffet stond een welkomstkaart van Bea en Henk, wel met bloemen erop maar niet uitbundig, als ze het goed zag waren het fresia's en ze moest onwillekeurig denken aan haar eigen boeketje van toen en Henks reactie daarop. Toen Betsy haar naar de stoel bij het raam dirigeerde, anders kreeg ze geen koffie, keek ze uit gewoonte even naar de ramen van de zijvleugel. Rens stond er niet. De afgelopen dagen waren heel veel bekenden langs geweest, niet alleen voor haar maar ook om hun hart te luchten, want iedereen was verslagen door de plotselinge dood van Sander. Rens was niet geweest. Ze was er aan een kant niet rouwig om, maar tegelijkertijd had ze zich afgevraagd of er een bepaalde reden was. Die wrijving tussen hen, het leek al zo lang geleden, dat kon het toch niet zijn.

'Een kopje koffie', zei Betsy. 'Zit je goed?' Agaath schoof zonder iets te vragen de poef onder haar voeten voor ze het gebaksbordje met de plak kruidkoek naast haar zette. 'Wil je er een vorkje bij?'

'Dankjewel, meiden', zei ze. 'Lief van jullie.'

Voor Betsy had ze de afgelopen dagen grote bewondering gekregen. Hoewel ze zelf veel verdriet had om Sander, was ze vooral bezig geweest met anderen te troosten. Toen dinsdagmorgen vroeg de bewonerscommissie door de huismeester op de hoogte gebracht was, en de zorgcoördinator de familie ging inlichten, was zij het die aan Eline had gedacht. Omdat Agaath geveld was door een van haar beruchte migraineaanvallen en nauwelijks uit haar ogen kon kijken, had Betsy bij de naaste buren aangebeld, want ze wilde liever niet alleen gaan. Henk Barends was zich onmiddellijk gaan aankleden. Maar Betsy had het woord gedaan. Zolang ze er woorden voor had tenminste, en toen haar stem smoorde in haar eigen verdriet, had Henk op zijn eigen manier het relaas voltooid, ontroerd maar tegelijk nuchter en beheerst. 's Avonds was ze teruggekomen, met Agaath deze keer, en ze hadden met z'n drieën dicht bij elkaar gezeten in de eenpersoonskamer, gepraat, gehuild ook, steun zoekend bij elkaar. Zo zitten vogeltjes bij elkaar in een koude nacht, had Eline gedacht. Ze wist niet eens of dat zo was, maar het schoot haar zomaar te binnen toen ze de warmte voelde van hun nabijheid.

'Als je ouder wordt, zoals wij, leef je met de aanwezigheid van de dood', had Betsy gezegd. 'Maar niet met deze.' Noch Betsy noch Agaath had ook maar ergens op gezinspeeld. Sander was de vriend van hun drieën en ze deelden het verdriet.

Het overlijdensbericht dat de volgende dag in de krant stond, had ze uitgeknipt. Een noodlottig ongeval. Mijn liefste man, onze zorgzame pappa en grootpappa, onze broer en zwager. *Ik zal de halmen niet meer zien...* Zou Pauline Vreeman-Van Dongen enig besef hebben van zijn dood? Gisteren waren er ook advertenties van een historisch genootschap en van zijn vroegere faculteit. Niet van de bewoners van De Groene Vallei, er was wel overlegd, maar het scheen dat de meesten vonden dat ze daar niet aan konden beginnen, ondanks Sanders verdiensten voor het algemeen belang.

'Eline?' Ze schrok op uit haar gedachten. Betsy keek haar vragend aan. 'Moet ik nog iets voor je meebrengen uit het dorp?' Ze mocht niet overeind komen om de koelkast te inspecteren,

Betsy keek zelf wel even en vervolgens maakten ze samen een boodschappenlijstje.

'Hoe laat spreken we af voor vanmiddag?' vroeg Agaath. 'Een uur of vier?'

Betsy knikte. 'Lijkt me prima. Dan kan Eline gewoon rusten en misschien ga ik ook nog wel even horizontaal. Drinken we dan eerst nog bij mij een kopje thee?'

'Ik denk dat ik toch niet meega', zei Eline. Ze zag dat de beide vrouwen een blik wisselden.

'Hé,' zei Betsy, 'nou had ik toch...'

'En ik ga morgen ook niet naar de crematie', zei ze.

Het was even stil. Toen zei Agaath: 'Ieder moet dat voor zich persoonlijk beslissen. Maar ik vind het wel jammer.'

Betsy pakte de kan. 'Nog een kopje koffie?' Toen Eline haar hoofd schudde, zette ze de kan weg en hurkte bij haar stoel. 'Waarom ben je van gedachten veranderd, Lientje? Je hoeft het niet te vertellen hoor, als je niet wilt, maar ik ben wel benieuwd wat jou beweegt.'

'Waarom, Bets?' vroeg Agaath. 'Dat mag ze toch zelf weten?'

'Omdat ik er zelf ook over gedacht heb om niet te gaan. Vanmiddag bedoel ik, het mortuarium. Ik ga wel naar de crematie. Ik vind dat iets hebben van de laatste eer, dat klinkt een beetje ronkend, maar ik weet geen andere uitdrukking. Een bezoek aan het mortuarium heeft dat niet, dat doe je meer voor jezelf en dan denk ik, ik wil me Sander liever levend herinneren dan dood. En ik kan me voorstellen dat Eline dat ook voelt.'

'Zou je haar dat nou niet eens zelf laten zeggen?' zei Agaath.

Eline zag dat Betsy een kleur kreeg. 'Lieverds,' zei ze, 'jullie moeten maar niet zo zwaar tillen aan wat ik denk en voel. Wat het mortuarium betreft, is het met mij net zoals met Betsy. En crematies heb ik altijd iets vreselijks gevonden. Crematies en crematoria. Voor mij hebben die weinig met de laatste eer te maken.'

'Otto is toch ook gecremeerd?' zei Agaath.

Wat kan je toch bot zijn af en toe, dacht Eline. Toen zag ze Agaaths ogen en bedacht zich. 'Precies. Ik spreek ook uit ervaring.' Agaath heeft het er ook moeilijk mee, dacht ze. Ze wil ons het liefst bij elkaar houden, net als de afgelopen dagen, omdat ze het zelf anders niet redt, maar dat verbergt ze nog beter dan ik. Even aarzelde ze, maar toen Betsy opstond en resoluut zei dat ze dan met z'n tweeën gingen, was het moment voorbij. 'En de rest van het huis', zei Agaath en dat gaf Eline even het gevoel dat ze zich buitensloot.

Ik ben een uitzondering, dacht ze, toen de beide vrouwen vertrokken waren. Nou, dat moet dan maar zo zijn. Ik zou het niet overleven morgen. Ik zou me niet staande kunnen houden tussen het verdriet van anderen. De tranen van zijn kinderen, de woorden van herdenking en deelneming, de blik van zijn vrouw. Ik begraaf hem zelf wel.

Ze zou ook de aanblik van zijn gezicht in het lijkenhuis niet kunnen verdragen, hoe kunstig misschien ook opgelapt na de val in de peilloze diepte. Ze hoefde geen retouche. Ze bewaarde zijn beeld wel van die laatste avond, zijn ogen waarin ze las wat ze al wist, zijn belofte toen hij afscheid nam, morgenmiddag, haar aandringen, morgenochtend halfelf. Zijn opgestoken hand bij de deur. Het was in haar geheugen gekerfd. O Sander, dacht ze, waarom toch?

Als de installateur die dinsdagmorgen niet een laatste inspectie had willen uitvoeren voor de aftimmerschotten verwijderd zouden worden, zou het lichaam waarschijnlijk pas veel later gevonden zijn. Dan had zij zich om halfelf afgevraagd waar hij toch bleef en zou men niet eerder dan in de middag of misschien zelfs pas 's avonds zijn gaan zoeken. Want dat de man van de veiligheidsdienst 's nachts had geconstateerd dat op de derde verdieping de deur in het schot niet afgesloten was, werd pas de volgende dag bekend. Hij had het licht van zijn lantaarn even door de openstaande liftdeur in de koker laten spelen, meer uit gewoonte dan om echt iets te controleren, en had daarna de deur afgesloten, want je wist het maar nooit met die oudjes. Letterlijk zijn woorden, volgens Agaath. Hij had zich ook wel ver voorover moeten buigen en de lichtbundel van zijn lantaarn goed moeten richten om de gestalte te kunnen zien die drie verdiepingen lager op het dak van de cabine lag. Verder ging ze niet, want het was nog steeds te gruwelijk. Ook omdat ze zelf nog maar kort geleden daar had gestaan met knikkende knieën, terwijl hij zich vooroverboog. O Sander, dacht ze, lieve Sander, waarom toch? Het speet haar voor haar vriendinnen dat ze hen nu voor hun gevoel in de steek liet, maar het kon niet anders. Haar gevoel van verlies was zo diep en zo vlijmend dat ze het niet met anderen kon delen, en zo geheim dat ze het niet kon uiten. Ze zou het met hem verbergen in de diepst mogelijke groeve. Niemand zou iets aan haar kunnen merken.

Haar rug en benen werden alweer stijf van het zitten. Met moeizame bewegingen stond ze op om de tas uit te ruimen waarin ze haar spullen van de ziekenboeg had meegenomen. Kleren, slofjes, toilettasje, haar boeken. En Sanders cd-spelertje. Besluiteloos en verward stond ze met het apparaat in haar handen. Wat moest ze hiermee doen? En zijn cd's had ze ook nog natuurlijk. Ze had er haast niets van beluisterd, alleen die van de duetten, en een paar liederen uit *Frauen Liebe und Leben.* God, Sander, zei ze bij zichzelf, die beladen keus, moest dat nou? Toen wel, maandag, toen hij ze gaf. Hij bedoelde er van alles mee zonder dat hij zelf nog iets gezegd had, dat zou later wel komen, maar later kwam nooit. Ze zou nooit meer naar deze muziek kunnen luisteren. Ze wiegde met haar hoofd heen en weer, haar ogen gesloten, en ze voelde dat ze haar tranen niet de baas bleef.

Er werd gebeld. Ze veegde met een zakdoekje langs haar ogen en liet zich op een stoel zakken. Ze wilde niemand zien nu, niemand spreken, ze had niemand iets te vertellen, dat moesten ze toch begrijpen. Weer ging de bel. Eefje misschien? Alsjeblieft, dacht ze, laat me met rust. Ik wil niets hoeven uitleggen. Ik wil niets aanhoren. Toen hoorde ze zachtjes kloppen. Het was alsof degene die voor de deur stond wilde laten weten dat het goed volk was. Ze liep naar de voordeur en keek door het lensje. Henk Barends. Ze leunde met haar rug tegen de post. Ze had hem niet meer gezien na dinsdag, toen hij zo dapper met Betsy mee was gekomen. Henk kon ze niet buiten laten staan.

Hij kwam niet binnen, zei hij. Hij wilde alleen weten of het goed met haar was en of hij iets voor haar kon doen. Ze zag de vitrage aan de overkant bewegen.

‘Kom toch maar even binnen, Henk’, zei ze en ze trok aan zijn mouw. ‘Vijf minuutjes. Vraag of Bea ook komt.’

Hij schudde zijn hoofd. Bea ging liever niet de deur uit met de hoest die ze al een paar dagen had. En hij wilde haar niet lastigvallen.

‘Daar hoef jij nooit bang voor te zijn’, zei ze. ‘Jullie zijn goeie buren.’

‘Wat ik ook nog vragen wilde’, zei hij. ‘Heb jij nog weleens van die mailtjes gehad?’

‘Waarom?’ vroeg ze.

‘Gewoon, ik was benieuwd of dat nog doorgegaan was.’

Daar stond haar hoofd nu niet naar. ‘Je had ze toch geblokkeerd?’

‘Jawel,’ zei hij, ‘dat is wel waar. Dat was van die Evenhuis. Maar het gebeurt wel eens dat zo iemand dan een andere afzender kiest en gewoon doorgaat. Dat is niet zo moeilijk.’

‘Henk, wat wil je?’ vroeg ze.

Hij keek van haar weg. ‘Niets’, zei hij. ‘Het is niet belangrijk. We zullen het er nog wel eens over hebben.’

‘Zeg het nou maar.’

‘Ik kan proberen uit te zoeken waar ze verstuurd zijn. Dat moet ik dan wel met jouw computer doen. Maar als je ze niet meer krijgt, hoeft het niet meer.’

Ze aarzelde iets te lang, wist ze. Ontkennen hielp niet meer. ‘Ik krijg nog steeds van die dingen, nu weer van een ander, maar ik maak ze niet meer open.’

‘Heb je ze geblokkeerd?’

‘Nee’, zei ze. ‘Het helpt toch allemaal niets.’

‘Als je het mij laat doen, kan ik tegelijk nagaan waar ze verzonden zijn.’

‘Ja, dat is waar’, zei ze. Ze steunde met een hand tegen de muur en knipperde met haar ogen. Haar hoofdpijn kwam weer opzetten. ‘Maar ik… Ik weet het even niet, Henk.’

‘Ik kom een andere keer wel terug’, zei hij.

Toen Betsy tussen de middag de boodschappen kwam brengen, had ze ook twee krakend verse broodjes gezond bij zich, waarmee ze zichzelf zoals ze zei voor de lunch uitnodigde. Het leek alsof ze wat op haar hart had, vond Eline, maar ze had geen zin om er zelf over te beginnen. Met de eenvoudig gedekte tafel tussen hen in praatten ze over kleine dingen en Betsy zei dat ze moest terugdenken aan de eerste keer dat ze hier zat, bij de kennismaking. Ze stelden vast dat er sindsdien veel gebeurd was, veel goeds en nu ook iets verschrikkelijks, iets waar niemand ooit van dacht dat het zou kunnen gebeuren. Toen stokte het gesprek want ze voelden beiden dat ze dit de afgelopen dagen al vaak en in allerlei bewoordingen hadden gezegd. Eline keek naar Betsy's vingers die een broodkorstje verkruimelden en dacht, nu komt het, vraag het nu maar. Betsy keek op en glimlachte alsof ze haar had horen denken, maar ze vroeg niets. Dan ik maar, dacht Eline.

'Ik heb je al langer iets willen vragen', zei ze. 'Ben jij onder behandeling geweest van wijlen mijn man?'

Betsy's gezicht verstrakte. 'Wie heeft je dat verteld?'

'Niemand. Ik heb het afgeleid uit wat er gezegd werd toen je laatst de uitslag kreeg van dat onderzoek.' En toen ze Betsy's wantrouwige blik zag: 'Echt, je kunt me geloven, ik heb het van niemand.'

'Er is ook bijna niemand hier in huis die dat weet', zei Betsy. 'Agaath is de enige.'

Eline legde haar hand op die van Betsy. 'Echt, Bets, Agaath heeft niets verteld. We hadden het over jouw toestand, over een... complicatie van lang geleden en toen zei Agaath iets waardoor ik dacht, o dat zou best eens Otto geweest kunnen zijn.' Ze drukte de hand onder de hare. 'Ik wil ook niet... Nee, ik heb me alleen maar afgevraagd waarom je mij dat nooit verteld hebt. Want we hebben het wel eens over mijn man gehad.'

'Ja', zei Betsy. 'Waarom. Ik had het je misschien wel moeten zeggen. Maar het was al zo lang geleden, lang voordat jij met hem trouwde, ik vond het niet zo nodig.'

Eline keek haar aan. 'Wees nou eerlijk, Bets, als je goede herinneringen aan hem bewaarde, had je het de allereerste keer al verteld, toch?' Ze had er een beetje spijt van dat ze erover begonnen was.

'Ja natuurlijk.' Betsy glimlachte schamper. 'Dat ligt toch ook een beetje voor de hand. Ik kon toch moeilijk tegen jou zeggen: O, wat leuk, Otto Veninga, ja die heb ik goed gekend, dat was de gynaecoloog die van mijn baarmoeder een puinhoop maakte.'

'Nee, dat kon je ook niet. Ik neem je dat ook helemaal niet kwalijk. Maar toen ik eenmaal een vermoeden had, wilde ik het ook zeker weten. Begrijp je dat? Het zat mij ook dwars, maar op een andere manier.'

Betsy knikte. 'Dat begrijp ik best.' Haar ogen stonden harder dan Eline ooit van haar gezien had. 'Maar ik heb die man gehaat, weet je dat?' Ze ademde diep, alsof ze haar emoties onder controle wilde brengen. 'En daarbij, je moet het me maar niet kwalijk nemen, was het een verschrikkelijk mens.'

'Dan zijn we het tenminste over een ding eens', zei Eline. Ze keken elkaar aan. 'Koffie of thee?' vroeg ze.

'Eerst fruit', zei Betsy. 'Jij blijft zitten, ik pak het wel.' Terwijl ze achter haar langsliep, stak Eline haar arm uit. 'Laten we het er niet meer over hebben', zei ze.

'Goed', zei Betsy. Maar Eline kon aan haar stem horen dat het nog niet goed was. Had ze er dan niet over moeten beginnen? Het was ook niet alleen de uterus geweest die Otto op zijn geweten had. Het was veel erger. Ze kneep haar ogen dicht.

'Wat is er?' vroeg Betsy. 'Heb je pijn?'

Eline schudde haar hoofd. 'Ik kies ook wel een goed moment uit hiervoor, hè?'

'Dat kun je wel zeggen', zei Betsy.

Ze lag de hele middag in bed. Van slapen kwam niet zo veel, ze stond het zichzelf ook niet echt toe, omdat ze bang was dat de nacht dan weer narigheid zou geven. Ze las wat en ze dacht na en keek af en toe met een schuin oog naar de computer in de hoek. Om vijf uur stond ze op en toen Eefje aanbelde, was ze net weer aangekleed. 't Was onverwacht gezellig met haar oudste dochter. Ze praatten over van alles en nog wat, Eefje in de keuken bezig met het eten, zij in haar armstoel in de deuropening, allebei met een glas wijn binnen handbereik. Eefje was hoorbaar opgelucht dat het de laatste tijd zo goed ging met Cleo. Er zat eindelijk vaart in haar studie, haar vriendje was terug en hun onderlinge verhouding was ook duidelijk verbeterd. 'En gaat het met jou zelf ook goed?' vroeg Eline na een tijdje. Aan de manier van antwoorden alleen al kon ze horen dat haar dochter beter in haar vel zat, zoals ze het zelf uitdrukte, dan lange tijd het geval was geweest. Er was geen spoor van argwaan te bespeuren, er kwam geen wedervraag als antwoord en ze hield de schijn ook niet op. Het ging goed. Ze had het plan om te solliciteren voorlopig uit haar hoofd gezet, het was goed zoals het ging, waarom zou ze weggaan? En Hubert en zij waren aan een soort relatietherapie begonnen, het klonk ernstiger dan het was, ze moest meer denken aan een praatgroep met andere echtparen.

'Zo!' zei Eline. 'Wat moedig van jullie. En helpt het?'

Even zag ze Eefjes gezicht betrekken. 'Ik maak maar een grapje, kind. Ik wou maar dat ik destijds zoiets had kunnen doen.'

Eefje keek haar aan, haar hoofd schuin. 'Met wie? Pappa of Otto?'

Ze trok een gezicht. 'Met allebei, denk ik. Maar als het met de een gelukt was, zou de ander zich nooit aangediend hebben.'

'Bij Otto zou geen enkele therapie geholpen hebben', zei Eefje. 'Dat was gewoon een onmogelijke man.'

'Heb je er wel eens aan gedacht dat het mij dus twee keer niet gelukt is om… 'Ze wilde zeggen 'om gelukkig te worden', maar dat was niet waar. 'Misschien ben ik wel een onmogelijke vrouw.'

Eefjes reactie maakte dat ze zich de rest van de avond een beetje getroost voelde. Ze kwam de keuken uit, sloeg haar armen om Eline heen en drukte haar tegen zich aan. 'Ik wou dat ik zo onmogelijk was als jij, mamsi, dan viel het nog wel mee.'

Vlak voor het eten kwam Dorothee langs met MacMillan, even groeten en zeggen dat het prima ging en dat als het aan haar lag, de hond voorgoed mocht blijven.

'Niks hoor', zei Eline. 'Over een paar dagen kan ik hem best weer hebben.'

'Lelijke allemansvriend', zei Eefje toen hij weer onbekommerd met Dorothee meewandelde. De buurvrouw lachte trots.

Toen ze tegenover elkaar aan tafel zaten, zei Eefje: 'Nu moet je wat meer vertellen over meneer Vreeman, mam. Maar alleen als je dat wilt.'

Eline slikte. 'Er valt eigenlijk niet zo veel te vertellen, kindje. Sander Vreeman was gewoon een hele goede vriend. En we missen hem allemaal.' Ze deed of ze de teleurstelling op het gezicht van haar dochter niet opmerkte.

De volgende morgen belde Eline om halftien Agaath met de vraag of ze mee kon rijden naar het crematorium. Maar Agaath nam al twee mensen mee, waaronder Betsy, en drie was te veel voor dat kleine autootje, zei ze. Waarom belde ze ook zo laat? Ja waarom, dacht ze, terwijl ze voor het raam stond. Beter laat dan nooit. 't Was een echte najaarsdag, de regen woei tegen de ruit en het balkon lag bezaaid met dode bladeren. Echt een dag voor een begrafenis. Crematies hadden geen speciaal weer nodig, die vormden een soort gesloten systeem. Hoewel, je moest er wel naar toe. Ze had rare gedachten, vond ze. Kwam dat doordat ze de hele nacht had liggen piekeren? Ze kon natuurlijk aan Bea en Henk vragen hoe ze gingen, maar daar had ze niet zo veel zin in. Zou ze dan toch maar thuisblijven? Was Sander er nog maar, dan kon ze met hém gaan. Ze had inderdaad idiote gedachten, merkte ze, ze mocht wel oppassen dat ze niet al te vreemd ging doen. Tegen tienen belde ze het taxibedrijf. Het kon wel even duren, zei de telefoniste, het was erg druk. Wat was haar uiterste tijd? Ze keek op haar horloge. De plechtigheid begon om elf uur. Halfelf, zei ze op goed geluk. 'Zorgt u dan dat u in de hal staat, mevrouw. Als het later wordt, bellen we de receptie.'

Het was voor het eerst weer dat ze in haar eentje zo'n eind door het gebouw liep en het kostte veel meer inspanning dan ze had verwacht. Ze wachtte in de hal, steunend op haar stok, tot de huismeester haar zag en een stoel voor haar haalde. 'Dat moet u toch niet doen', zei hij. 'Is er niemand die met u meegaat?' Hij vond het vreselijk van Sander. Een heer, vond hij hem, altijd vriendelijk en belangstellend. Die lift had hij zo'n beetje als zijn eigen project beschouwd, bijna elke dag ging hij wel kijken. Maar wat hij daar nou in het holst van de nacht te maken had. Zonde, doodzonde.

Er passeerden verschillende bewoners op weg naar hun auto en ze was bang dat hij zou vragen of ze mee mocht rijden. Om vijf voor halfelf stopte er een taxi, maar die was voor twee echtparen die bij de ingang stonden te wachten. Ze zag de huismeester kijken, maar ze schudde haar hoofd. 'De mijne komt zo wel.'

'Ik moet nu zelf ook gaan', zei hij. 'Het spijt me, mijn vrouw rijdt mee en twee jongens van de technische dienst. Ik zit echt vol.' Ze had hem nog nooit zo aardig meegemaakt. 'Debby doet de receptie. Als u hulp nodig hebt, moet u het haar gewoon vragen.'

Tegen kwart voor elf kwam haar taxi. Ze waren er in enkele minuten, maar toch was ze laat, zag ze, iedereen was al binnen en de hal was stampvol. Mensen gingen wat opzij, maar het duurde even voor ze ergens kon zitten, een muurbankje achteraan, waar iemand voor haar opstond. Om haar heen stond iedereen, ze keek tegen lange jassen aan, jassen die roken naar de regen, en toen de plechtigheid begon, ging ze even staan, maar nog kon ze niets zien. Na een paar minuten kreeg ze het gevoel dat ze er niet bij hoorde. De toespraken gingen over haar hoofd heen, ook die van Sanders zoon, terwijl ze juist bij zijn woorden zo haar best deed om ze te volgen. Zijn stem leek zo sterk op die van zijn vader, dat ze na een paar zinnen al in haar eigen gedachten verdwaalde. Een keer stond ze op, stellig van plan om weg te gaan, maar toen ze al die mensen zag tussen haar en de uitgang ging ze weer zitten. In de lange stilte na de laatste toespraak vroeg ze zich af wat er nu gebeurde. Verdween de kist achter een gordijn, was dat het? Ze wist het niet meer. Dag Sander, dacht ze, en opeens golfde het verdriet onstuitbaar door haar heen.

Terwijl de rij voor de condoleance en de koffie groeide, liep zij de deur uit. Weifelend keek ze vanaf het bordes naar de grote auto's op de oprijlaan. Waren daar taxi's bij? Ze voelde een arm om haar schouder. Betsy keek haar onderzoekend aan. 'Wat ga je doen, Lien? Terug naar huis?'

'Ja', zei ze. 'Wat moet ik hier nog.'

'Ik ga met je mee', zei Betsy resoluut. 'Even tegen Agaath zeggen. Wacht je op me?'

Even later liepen ze langzaam de laan af op zoek naar een taxi.

Druppels woeien in hun gezicht. 'Echt herfst', zei Betsy.

'Waarom doe je dit?' vroeg Eline.

Betsy gaf geen antwoord.

'Moest jij de familie niet condoleren?'

'Ik heb besloten dat ik een brief ga schrijven. Dan kan ik tenminste zeggen wat ik voel bij Sanders dood.' Ze keek opzij. 'En jij?'

'Ik was niet eens van plan om te gaan', zei Eline.

In de taxi zei Betsy: 'Toen ik Sanders vrouw zag, moest ik denken aan het meisje dat ze vroeger was. De hordenloopster die over alle hindernissen heen in zijn armen vloog. Ken je dat verhaal?'

'Ja', zei Eline.

'Dat kan het leven met je doen, Lien. Het moet heel zwaar voor hem geweest zijn.'

'Ik heb haar niet gezien', zei ze. 'Ik heb niemand gezien.' Dat kent zij dus ook, dacht ze, dat verhaal. Natuurlijk, waarom zou Sander die herinnering alleen aan mij verteld hebben? Betsy en hij kenden elkaar al veel langer. Maar toch deed het pijn.

'Jij hield veel van hem, nietwaar?' zei Betsy.

Eline keek uit het raampje naar de verregende laan. 'Ja', zei ze. 'Net als jij. Iedereen hield van Sander.'

Betsy maakte een instemmend geluid. 'Maar wel anders', zei ze.

Terug op haar kamer liep Eline rusteloos heen en weer. In haar heup zeurde de pijn, ze moest nodig rusten anders ging het niet goed. Maar ze wilde niet. Niet weer op dat bed, niet weer die gedachten waarmee ze zich kwelde en die donkere dromen die daarvoor in de plaats kwamen als ze dan eindelijk wegzakte. Vannacht was ze ten einde raad opgestaan om de computer aan te zetten. Ze wilde af van al die vragen die door haar hoofd spookten sinds Henks bezoek. Er waren twee mailtjes die afkomstig waren van de andere onbekende afzender. Ze had ernaar zitten kijken zonder ze te openen en had toen de computer weer uitgezet.

Ze had zich afgevraagd wat er toch de laatste weken gebeurde met haar en om haar heen. Waarom was zij opeens het doelwit geworden van bedreigingen? Wie loerde er op haar? Waarom?

Wat had ze misdaan? En was het zo erg dat ze daarom weg moest? Dat ze misschien wel van het trapje geduwd was, in plaats van gewoon gevallen. Hoewel dat toch ook toeval geweest kon zijn, een toeval dat de onbekende afzender zich toegeëigend had. En nu de dood van Sander alle andere dingen zo vreselijk onbelangrijk maakte, was het ook zó banaal, wat er gebeurde, mailtjes en kaarten met gemene bedreigingen. Anoniem. Net als de briefjes die je vroeger stiekem in iemands zak stopte. Net als het duwtje dat je iemand gaf als je in de rij moest staan, duwen en dan onschuldig de andere kant opkijken. Banaal en kinderachtig. Het moest nu maar afgelopen zijn.

Ze startte de computer en zocht de mailbox op. Nog steeds die twee mailtjes. En nog een paar meer natuurlijk, Cleo en Welly en nog wat, maar ze zag alleen die twee. Van Lydraven. De onbekende afzender die het nodig vond om haar te kwellen. Ze zou ze openen, ze zou ze lezen en daarna zou ze antwoord geven, ze wist hoe dat moest. Een antwoord dat een eind zou maken aan die stroom van gemene dreigementen. Ze haalde diep adem en klikte het eerste bericht aan. Het duurde een paar seconden voor de tekst doorkwam.

EEN KLEIN DUWTJE IS DUS GENOEG.

Ze keek ernaar en probeerde het te begrijpen. Er viel niets te begrijpen, het bevestigde alleen wat ze al wist. Dan de volgende. Ze staarde naar het scherm. NU JIJ NOG. Wat bedoelde hij? Ze klikte terug naar het vorige, toen weer naar dit. Wanneer waren ze aangekomen? Ze keek naar de tijdsaanduiding en langzaam drong het tot haar door. Dat was toch niet mogelijk? Haar hart sloeg over en ze ademde diep in en uit om het gevoel van ontzetting tot bedaren te brengen. Ze stond op en zette het raam open. Met haar handen op het kozijn leunde ze naar voren, ze voelde de koude lucht op haar gloeiende wangen, regendruppels in haar hals. De tuin was verzadigd van water, er stonden plassen op het terras en de donkere cipressen droegen sluiers van druppels. Was dit nu echt mogelijk of werd ze gek?

Een halfuur later reed ze met een taxi naar Bloemendaal, waar ze een boekhandel wist. Ze liet de auto wachten terwijl ze binnen informeerde. *Das Buch der Lieder* was niet in voorraad, zei de verkoper, het was niet erg gangbaar, maar het kon natuurlijk wel besteld worden. Hij bood aan om naar andere winkels te bellen, hij was erg voorkomend, want er werd blijkbaar niet iedere dag naar een boek van Heinrich Heine gevraagd en vooral niet door een oude dame, maar ze had haar besluit al genomen en bedankte hem. Op de Gedempte Oude Gracht in Haarlem hadden ze het wel, zoals ze al had gedacht. Verschillende edities zelfs. Ze koos niet de wetenschappelijke, die werd haar ook afgeraden, maar een eenvoudig, stijlvol boekje met beknopte verklaringen en een leeslint. Naar de uitgave van 1844, zei de man die haar hielp, en ze knikte waarderend, als een kenner.

Ze betaalde de chauffeur en liep naar de Grote Markt. Pas toen ze aan het tafeltje van Grand Café Brinkmann op haar thee wachtte, besefte ze dat ze de laatste keer hier geweest was met Heleen. Ze peuterde het plakband van de verpakking los en bladerde in het boek. Het leken haar niet allemaal liederen, er waren verschillende afdelingen met langere teksten, met sonnetten, van alles. In het deeltje 'Lyrisches Intermezzo' kwam ze teksten tegen die ze van andere liederen kende, van Schubert en ook weer van Mendelssohn. Mooie, eenvoudig uitziende teksten, al begreep ze niet alles omdat het toch wel erg lang geleden was dat ze Duits gelezen had. Ze zocht in het register van beginregels naar het lied dat ze gezongen hadden, maar kon het niet vinden. Wel een dat er erg op leek, en uit nieuwsgierigheid zocht ze het op. Het was nummer 61 van het deel 'Die Heimkehr'.

> Ich wollt' meine Schmerzen ergössen
> Sich all' in ein einziges Wort,
> Das gäb' ich den lustigen Winden,
> Die trügen es lustig fort.

Ze herlas de eerste strofe en vanzelf neuriede ze de melodie mee. Het was dezelfde tekst! Alleen stond er geen 'Liebe' in de eerste regel maar 'Schmerzen'. Dit was wat Heleens man bedoeld had. Eén woord verschilde en dat maakte alles uit. Geen liefde, maar pijn, smart. Eén woord, waarin niet alle liefde samengevat werd maar alle pijn, en dat je tot in de diepste droom achtervolgde. Liefdespijn misschien, maar misschien ook niet. Misschien alle pijn. 'Bis in den tiefsten Traum.' Ze zat minutenlang roerloos achter haar tafeltje voor zich uit te staren.

Daarna rekende ze af zonder haar thee aangeraakt te hebben.

Achter de Bavo vond ze een taxi. In een kwartier was ze terug bij De Groene Vallei. De chauffeur, wiens ogen ze tijdens de rit voortdurend op haar gericht zag in de spiegel, bood aan om haar naar de deur te brengen, maar ze weigerde. Toen ze het tegelpad naar de ingang opliep, had ze het gevoel dat achter alle ramen mensen naar haar keken. Ze nam de lift naar de derde verdieping en bleef voor de huisdeur van De Rover even staan om op adem te komen. Alles aan haar was stijf en pijnlijk en haar ogen brandden, het leek wel of ze koorts had. Toen drukte ze op de bel. De deur ging direct open, alsof ze verwacht werd.

'Eline!' Heleen klonk echt verrast, maar ze liet zich niet meer misleiden.

'Ik wil jullie even spreken', zei ze. 'Nu.' En ze duwde Heleen voor zich uit naar de kamer, waar haar man, die afschuwelijke man, bij het licht van een schemerlamp zat te lezen.

'Mevrouw Marchand,' zei hij, 'wat brengt u...'

Ze liet hem niet uitspreken. 'Schmerzen', zei ze. 'Schmerzen in plaats van Liebe? Dat was het dus.'

Hij knikte en die akelige glimlach die ze eerder van hem gezien had, spleet zijn gezicht. 'Inderdaad. Heel goed, u hebt het dus opgehelderd. Merkwaardig, vindt u niet?'

'Merkwaardig? Ik vind het wreed. Het is zó laag, zó gemeen, om iemand te dreigen en te achtervolgen. Onmenselijk noem ik dat. Omdat mensen dat elkaar niet aan mogen doen.' Haar stem werd schril en ze voelde dat ze ging huilen. 'Tot in de diepste droom, hè? Nergens meer rust. Dat is jullie dan goed gelukt. Dit is zo...' Ze kon geen woord vinden en begon opnieuw. 'En dan gaan jullie die bedreigingen uitvoeren. Ja. Heel verraderlijk, heel laf. Dit heeft toch niets meer te maken met wat er vroeger gebeurd is. Dit is geen kinderspel, dit is misdadig.'

Ze zag hun gezichten en zweeg. 'Het dringt zeker nog niet tot jullie door, hè?' vroeg ze, maar ze voelde hoe in haar de twijfel opeens verlammend toesloeg. De Rovers gezicht was verstard in verbijstering en Heleen, die achter haar man was gaan staan, liet nu zijn schouder los en kwam met een bezorgd gezicht op haar toelopen. 'Eline,' zei ze, 'Eline, wat is er toch? Wat is er gebeurd? We begrijpen niet waar je het over hebt, hè Herman? Ga toch even zitten.' Ze legde haar arm om Eline's schouder, maar met een bruuske beweging maakte ze zich los.

'Raak me niet aan', zei ze, maar tegelijk barstte ze in tranen uit, zodat Heleen weer op haar toekwam. 'Kom nou toch,' zei ze, 'kom maar even...'

'Nee', zei ze. 'Laat me met rust.' Ze gaf Heleen een duw zodat die achteruit wankelde en liep naar de hal. Ze tastte naar de knop van het slot en liep de gang op terwijl ze de deur open liet staan. Tranen liepen over haar gezicht terwijl ze op het knopje van de lift drukte. Maar ze kon niet wachten tot die er was, ze wilde ook niet de kans lopen iemand tegen te komen en daarom liep ze de zes trappen af naar haar appartement, zes harde stenen trappen en elke stap dreunde door in haar gewrichten, pijnscheuten trokken door haar schouder en haar elleboog, en ze dacht, dit komt nooit meer goed. Niets kwam ooit meer goed. En daarna dacht ze, terwijl ze over de verlaten gang naar haar deur liep: ik wil hier niet meer wonen.

15

Alles is hetzelfde maar anders. Alsof ze een omleiding volgt waarbij de bekende weg in het zicht blijft, maar steeds buiten bereik. Het ruisen is constant aanwezig. Als ze aan komt lopen, heeft de groenzwarte cipressenmuur zich al geopend, ze kan niet anders dan deze nieuwe route volgen, ook al weet ze dat de uitkomst vreselijk zal zijn zonder dat ze hem kent. Ze weet niet of ze vlucht of op weg is naar iets toe, tot ze voelt dat de bodem helt, steeds sterker, tot ze hoort dat het ruisende geluid niet van omhoog maar uit de diepte vóór haar komt en dat de helling en het geluid samen haar onweerstaanbaar naar voren en omlaag trekken tot haar loop bijna een val wordt, een vrije val, niet meer te stuiten. Takken slaan in haar gezicht, ranselen haar lichaam, striemen haar benen. Het ruisen wordt oorverdovend. Ze gilt Otto's naam. Het geluid smoort alsof er natte doeken voor haar mond gehouden worden, de storm snijdt haar adem af. Ze voelt dat ze de verkeerde naam gebruikt, maar ze kan alleen nog maar stamelen, smeken, buiten adem. 'Sander...'

De wind gaat liggen, de helling eindigt en de cipressen openen zich onder een gewelf van hemelse muziek. Panische angst vliegt haar aan, dit is bekend terrein maar verraderlijk, dit is een bedrieglijke vrede, ze weet wat er komen gaat. Maar het komt niet, dit is een ander land, ze staat op de rand van een peilloos ravijn en kijkt in de donkere diepte. Een klein, intiem licht schemert beneden. De bodem? Ze kijkt scherper. Een trillende kaarsvlam, diep onder haar, meer nog, een cirkel van kaarslicht en daarbinnen, weerloos, een voorover liggende gestalte, de armen gespreid, een knie opgetrokken, een gekruisigde op de rug gezien. Ze herkent nu de muziek, *Stabat Mater Dolorosa*, hartverscheurende muziek die als een zwaard door haar ziel snijdt, maar ze staat recht en zegt: 'Ik ben je moeder niet.' Daar moet ze om lachen, ondanks haar grondeloze verdriet, maar het is ook zo onweerstaanbaar grappig, en bovendien, waarom zou ze niet mogen lachen, dacht ze, 't was toch maar een droom, en ze deed haar ogen open met een lach om haar mond en haar gezicht nat van tranen. Haar gordijnen waren het die daar hingen, het was haar stoel waarin ze voor een raam zat, verkleumd tot in haar botten. Maar het was niet haar kamer. 'Waar ben ik?' vroeg ze.

Ze voelde MacMillans vacht tegen haar been, de trilling van zijn bijna onhoorbare gegrom. Toen hoorde ze de bel overgaan. Ze bleef doodstil zitten. De deur naar het portaal stond aan, ze kon hiervandaan een stukje van de buitendeur zien. Er klonken stemmen buiten, maar ze verstond niet wat er gezegd werd. De brievenbus klepperde. Ze leunde voorover en zag een kleurig stuk papier verschijnen, een kaart, hij bleef even achter de tochtklep steken en zeilde toen omlaag naar de mat.

Ze wachtte tot ze niets meer hoorde. Toen ze opstond, zat haar heup vast. Voorzichtig strekte ze haar been en maakte draaiende bewegingen tot de stijfheid minder werd en ze de oversteek naar de thermostaat aandurfde. Langzaam vervaagden de droombeelden. Bij de wastafel bette ze haar gezicht met koud water. 'Als ik niet oppas, word ik nog gek', zei ze tegen de spiegel. Maar ze wist dat ze er zelf niets tegen kon doen. De droom kwam óver haar, zo simpel was dat, ook overdag nu. En als ze wakker werd, wist ze niet meer waar ze was. Het kwam doordat ze zo moe was. Ze had geen weerstand meer.

In het portaal bukte ze zich naar de kaart. Ze moest Hubert eens vragen of hij niet een soort postzak achter de bus kon maken, dan hoefde ze niet steeds zo te bukken. Het was een ansichtkaart met fotootjes van drie gebouwen, te klein afgedrukt om ze te herkennen en met op de voorgrond een bloeiende struik. Het soort kaart dat ze vroeger van de kinderen kreeg uit hun zomerkamp in de Achterhoek. Vakantiegroeten uit mooi Ruurlo. Ze zette haar bril op en liep met de kaart naar het raam. Seniorenflat De Groene Vallei. Zorgcentrum Velserpoort. Verpleeghuis De Breezaap. Van links naar rechts. Ze draaide de kaart om. Stevige ronde letters. 'Het team van de geestelijke verzorging heet u hartelijk welkom in Velserpoort!' Een hartelijk handschrift, vond ze. Dat moest zeker goedmaken dat ze pas na drie maanden langskwamen. Of was het drie weken?

'Dank u', zei ze terwijl ze de kaart tegen het pendantvaasje zette naast die van Cleo en de tekeningen van Timmy en Sue. Ze keek er van een afstand naar. Toen haalde ze hem weg en borg hem in de la bij al die andere kaarten van mensen die haar adreswijziging beantwoord hadden. De wijzers van de pendule stonden op acht minuten voor een. Om die tijd had ze de hond uitgelaten, dus ze zou wel weer vergeten zijn de klok op te winden. Bij het raam tuurde ze op haar horloge. Tien over drie al? Zo meteen kwam Agaath. Moest ze nou eerst nog iets eten of zou ze het maar overslaan? Dat gebeurde wel vaker de laatste tijd. Ze had niet veel trek meer. Eerst maar thee zetten.

Toen het water kookte, pakte ze het theebusje van de plank. Vervelend dat haar handen zo trilden de laatste tijd, het kostte gewoon moeite om het dekseltje eraf te halen. Had niets met ouderdom te maken, zei Agaath, het kwam gewoon door de spanning. Als het maar geen Parkinson was, dacht ze soms, dat zou toch wel heel vervelend zijn. Ze goot een bodempje kokend water in de theepot, draaide hem rond en goot het in het gootsteentje. Het water spatte op tegen haar hand en toen ze die in een reflex terugtrok, stootte de pot tegen de granieten rand. Ze hoorde aan het geluid dat het mis was, een droog geluid als van een brekende eierschaal. Verslagen keek ze naar de brokkelige barst die van het plaatje van de arrenslee voor de besneeuwde sparren over het ornamentje naar het herfstbos liep en zich nog verder vertakte, als een ster in het ijs. Cleo's porseleinen theepot, van haar eigen armoedje gekocht voor haar. Ze liet zich op het keukenkrukje zakken en kneep haar ogen toe, alsof ze pijn had.

'Ik weet het niet', zei Cleo. Ze was rechtop in bed gaan zitten en draaide een sigaret. 'Ze is veranderd. Moeilijk te zeggen hoe en waarin, maar de glans is weg.'

Alex ging met zijn wijsvinger langzaam van boven naar beneden over haar naakte wervelkolom. 'Dat zei je een tijdje geleden ook van ons.'

'Niet doen.' Ze schokte met haar schouders. 'Je snapt wel wat ik bedoel. Dit is anders. Omi heeft altijd iets onverwoestbaars gehad, alsof de tijd geen vat op haar had. Ze leeft ook heel sterk bij het moment, maakt zich geen zorgen over ouder worden of wat dan ook.'

'In ieder geval laat ze dat nooit merken. "Tefal-oma" heb ik een keer gezegd. Toen werd jij nog zo kwaad.'

'Nu weer, als je niet oppast.'

'Rustig nou maar.' Hij stak zijn hand uit en streelde haar haren. 'En hoe is ze nu dan?'

'Ze stopt mij altijd iets toe als ik wegga. Een rol snoep, soms geld, kleinigheden. Dat vindt ze leuk en ik ook. Dat hoort een beetje bij oma's.' De rook die ze uitblies, bleef hangen onder de lage zoldering. 'Toen ze me gisteren uitzwaaide, liet ze iets in mijn zak glijden. Ik vond het al een beetje vreemd, zo geeft ze het nooit, en buiten keek ik wat het was. Een zilveren toiletnecessaire met het monogram van haar moeder. Had ik vaak bekeken als ik bij haar was, een mooi antiek ding, heel fijn bewerkt. Stopt ze dat opeens in mijn zak! Ik vond het even heel eng. Ik dacht, waar ben je nou mee bezig omi? Met afstand doen of zoiets?'

'Wat heb je toen gedaan?'

'Het onmiddellijk verpatst natuurlijk.' Ze keek hem aan. 'Wat kun jij soms een stomme vragen stellen! Ze wilde er eerst niet van weten dat ik het teruggaf. Ze was nog bijna beledigd ook!' Cleo trok haar benen in en vouwde haar armen om haar knieën. 'Hoelang is het geleden dat ik haar hoorde zingen? Je had erbij moeten zijn! Bijna tachtig, en ze stond daar te zingen voor die zaal en straalde. Het zal vast wel een beetje getrild hebben op plaatsen waar dat niet moest, ik heb ook weinig verstand van die muziek, maar het had niets aandoenlijks of zieligs zoals je zo vaak meemaakt bij oude mensen. Een soort kracht van binnenuit, haar ogen alleen al. Een mooie oude vrouw. Als je die andere dames daarnaast zag... Je had die mannen ook moeten horen. Eline dit, Eline dat.' Ze keek naar haar vriend. 'Mijn omi is een aantrekkelijke vrouw. Toch?'

'Ja', zei hij. 'Jij lijkt op haar.'

'Dat zeggen ze wel meer.'

'Ik bedoel niet alleen uiterlijk.'

'Ik ook.'

'En ik bedoel niet alleen positief.'

Ze draaide haar hoofd opzij en blies rook in zijn gezicht zodat hij moest hoesten. 'Explain.'

'Dan krijgen we ruzie.'

'Dat moet dan maar.'

'Nee.' Alex sloeg het dek terug en stond met een sprong naast het bed. 'Dat is het me niet waard.'

Ze keek naar zijn magere gespierde lichaam. 'O', zei ze. 'Ik zie het al. Je lusten zijn bevredigd en nu heb je je interesse voor mij verloren.'

'Inderdaad', zei hij. 'En jij zou er goed aan doen je ook op hogere zaken te richten, want je hebt over een uur je projectgroep, als ik me goed herinner.'

'En als ik me goed herinner, hebben we een maand geleden afgesproken dat we ons niet met elkaars agenda zouden bemoeien.'

Toen hij onder de douche stond, hoorde Cleo hem opeens lachen. 'Wat valt er te lachen?' vroeg ze. 'Of is dat toch ver boven m'n niveau?'

'Nee, dit kan wel', riep hij. 'Ik heb net ontdekt dat je oma en jij ook op een belangrijk punt verschillen.'

Met de steelpan vol koud water achter haar rug liep ze naar de douche. 'Zeg het maar', zei ze door een kier van het gordijn.

'Jij bent veel sneller aangebrand.'

'Ha, ha, ha', zei Cleo. Ze leegde de pan in de gootsteen en trok haar slipje uit. 'Schiet nou maar op, ik wil eronder.'

'Maar hoe is je oma nu dan? Wat is er veranderd?' vroeg Alex terwijl hij uit de douchebak stapte. 'Dat heb je nog steeds niet gezegd.'

Cleo draaide de kraan open en terwijl ze met gesloten ogen het water over haar gezicht liet stromen, concentreerde ze zich op het figuurtje dat haar de vorige dag in de deuropening van haar poppenhuisje had nagezwaaid. 'Ze is nu gewoon oud. Sinds haar verhuizing, of daarvoor al, dat weet ik niet meer, is ze zo oud als ze volgens haar leeftijd zou moeten zijn. Ouder nog. Tien jaar ouder dan een paar maanden geleden. Alles is opeens minder. Ze is minder levendig, ze heeft minder belangstelling voor wat er gebeurt, heeft minder veerkracht, ze trekt er niet meer op uit. En je ziet het haar aan, dat bedoel ik met dat de glans eraf is. Ze straalt niet meer. Ze is een beetje tobberig. Gisteren viel me voor het eerst op hoe klein ze is. Kleiner dan vroeger. Ze krimpt. Ze trekt zich terug. De hele dag zit ze in dat huisje en als ze die hond niet had, kwam ze er helemaal niet meer uit.'

'Ze is tachtig', zei Alex. 'Ze heeft een heel leven achter de rug en niet zo gemakkelijk ook. Mag ze?'

'Nee. Ze mag níét. Dat hadden we niet afgesproken. Ze zou dezelfde blijven die ze was en dan doodgaan. Later.'

Ze vond dat het iets te lang stil bleef. 'Ben je daar nog?' vroeg ze.

'Hoe oud ben je nou?' zei hij. 'Dacht je dat het zo ging met het leven?'

'Soms wel.'

'Heb je dat ook tegen haar gezegd, van die afspraak?'

'Ja, als grapje. En dan maakt ze zich er ook met een grapje af. Ik durf nog niet goed. Volgens mij is er iets gebeurd. Die verhuizing opeens, dat is toch ook vreemd. Ze woonde er nog maar een paar maanden.'

'Er is toch een vriend van haar omgekomen? Waarschijnlijk heeft ze gewoon verdriet.'

'Vast wel,' zei Cleo, 'maar volgens mij is dat het niet alleen. Misschien weet mijn moeder meer, maar ik heb niet zo veel zin om haar dat te vragen.'

'Het gaat toch om je oma? Dan maak je maar zin.'

'Dat zei omi ook altijd.'

'Dat zeggen alle oma's.'

Tussen de middag belde ze haar moeder op haar werk om te zeggen dat ze 's avonds langskwam. 'Is er iets?' vroeg Eefje.

'Er hoeft toch niet altijd iets te zijn als ik kom?' zei ze.

'Moet ik op je rekenen met eten?'

'Doe maar niet', zei ze, waar ze direct spijt van had, en 's avonds nog meer toen bleek dat Alex' autootje het overdag begeven had, zodat ze toch met het openbaar vervoer moest en er van eten maken of halen niets kwam. Maar natuurlijk had haar moeder wat extra klaargemaakt. Het ergerde Cleo dat ze daar stiekem op gehoopt had en het ergerde haar helemaal dat ze dat nog liet blijken ook. En toen haar moeder het echt huiselijk ging maken met een schaaltje lasagne op een placemat en een glas wijn erbij uit een fles die ze speciaal voor haar ontkurkte, en met een halfje voor zichzelf en de gezelligheid ook nog tegenover haar aan tafel kwam zitten om te keutelen over de studie en Alex en de noodzaak van gezond leven en of ze dat baantje in de coffeeshop nog wel moest aanhouden, vroeg Cleo zich af waarom ze dit wel van haar oma kon hebben en zo moeilijk van haar moeder.

'Welja', zei Hubert toen hij op weg naar zijn werkkamer even bij hen kwam zitten. 'Doe mij er dan ook nog maar een. Je moet eens vaker langskomen, Clé.'

'Alsof jij een aanleiding nodig hebt om een fles open te trekken', zei zijn vrouw.

'Nog vaker, pa?' vroeg Cleo. 'Twee weken geleden ben ik nog geweest! Ik kom nauwelijks nog aan studeren toe.'

'Hoe gaat het trouwens met je studie?' informeerde haar vader. 'Vlot dat project een beetje?'

'Nee', zei ze. 'Helemaal niet. Maar daar hebben we het een andere keer over.'

'Alles goed met Alex?'

Ze zag haar moeder het gezicht trekken dat ze altijd trok als haar man het gesprek nog eens dunnetjes overdeed.

'Zo goed als maar kan, pappie', zei ze. 'Je moet de groeten hebben. En nou even wat anders. Zijn jullie laatst nog bij oma geweest?'

'Zondag', zei haar moeder. 'Met z'n viertjes. Heel gezellig. Ze woont daar leuk, vind ik.'

'Hoe vinden jullie dat het met haar gaat?'

'Wel goed, vond je niet, Huub, de laatste keer? 't Is weer een hele overgang geweest voor haar, maar ik heb de indruk dat die aanleunwoning een goede beslissing is.'

Hubert knikte. ''t Is natuurlijk afwachten, de eerste weken. Oma zegt zelf in ieder geval dat ze blij is met haar huisje en daar moeten we maar op afgaan.'

'Kan iemand mij vertellen waarom ze eigenlijk weggegaan is uit die seniorenflat?' vroeg Cleo. 'Ze had het daar toch heel erg naar haar zin?' Ze zag dat haar ouders elkaar aankeken. 'Ik was er niet bij toen het beslist werd, weet je nog wel? Ik zat die weken in België. En daarna... Wat is er dan? Vraag ik iets onfatsoenlijks?'

Haar vader schudde zijn hoofd. 'O nee, meisje. Helemaal niet. Het is alleen iets wat wij ons ook hebben afgevraagd. We hebben een gesprek gehad met de coördinator en met de wijkverpleegkundige en die hebben er ook geen verklaring voor, al hadden we wel de indruk dat ze oma nauwelijks kenden. We weten het dus niet. Oma wilde zelf. Pertinent. Ze was onzeker geworden na die tuimeling van dat trapje, dat is wel duidelijk. Het lijkt een beetje op die geschiedenis toen ze haar heup gebroken had, alleen was het nu haar eigen keus. Voor alle partijen is het natuurlijk wel zuur, zo kort al na de eerste verhuizing en al het werk dat erbij kwam kijken. Vooral je moeder heeft...'

'Dat is niet belangrijk', zei Eefje. 'Als mamsi het gevoel heeft dat ze daar op meer aandacht en zorg kan rekenen, en dat is natuurlijk ook zo, een zorgcentrum is iets totaal anders dan een serviceflat, dan kunnen we dat niet negeren. En gelukkig kon het allemaal snel geregeld worden. We zitten natuurlijk wel weer met de rompslomp van de verkoop van het appartement, maar ik heb gehoord dat de stichting het zelf zou willen terugkopen, dus dat kan nog meevallen.'

Cleo zette haar glas neer. 'Vinden jullie haar niet erg veranderd?'

'Hoezo veranderd?' vroeg Eefje. 'In welk opzicht?'

'Ik was gisteren bij haar, voor het eerst sinds een paar weken, en ik ben echt geschrokken. Ze was afwezig, een beetje bedrukt, ze keek ook zo raar af en toe. Pas tegen het eind leek ze weer een beetje op de omi die ik ken.'

'Hoe keek ze dan?'

'Ja hoe. Wat zal ik zeggen. Onrustig? Schichtig? Zoiets. Alsof ze bang is dat er iets gebeurt.'

'Ze slaapt minder goed de laatste tijd, is het niet, Huub?' zei haar moeder.

'Tante Agaath zegt dat ze veel droomt. Een beetje nachtmerrieachtig. En daar rust je natuurlijk ook niet van uit.'

'Maken jullie je niet ongerust?' vroeg Cleo.

'Ongerust... dat is niet het goede woord', zei haar moeder.

'Wat dan wel?'

Hubert steunde zijn kin op zijn handen. 'Oma wordt oud, Clé. We kunnen wel steeds roepen dat tachtig jaar tegenwoordig nog niet zo oud is, maar dat geldt lang niet voor iedereen. Dit gebeurt als je oud wordt. Je kunt heel lang vitaal blijven, je leeftijd ontkennen als het ware, maar op een gegeven moment kan dat niet langer. Dan...'

'Pappie, toe nou. Omi is geen honderd. Toen ze haar heup gebroken had, verzette ze zich uit alle macht toen jullie haar in een seniorenflat wilden stoppen. Ze was zo goed, zo sterk, gewoon een vrouw van negenenzeventig die nog van alles van plan is. Nu kukelt ze van een trapje en is het precies andersom. Terwijl ze niet eens iets gebroken heeft. Dat kan dan toch niet?'

'Hoe bedoel je, dat kan niet?'

'Dan kun je toch niet zeggen dat dat komt omdat ze oud wordt. Dat is de oorzaak niet. Ze is opeens oud geworden, uitgeblust geraakt, door iets anders.'

'Ik vind oma niet uitgeblust,' zei Eefje, 'maar ik begrijp wel een beetje wat je bedoelt, Cleo. Oma is moe. Ze heeft denk ik haar krachten een beetje overschat, toen ze in De Groene Vallei ging wonen. Dat denkt tante Agaath ook. Ze heeft erg veel hooi op haar vork genomen, moet je bedenken, ook geestelijk. En dat wreekt zich dan. Die valpartij, dat is natuurlijk een ongelukje dat iedereen kan overkomen, maar dat het juist met oma gebeurt, vind ik veelbetekenend.'

'En vergeet de dood van meneer Vreeman niet', zei haar vader. 'Dat was een goede vriend van haar. Daar heeft ze zeker ook een knauw van gekregen'

'O vast wel', zei Eefje.

Cleo keek naar haar ouders. Ze houden zichzelf voor de gek, dacht ze, of ze snappen er niets van.

'Denken jullie echt dat iemand van tachtig zó schrikt van de dood dat ze levensmoe wordt?'

‘Hé kind, wat zeg je toch een rare dingen’, zei Eefje.

‘Dat is helemaal niet raar. Als je hoort hoe nuchter sommige oudere mensen over doodgaan praten. Dat is voor hen toch een realiteit? Dan kun je je niet voorstellen dat ze daarvan zo in de war raakt.’

‘Ja, maar er is meer, Cleo. Volgens Agaath droomt ze ook nog altijd over de dood van Otto.’

‘Wat valt daar dan over te dromen?’ vroeg Cleo.

‘Dat weet je toch wel?’ zei haar vader. ‘Je kent die geschiedenis toch? Dat is natuurlijk niet iets wat je zomaar kwijtraakt.’

‘O, dat’, zei Cleo. Natuurlijk wist ze wat er destijds gebeurd was. Dat ze ’s avonds thuiskwamen van een concert, opa Otto en omi, en dat ze toen een inbreker betrapten. Opa ging hem achterna door de tuin en het tuinpoortje uit en kwam nooit meer terug. Toen oma ging zoeken, vond ze hem op het landje erachter, dood. Iets aan z’n hart. Eng genoeg natuurlijk om daar dromen van te hebben, maar dat het nu nog niet over was, verbaasde haar. Want hoewel het nooit uitgesproken was, was niemand erg rouwig geweest om de dood van opa Otto en op de een of andere manier had ze altijd aangenomen dat omi er net zo over dacht. Ze was zo flink geweest, zo beheerst, bijna onaangedaan. Cleo herinnerde zich dat Jeroen onbedaarlijk moest huilen bij de rouwplechtigheid in de aula, en dat oma hem toen op schoot genomen had. Vreemd, zo’n detail. Zou oma daar dan nu nog last van hebben? Haar had het niets gedaan. Opa Otto was geen echte opa, het was een vreemde man, met grapjes die ze niet begreep en iets in zijn ogen dat haar afstand deed bewaren. De manier waarop hij dood was gegaan, paste bij hem, vond ze.

De man die haar echte grootvader was, had ze nooit gekend. Jaap Terborg. Op de foto op mama’s werktafel leek hij erg op oom Kees. Volgens tante Agaath was het een leuke losbol geweest, in zijn goede jaren dan. Een motorrijdende, pijprokende, goedlachse man met een gat in zijn hand en een volslagen gebrek aan verantwoordelijkheidsgevoel. De laatste typeringen kwamen van mama, maar zij was dan ook het kind dat zich in de steek gelaten voelde. Dat in de steek gelaten was. Die foto stond er sinds zijn dood, tien jaar geleden. Tot die tijd had hij in de la gelegen, wist Cleo, de rechter bovenla, waar ook het Chinese doosje met de kralen lag. Mama had zo haar eigen manier om iets duidelijk te maken. Voor de sprekende herinneringen en de leuke anekdotes moest je bij tante Agaath zijn. Als lid van de oudere generatie had die alles meegemaakt en veel meer nog, zonder dat ze geplaagd werd door slecht verwerkte traumaatjes waar familieleden het alleenrecht op hadden. Zoals haar moeder nu weer gekozen had voor ontkenning. Ze leek omi wel. Nee hoor, niks aan de hand, hoort bij de oude dag kind, treurig maar waar. Niks treurig maar waar.

Cleo pakte de fles. 'Iemand nog een glaasje wijn?'

'Houd je wel de tijd in de gaten?' vroeg Eefje. 'Hoe laat gaat je trein ook al weer?'

'Ik breng je wel even naar het station', zei Hubert.

'Dan moet jij maar niet meer drinken', zei zijn vrouw.

Ze kon wel eens naar tante Agaath gaan, dacht Cleo. Als er iemand kijk had op oma, was zij het.

Toen Eline aan het begin van de avond met MacMillan terugkwam van wat nu al zijn vaste plasrondje was geworden, en ze haar straatje met aanleunwoningen inliep, viel haar opnieuw in dat ze nu in een bejaardendorp woonde. Een halve ster van straatjes met rijtjes lage huizen aan weerszijden, uitkomend op het rijzige hoofdgebouw als steegjes op een kerk. In al die huisjes, met hun identieke perkjes onder het voorraam en hun identieke hekje naast het paadje van krap anderhalve meter en hun identieke buitenlamp boven de deur, woonden allemaal dezelfde mensen, dacht ze. Bibelebonse bejaarden. Aanleunouderen, noemde Agaath ze, 'bejaarden' was uit. Zij was nu ook een aanleunoudere. En ze had er vrede mee, tenminste, ze had zich erbij neergelegd.

MacMillan gromde. 'Wat is er?' vroeg ze. Hij trok aan de lijn, maar hier tussen de huizen liet ze hem liever niet vieren, niet iedereen was gediend van honden. 'Ruik je poes? Dat kan, ik heb er hier een paar gezien. Laat maar, die zijn toch veel te slim voor jou.'

Enkele huizen verderop, iets voorbij het hare, stond een man in een grijze regenjas met zijn rug naar hen toe. Hij tuurde op een papiertje en keek daarna zoekend naar de huizen. MacMillans grommen werd dieper en ze gaf een ruk aan de riem omdat ze niet wilde dat hij hier blafte. 'Stil jij, hou je kalm.'

De man keek om.

'Hé Rens', zei ze. 'Wat doe jij hier?'

16

'Jouw oma is dus het spreekwoordelijke pareltje dat aan de zwijnen ten prooi viel', zei Agaath Overmeer. 'Dat deed ze zelf, hoor, overigens. Ze werd niet geworpen of zo, ze vergooide zichzelf, als ik het zo cru mag uitdrukken.'

Ze keek even op van haar werk, dat bestond uit het rangschikken van zoute krakelingen op een schaaltje. Ik ben eraan verslaafd, had ze Cleo toevertrouwd, en ik probeer altijd medeslachtoffers te vinden. Doe je mee?

'Het ene zwijn heette Jaap Terborg. Nee, nou doe ik Jaap geen recht. Jaap was meer een varkentje, een charmant zwijntje, vertederend soms, zo'n zwijntje waarvan je de gebreken lang door de vingers wilt zien. Wat jouw oma ook deed. Te lang naar mijn gevoel, waardoor ze het uiteindelijk voor zichzelf en haar kinderen moeilijker maakte dan nodig was geweest. En het andere...' Ze keek Cleo aan. 'Je kunt er toch wel tegen meisje dat ik op deze manier praat? Eerlijk zeggen hoor!' Cleo knikte.

'Dan heb ik me niet in jou vergist. Wel, waar was ik...? O ja, dat andere zwijn was gewoon een zwijn. Niet meer en niet minder.' Ze zette de krakelingen voor haar op het tafeltje. 'Alsjeblieft. Neem er maar meteen twee hoor. Is die wijn lekker? 't Is Australische, maar wel van de supermarkt. Dat is toch altijd een gokje.'

'Ik vind 'm heerlijk', zei Cleo. Ze had geen enkel verstand van wijn.

De laatste keer dat ze Agaath Overmeer gezien had, was toen ze oma kwam opzoeken bij hen thuis, kort voor haar vertrek naar Australië. Een nogal autoritaire vrouw die zich op een aparte, half sarcastische manier bekommerd had om haar vriendin in de lappenmand. Jut en Jul, had haar vader ze genoemd, maar als je haar zo meemaakte, was er niets jullerigs aan tante Agaath, dacht Cleo. Zo straight maakte ze het niet vaak mee, en dan nog wel van iemand van achter in de zeventig. Grappig, als je haar naast omi zette. Het contrast had het waarschijnlijk spannend gehouden al die jaren.

Toch waren ze niet echt onafscheidelijk te noemen. Er waren periodes geweest, vertelde Agaath, dat ze elkaar door zeer uiteenlopende oorzaken weinig of niet gezien hadden. Zelfs telefoontjes en brieven waren dan schaars; kleine levenstekens, kaartjes, attenties, onderhielden de band. De zekerheid dat ze er nog steeds waren en aan elkaar dachten, was dan genoeg. Ertegenover stonden jaren van zeer intensief contact, logeerpartijen, vakanties, elkaar bijstaan als dat nodig was, met als gekoesterd hoogtepunt de vadertje-en-moedertjeperiode waarmee het eigenlijk allemaal begonnen was, enkele maanden nadat Jaap Terborg zijn gezin in de steek had gelaten en Eline's moeder, die tot dan toe ingesprongen was, onverwacht in het ziekenhuis opgenomen moest worden. Agaath kon haar rooster afstemmen op Eline's werkuren zodat ze om beurten voor de kinderen konden zorgen. 'We noemden het echt zo, omdat we alles deden om de schijn van een crisissituatie te vermijden, maar later realiseerde ik me dat ik ook hun huwelijk wel eens zo voor mezelf getypeerd had. Jaap en Eline hadden ook een soort vadertje-en-moedertje gespeeld in die eerste naoorlogse jaren, Jaap in ieder geval. Hij was jong, onbezonnen, onvolwassen. Eline lag in leeftijd vier of vijf jaar voor en geestelijk nog veel meer.'

Cleo keek naar de lange vrouw met het karakteristieke gezicht en de lichte ogen. Ik vraag het gewoon, dacht ze, daar moet zo iemand tegen kunnen. 'U bent zelf nooit getrouwd?'

Als ze verrast was, had ze een aparte manier om dat te maskeren. Haar gezicht kreeg iets ondeugends, alsof ze broedde op iets om de vragensteller af te troeven en Cleo bereidde zich al voor. Maar het verdween en haar antwoord klonk laconiek. 'Getrouwd niet. Wel is er zoiets geweest in mijn leven dat men tegenwoordig een relatie noemt.' Ze rekte zich uit en pakte en passant een pluche koalabeertje van een boekenplank achter haar stoel. Ze zette hem in de palm van haar linkerhand en streek met de wijsvinger van haar andere hand over zijn neus en oren. 'Chinese zooi uit Australië', zei ze met een lachje. 'Je oma had er ook een, maar die is bij haar laatste verhuizing spoorloos verdwenen. Ze kan zo een nieuwe krijgen, want ik heb nog een doos vol, maar ze hoeft 'm niet.'

Wat Agaath als verklaring kon bedenken voor Eline's terugval, kwam grotendeels overeen met wat Cleo al van haar moeder gehoord had. Ze nam het zichzelf kwalijk dat ze het niet tijdig opgemerkt had, terwijl ze haar toch zo goed kende. Weer was ze op de schijn afgegaan, Eline die als geen ander de kunst verstond om te doen alsof alles goed ging, terwijl ze wist dat er enkele strubbelingen waren. De toestand rond haar appartement, om maar iets te noemen, een kwestie met een vroegere klasgenoot die ze hier weer tegengekomen was, die haar nogal bezighield. 'Maar ja, als Eline Marchand je met een stralend gezichtje verzekert dat ze zich nog nooit zo goed heeft gevoeld, voel je je al gauw een ouwe zeur als je dat niet van haar aanneemt.'

'Dus het was nu gewoon te veel?' vroeg Cleo.

'Ja, deze keer wel.'

'Voor iemand die heeft meegemaakt wat mijn oma heeft meegemaakt in haar leven?'

Agaath knikte. 'Op een bepaald moment is de grens blijkbaar bereikt. Dan is het op.'

'Dat geloof ik niet', zei Cleo. Ze liet zich onderuitzakken in haar stoel. 'U moet het me niet kwalijk nemen dat ik het zeg, maar daar geloof ik niks van.'

Agaath Overmeer vouwde haar handen onder haar kin en keek haar nadenkend aan. 'Mag ik het nou eens duur uitdrukken? Eline heeft zichzelf in een paar maanden tijd sociaal en affectief uitgewoond. Begrijp je dat? Achter die façade van onvermoeibare charme en opgewektheid gaat een gewoon hart schuil, een onzeker hart, soms een bang hartje. Ik ken je oma, Cleo. Ik ken haar door en door. Ze wil aardig gevonden worden, ze wil behagen, ze wil ook graag bewijzen van belangstelling en genegenheid. Dus ze heeft vast ook wel harten in beroering gebracht, wie weet er ook wel eentje gebroken, en in andere weer twijfel gebracht, misschien wel bitterheid, want ze kan ook goed plagen, ze ziet de kwetsbare kanten van mensen heel scherp. Van alles dus, zoals dat gaat tussen mensen, hoe oud ze ook zijn. Maar voor haar in verhevigde mate, in dit volle huis waar ze zich geen rust gunde en tegen niemand nee zei, een soort pressurecooker waarin de spanning hoog opliep. En dat kost een energie! Waar anderen jaren over doen, deed jouw oma in weken en maanden. Acclimatiseren. En dan kan één ding te veel zijn. Begrijp je me?'

'Wat was het dat haar te veel werd?'

Agaath Overmeer schudde haar hoofd. 'Ik weet niet of het "een" ding was. Of het het laatste was. Dat zul je toch aan haar moeten vragen. Maar ik denk wel dat de dood van onze vriend Sander Vreeman haar niet onberoerd heeft gelaten. Iedereen is er kapot van. Eline ook.'

Als zelfs zo'n harde tante als Agaath niets kon toevoegen aan wat ze al wist of zelf kon bedenken, was er waarschijnlijk ook niets, dacht Cleo toen ze wegliep over de gang. Ze wist niet of ze daar nu blij mee moest zijn.

Onder aan de trap stond een vrouw die haar vorsend aankeek toen ze passeerde op weg naar de uitgang. 'Ben jij niet de kleindochter van Eline Marchand?' vroeg ze.

Cleo bleef staan. 'Inderdaad, mevrouw.'

'Dat dacht ik al. Ik heb je daar wel eens gezien. Ik ben haar buurvrouw, Dorothee Moerman. Was haar buurvrouw, moet ik natuurlijk zeggen. Hoe is het met je oma?'

'Het gaat wel.' Wat moest ze zeggen? 'Ik vind haar wel minder dan een tijdje geleden.'

'Is ze de gevolgen van die valpartij al weer te boven?'

'Dat geloof ik wel.' Ze moest maar een beetje voorzichtig zijn met wat ze zei, want voor je het wist, ging het het hele huis door. 'Oma had niets gebroken gelukkig. Maar ze had natuurlijk al last van haar heup en dat is er niet beter op geworden.'

De vrouw knikte terwijl haar ogen over Cleo's gezicht gleden. 'Heeft ze MacMillan nog?' vroeg ze. 'Ik heb een paar keer op hem gepast en toen heb ik tegen je oma gezegd dat ik hem best wilde hebben als ze hem kwijt wilde.'

'O, dat bent u?' zei Cleo. 'Dat heeft oma verteld. Ja, hij is er nog. En ik denk dat u weinig kans maakt, want ze woont nu gelijkvloers en kan hem gemakkelijker uitlaten dan hier.'

De vrouw glimlachte. ''t Is wel goed dat ze wat gezelschap heeft.

Ik bedoelde het toen ook meer als grapje. Hoewel…' De glimlach verdween. 'Het kwam voor mij nogal als een verrassing, dat ze wegging. We zagen elkaar niet elke dag, maar toch… Ze was zomaar opeens weg.' De vrouw legde haar hand op Cleo's arm. 'Luister eens… ik weet je naam niet eens.'

'Cleo. Cleo Rademaker.'

'Luister eens Cleo, vind je het erg om even met me mee te lopen naar mijn huis? Een paar minuutjes maar. Ik wil je even wat vragen en dit is de verkeerde plek ervoor. Een trappenhuis is nogal gehorig en voor mijn voeten is het ook beter als ik ga zitten.' Ze zag haar aarzeling. 'Het gaat me niet om een kletspraatje. Daar ben ik niet het type voor.'

'Zal ik uw tas dan dragen?' vroeg Cleo.

'Wat graag', zei oma's vroegere buurvrouw. 'Ik ben negentig jaar en de ene dag voel ik me tien jaar jonger en de volgende dag ben ik opeens honderd. Dit is zo'n volgende dag, vrees ik.'

Wel een aparte vrouw, dacht Cleo terwijl ze tree voor tree de trap opklom. Een beetje een Agaath-type. Voor ze het wist, schoof ze haar arm onder die van de vrouw. 'Ah, dat is helemaal beter', zei Dorothee Moerman.

'Er is een lift', zei Cleo.

'Er zijn er zelfs twee tegenwoordig. Maar ik moet een beetje aan mijn conditie werken, vind ik. Anders zit ik straks ook in zo'n afschuwelijk botsautootje en daar moet ik niet aan denken.'

'Op uw leeftijd zou ik dat helemaal geen schande vinden.'

De vrouw bleef staan. 'Kind, je ziet er tegenwoordig al zestigers in zitten. In de winkels rijden ze je kousen aan flarden en komen ze klem te zitten bij de kassa. Als je er wat van zegt, kijken ze je aan met zo'n blik van 'ik heb er toch zeker recht op?' Of je kunt een grote mond krijgen. Hulpmiddelenterreur noem ik dat. Van die uitgezakte types meestal. Maar wel gaan staan op dat ding als ze iets uit het bovenste schap moeten hebben. Vreselijk. De mensen zijn zo verwend. Nee, als ik niet meer kan lopen, blijf ik thuis.'

'Hebt u niet in de verpleging gewerkt?' vroeg Cleo, terwijl ze weer doorliepen.

'Precies', zei Dorothee Moerman. 'Ik weet waar ik over praat.'

Terwijl de vrouw voor haar deur naar haar sleutel zocht, keek Cleo even opzij naar nummer 117.

'Een vreemd gevoel zeker?' zei de buurvrouw. 'Het staat nog steeds leeg ook. Het schijnt dat ze het eerst willen verbouwen.'

Dorothee Moerman kwam meteen ter zake. Ze had van alles in huis, zei ze, en als Cleo iets wilde drinken, moest ze het zeggen, maar ze wilde geen beslag leggen op haar tijd. Met haar mantel nog aan trok ze twee stoelen onder de tafel vandaan en maakte een uitnodigend gebaar naar Cleo voor ze zelf met een zucht ging zitten. Toen vroeg ze: 'Weet jij of je oma een speciale reden had om zo gauw alweer te verhuizen?'

Toen ze zag dat Cleo aarzelde, zei ze: 'Laat ik het anders stellen en nogmaals, dit is niet bedoeld als roddel of kwaadsprekerij, ik wil het ook voor mezelf weten. Voelde ze zich hier niet meer veilig en heeft dat een rol gespeeld?'

'Daar heeft ze niets over gezegd', zei Cleo. 'Maar om u de waarheid te zeggen, het is voor mijn ouders en mij eigenlijk ook nog steeds een beetje onduidelijk. Is er dan iets gebeurd wat wij niet weten?'

'Dat weet ik niet. En dat maakt mijn vraag natuurlijk nog vreemder in jouw ogen. Nou, kort en goed. Er woont hier een etage hoger een meneer die zich soms wat hinderlijk gedraagt. Daar hebben jouw oma Eline en ik een keer over gepraat. Ik weet dat hij bij haar aan de deur geweest is. Meerdere malen. Ik heb me afgevraagd of zij zich daardoor... laten we maar zeggen minder vrij heeft gevoeld, en of dat een rol heeft gespeeld. Als dat zo is, wil ik het weten, zowel voor haar als voor mezelf. Het is allemaal natuurlijk niet meer terug te draaien, maar het is duidelijk dat er dan ingegrepen moet worden.'

O God, dacht Cleo. Wat moet ik hiermee? Ze kende deze vrouw niet, wist niet wat er achter die ogen schuilging die haar zo onbevangen aankeken. Negentig jaar. Kon ze haar vertrouwen? Helder was ze nog wel, maar je kon zo dement zijn als een deur en toch een heldere indruk maken, had ze wel eens gelezen. Of viel ze hier nu in de eerste de beste psychogeriatrische valkuil? Als het wel waar was, zou dat misschien omi's bangelijkheid kunnen verklaren en die onzekerheid. En de rest. Geen vrijwillige verhuizing misschien, maar meer een vlucht.

'Wat doet die man dan?' vroeg ze. 'Waaruit bestaat dat hinderlijke gedrag?'

Dorothee Moerman schudde haar hoofd. 'Vraag maar gewoon aan je oma of dat het geval is geweest of niet. Zij weet wel wie en wat ik bedoel. Weet je dat ze toen net zo reageerde als jij nu? Zij had toen ook iets van: dat mens van Moerman, daar moet je mee oppassen.'

'Waarom vraagt u het haar niet zelf?' vroeg Cleo.

'Ze neemt de telefoon niet op', zei de vrouw. 'En aan een brief ben ik nog niet toegekomen.'

Cleo stond op. 'U moet niet denken dat ik u niet wil geloven', zei ze. 'Maar ik vind dit nogal lastig. Ik beloof u dat ik nog wat van me laat horen. Blijft u maar zitten, ik kom er wel uit.'

'Ik begrijp het best, kind', zei Dorothee Moerman terwijl ze haar hand uitstak. 'Ik vertrouw de meeste mensen niet meer.'

Toen Cleo de deur achter zich dichttrok, zag ze schuin aan de overkant achter een raam de vitrage bewegen. Daar gaan we weer, dacht ze en even had ze zin om hard weg te hollen. Een tel later ging de deur naast het raam open.

'Dag mevrouw Barends', zei ze. 'Dag meneer Barends.'

'Nee maar, Cleo', zei het echtpaar vrijwel eenstemmig. Daarna nam mevrouw het over. 'We dachten je daarstraks al te zien. Kom je even binnen? Even maar.'

Het eerste wat mevrouw Barends zei toen Cleo op een stoel geplant was, deed haar zo goed, dat ze bijna tranen in haar ogen kreeg. 'We missen je oma zo vreselijk, kind. Is het niet, Henk? Dat zeggen we elke dag tegen elkaar. Ze woonde hier nog maar een paar maanden, maar het was alsof we elkaar al jaren kenden. Hoe is het nou toch met haar? Niet zo goed hè?'

Dit zijn omi's vrienden, dacht Cleo. Deze mensen zijn haar toegedaan. Bij hen hoefde ze zich niet af te vragen of ze iets wel kon vertellen. Bovendien ging het bijna vanzelf doordat mevrouw Barends haar eigen vragen steeds voor de helft zelf beantwoordde, omdat ze de vorige week al op bezoek geweest waren in haar nieuwe huisje. 'Het is de oude Eline niet meer. Daar zijn we wel van geschrokken.'

Meneer Barends stak zijn hoofd uit het keukentje. 'Het is juist een oude Eline geworden', zei hij.

En toen kreeg Cleo echt tranen in haar ogen. Vreemd toch dat de buitenwacht waarnam wat de eigen kinderen niet zagen, dacht ze. Agaath, Barends, maar haar ouders niet. Waar lag dat aan?

Ze bleef twee kopjes thee en twee plakken cake, minder kon gewoon niet want Barends zette het volgende al neer voor ze het eerste op had. Ook zij hadden er geen afdoende verklaring voor. Niet voor het plotselinge besluit om te verhuizen, en ook niet voor de zichtbare verandering in Eline's gedrag. Wel waren er verschillende dingen gaande of gebeurd waarmee ze het moeilijk gehad zou kunnen hebben. Mevrouw Barends noemde als eerste de actie van een zekere Magda Ittersum, maar haar man zei dat ze haar stokpaardje weer bereed, die zaak was toch grotendeels buiten Eline omgegaan. Cleo zag dat hij nog iets wilde zeggen, maar zijn vrouw zat al weer hardop te overwegen of iemand ook eens met Heleen de Rover zou moeten gaan praten. Er zat iets tussen haar en Eline, had ze gemerkt. 'Haar klasgenote van de mms', verduidelijkte ze toen Cleo ernaar vroeg. O die, dacht Cleo. Omi had haar er zelf over verteld. Was er iets mee? Maar zo had iedereen zijn zorgen, zei mevrouw Barends, en dat was toch niet een reden om zo van slag te raken of om je vrijheid van wonen op te geven. 'Want daar komt het toch wel op neer', zei ze met een blik op haar man. 'Zo'n aanleunwoning kan best gemakkelijk zijn, maar daarmee woon je toch in een zorgcentrum en dat is anders.'

Toen Cleo afscheid nam, pakte mevrouw Barends haar handen. 'Kind, zeg maar tegen je oma dat we de volgende week weer langskomen als dat goed is. Deze week redden we niet meer. En maak je nou niet te veel zorgen hoor! Ze komt er vast weer bovenop. Zo'n sterke vrouw!'

'Ik haal gelijk de krant', zei Barends. 'Dan heb ik aanspraak onderweg.'

'Ja, op zo'n afstand is dat wel welkom', zei zijn vrouw.

Beneden in de hal hield Barends haar tegen. 'Heb je nog even?'

vroeg hij. 'Ik wil iets met je bespreken.'

'Dat klinkt nogal heavy', zei ze lachend.

'Dat is misschien wel het goeie woord', zei hij, terwijl hij haar naar een zitje in de hoek dirigeerde. Pas toen ze tegenover hem zat, zag ze aan zijn ogen hoe nerveus hij was. Op slag werd ze zelf rustig. 'Heavy?' vroeg ze. Hij glimlachte flauw.

'Zal ik het u dan gemakkelijk maken? Het gaat over de man die oma lastiggevallen heeft.'

'Wie bedoel je?'

'Ik weet niet hoe hij heet, maar hij woont een etage hoger.'

'En wat heeft hij gedaan?'

Ze kon haar tong wel afbijten. 'Dat weet ik ook niet', zei ze bedremmeld.

Barends was even stil. Toen zei hij: 'Ik denk dat ik het over iets anders wil hebben.' Hij glimlachte weer. 'Luister maar even. Heeft je oma haar computer nog?'

'Ja.'

'Is hij aangesloten?'

'Dat geloof ik… Nee, dat moet nog gebeuren. Daar heb ik mijn vader iets over horen zeggen. Wat was het ook al weer?'

'Weet je waar hij nu is? Is hij ergens opgeslagen?'

'In oma's berging geloof ik, samen met wat meubels die ze niet kwijt kon in… Ik weet het weer. Ze wil hem niet meer hebben, heeft ze gezegd. Daar was mijn vader natuurlijk weer gepikeerd over, want hij had zo z'n best gedaan enzovoort. Ik geloof dat het laatste woord er nog niet over gesproken is. Waarom wilt u dat weten?'

'Ik wil 'm gebruiken. Als dat zou kunnen.'

Ze zei niets.

'Ik wil hem gebruiken om ergens achter te komen.' Weer viel er een stilte. 'Om…' Hij schoof op zijn stoel. 'Ik weet niet of ik je dit wel vertellen moet.'

'Dat weet ik ook niet. Waar gaat het over?' Eigenlijk moest ze een beetje lachen. Barends was toch een beetje eigenaardig, vond ze, als je niet beter wist, zou je 'm een cent geven. Uitdrukking van omi. Een beetje een watje.

'Jouw oma kreeg mailtjes van een onbekende afzender. Ik ken de inhoud niet, maar ik heb ze een keer geblokkeerd omdat Eline me dat vroeg. Ze zei dat het vervelende mailtjes waren.' Zijn ogen dwaalden niet meer, zag Cleo. Ze keken recht in de hare, helder en vast. 'Ik wil kijken of ik ze nog tevoorschijn kan halen. De meeste zijn weggegooid volgens Eline, maar misschien valt er nog wat te redden.'

'Dat is duidelijk', zei Cleo. 'De vraag is, hoe doen we dat. Met medeweten van oma of stiekem.'

'Misschien zijn er nog een paar andere vragen te stellen', zei Henk Barends. 'Zoals: waarom wilt u die mailtjes achterhalen, en: wat wilt u daar vervolgens mee doen?'

'Ja, dat kan. Maar het lijkt me allemaal wel duidelijk. U wilt na kunnen gaan of er een verband gelegd kan worden tussen die mailtjes en waar we het straks over hadden, de verslechtering in de toestand van mijn oma. En u wilt de afzender opsporen.'

'Ik wist niet dat ik zo duidelijk kon zijn', zei Henk Barends met zijn sullige lachje. Cleo lachte terug. Dat was dan inmiddels al twee cent. Als je niet beter wist.

'Maar een ding moet duidelijk zijn, Cleo. Niemand mag hiervan weten. Ik ga zelfs mijn vrouw niet vertellen wat ik van plan ben. Het liefst doe ik het ook buiten Eline om. Als die mailtjes zijn wat ik denk dat ze zijn, heb je kans dat ze er niets meer mee te maken wil hebben en het niet goed zal vinden. Het feit dat ze haar computer niet meer wil hebben, wijst daar al op. Ik moet erbij zeggen dat ik het haar een keer heb aangeboden toen ze hier nog woonde, maar het kwam toen niet gelegen.'

'Ik wil best m'n mond houden als dat moet', zei ze. 'Maar waarom moet het eigenlijk? Die dingen zijn verstuurd, niets meer aan te doen. De afzender kan natuurlijk ook op jacht gaan naar oma's computer, maar dat zal dan wel opvallen.'

'Omdat...' begon Henk Barends. Toen schudde hij zijn hoofd. 'Nee, ik moet ze eerst lezen. Dus, hoe gaan we dat aanpakken?'

'Ik heb wel een idee', zei Cleo. 'Ik moet er een beetje voor liegen en bedriegen, maar het is voor een goed doel, zullen we maar denken. Voor ik het u vertel, wil ik alleen eerst iets anders weten.

Bestaat er een kans dat die man waar ik het over had, de afzender is? De man die oma lastigviel?'

'Iedereen kan de afzender zijn. Daarom moet je ook je mond houden erover.'

'Nee, ik bedoel dat dat lastigvallen bestond uit het sturen van vervelende mailtjes. Want dan weet mevrouw Moerman er ook van.'

'Dorothee?' Henk Barends trok een gezicht. 'Dan zou ze het van Eline gehoord moeten hebben en dat lijkt me sterk. Nee, dat gaat ergens anders over, denk ik. Dorothee houdt één persoon verantwoordelijk voor alle ellende in en om het huis en die persoon heet Rens Leffelaar.'

'De man van het gietertje?' vroeg Cleo.

'Kijk', zei Barends. 'Dat vind ik nou een veel vriendelijker benaming. En wat spreken we nu af?'

'Ik bel u... overmorgen. Eerder kan niet en bovendien is het dan zaterdag en dat komt goed uit als ik een auto moet lenen. Morgen crasht mijn computer. Morgenavond bel ik oma om te vragen of zij een kleindochter in nood wil helpen. Als Alex' auto weer heel is, kan ik haar computer zaterdag ophalen en als u het geen bezwaar vindt om naar Amsterdam te komen, kunnen we... O, d'r is een probleempje. Mevrouw Moerman zei dat oma de telefoon niet opneemt.'

'Wanneer hebben wij haar gebeld?' zei Barends. 'Vorige week vrijdag. Onzin.'

'En ik inderdaad een paar dagen geleden nog. Mevrouw Moerman moet zich laten nakijken.' Barends keek haar aan. 'Pardon', zei ze.

'Eigenlijk ben ik het wel met je eens', zei Barends. 'Maar het is de vraag of het veel zal helpen. Kijk, daar gaat het echtpaar De Rover. Zij is die klasgenote van je oma. Volgens Bea wrong er dus iets tussen die twee.'

Cleo keek naar de plompgebouwde vrouw die de rolstoel voortduwde waar een broodmagere man in zat. Het vooruitzicht om haar zomaar naar oma te vragen, trok haar niet aan.

'De een duwt en de ander laat zich duwen', zei Henk Barends.

'Zo gaat het vaak in het leven. Je zou haar toewensen dat het eens andersom was. Het is een lieve vrouw, volgens mij.'

Cleo keek opzij. 'Als je niet meer kunt lopen, is het ook geen pretje.'

Er trok een lachje over zijn gezicht. 'Zeker niet. Maar dr. Hermanus de Rover is de grootste hypochonder die er in dit huis rondrijdt.'

'Waar ben je geweest?' vroeg Alex.

'Bij de oude mensen', zei ze. 'In Driehuis. Staat er witte wijn koud? Ik snak naar een glas koude witte wijn.'

'In december?'

'Kan me niet schelen.'

'Hoe was het met je oma?'

'Ik ben niet bij omi geweest. Het ging over haar. Remember?'

Hij knikte. 'Wijzer geworden?'

Ze trok een gezicht. 'Niet echt. Wel veel verhalen moeten aanhoren. Bij sommige vraag je je af of ze het niet ter plaatse verzinnen. Haar vriendin Agaath zegt hetzelfde als mijn vader en moeder, of andersom dan. Volgens mij vertelt ze niet alles. Of er is niet meer, dat kan ook. Omi's vroegere overburen zijn vreemd maar schattig. Hij komt hier zaterdag om...' Ze zweeg. 'Hoe zit het nou met die wijn?'

'En hoe zit het nou met die buurman?' vroeg Alex even later.

'Dat mag ik niet vertellen.'

'Wat is dat nou voor een raar verhaal?' zei hij toen ze klaar was. 'Is die man wel te vertrouwen?'

'Als je maar niet laat merken dat je ervan weet!'

'Ik ben er niet eens zaterdag', zei hij. 'Ga je nog een keer terug of weet je wel genoeg?'

'Ik laat het even van zaterdag afhangen. Ook omdat ik omi dan spreek. Maar ik denk wel dat ik zelf nog een keer terug wil. Betsy Donselaar staat nog op mijn lijstje, maar die was er vandaag niet. En dan misschien ook nog maar mevrouw De Rover. Allemaal oude mensen.'

'Allemaal dingen die voorbijgaan.'

'Nou ja, dat hoop ik dan maar.' Ze hield haar glas bijna horizontaal en liet de wijn rechtstreeks in haar keel lopen. 'Wat kijk je?' vroeg ze, toen ze geslikt had. 'Dat doe ik wel vaker, hoor.'

'Je houdt je klassieken toch wel bij, hè?'

'O', zei ze. 'Erudiete engerd. Ik heb alleen het uittreksel gelezen. Is dat ook goed?'

'Hallo', zei een vrouwenstem.

Eline kuchte. 'U spreekt met mevrouw Veninga', zei ze. 'Ik bewoon een aanleunwoning van Velserpoort. Kunt u mij doorverbinden met de coördinator van de vrijwilligers?'

'Spreekt u mee.'

'O, juist. Mevrouw, ik zou graag meer willen weten over het werk van de vrijwilligers. Is het zo dat deze alleen ingezet worden bij algemene activiteiten in het huis, of kunnen bewoners ook persoonlijk een vrijwilliger toegewezen krijgen die in de woning zelf helpt?'

'Nee, van dat laatste kan geen sprake zijn, mevrouw. Hoe komt u daarbij?'

'Ik had het erover met een kennis die zelf vrijwilliger is, omdat ik overweeg om mij ook aan te melden. Alleen dacht ik dat vrijwilligers tegenwoordig vanwege de krapte ook eenvoudige zorgtaken in de woning mogen verrichten. Maar die kennis zei dat het voornamelijk ging om helpen bij verplaatsing in het zorgcentrum en ook daarbuiten, om gezelschap, spelletjes doen, dat soort dingen.'

'Ja, dat is wel zo'n beetje het taakgebied. Iets ruimer nog. Maar in de woning voert alleen het personeel taken uit. Valt u dat tegen? Want ik begrijp dus dat u ook vrijwilliger wilt worden?'

'Och, tegenvallen. Ik had er duidelijk een andere voorstelling van dan die kennis. Ik zal er nog over nadenken.'

'Ja. Dat zal wel het verschil in ervaring zijn. Wie was dat, als ik vragen mag?'

'Leffelaar', zei ze. 'De heer Leffelaar.'

'Ik heb hier wel een Anke Leffelaar', zei de stem van de coördinator. 'Een heer Leffelaar staat hier niet op de lijst.'

'Hij doet het sinds kort', zei Eline. 'Pas enkele weken, geloof ik.'

'Het zou kunnen', zei de stem. 'Maar die lijsten worden wel elke week bijgewerkt. Want weet u wat het is, dan...'

'Dank u wel voor uw informatie', zei Eline en ze legde de hoorn neer. Haar handen trilden. Ze liep naar de voordeur en draaide de knip om.

MacMillan ging op zijn achterpoten staan en krabbelde langs haar rok. 'Nee', zei ze. 'We gaan nog niet uit. Maar vanaf nu let jij nog beter op dan anders. Afgesproken?'

17

Hoewel het Cleo zonder problemen gelukt was om de computer van Eline te lenen en ze hem vrijdagavond al naar haar etage had vervoerd, kwam er zaterdag van de afspraak met Henk Barends niets terecht.

’s Morgens belde hij met een bedrukte stem af en Cleo kon zich direct het gezicht voorstellen dat hij daarbij trok. Hij had onvoldoende rekening gehouden met de agenda van zijn vrouw. Ze kon niet uit zijn verhaal opmaken of het uitstapje naar de kinderen nu de straf daarvoor was of door hem gewoon over het hoofd was gezien, maar in ieder geval kwam hij niet naar Amsterdam.

‘Maar hoe zit het bij jullie met de zondagsheiliging?’ informeerde Barends.

Cleo moest even nadenken wat hij bedoelde. ‘Doen we niet aan’, zei ze. ‘Een ogenblikje.’ En tegen Alex: ‘Zouden we zondag niet naar jouw ouders gaan?’ Hij lag drie meter van haar af in zijn volle lengte op bed de zaterdagkrant te lezen.

‘Ik ga wel alleen’, zei hij, toen ze het had uitgelegd, maar op zo’n slachtoffertoon dat ze Barends vroeg om ’s avonds terug te bellen.

‘We kunnen hem natuurlijk morgen ook onze sleutel geven’, zei ze terwijl ze haar deel van de krant probeerde terug te veroveren.

‘Doe toch niet zo bizar. Een wildvreemde man. Jij bent soms zo naïef.’

‘Een wildvreemde oudere, ja? Volkomen ongevaarlijk. Maar dat wil hij toch niet. Hij wil per se dat ik erbij ben. Hij wilde ook het wachtwoord niet weten, omdat hij dat niet netjes vindt. Hij is heel discreet.’

‘Een heel discrete ongevaarlijke wildvreemde oudere. Boeiend. Maar hij komt er niet in. Hoe kom jij eigenlijk aan dat wachtwoord? Heb je je oma bedreigd?’

‘Ik heb het zelf voor haar bedacht’, zei Cleo. ‘Voor een gedeelte. Toen papa de zaak installeerde. Anders nemen die mensen zomaar een woord en dat zijn ze dan de volgende dag vergeten.’

‘Wat heb je dan bedacht?’

‘Dat vertel ik niet. Ik ben discreet.’

‘Jij discreet? Je vertelt je intiemste familiegeheimen in de kroeg. Aan mij, weet je nog wel? Ik had bardienst. Daardoor viel ik ook op je, zo’n keurig meisje dat zulke vreselijke dingen vertelt op zo’n plaats. Daarbij vergeleken is het wachtwoord van je oma dus peanuts.’

Cleo rukte haar deel van de krant en het dekbed naar zich toe. ‘Wat ben jij een onbetrouwbaar tiep! Als deze flat voor de helft niet van jou was, liet ik je er zo uitzetten.’

‘O, gaan we op die toer.’ Alex sprong uit bed. ‘Oké. Eenmaal een creep, altijd een creep. Je zegt ’t maar.’

Hij ging voor Eline’s computer zitten en drukte de startknop in. ‘Zo… Windowtje…’

‘Alex, doe niet zo pesterig’, zei ze. ‘Zet dat ding uit. Je kunt er toch niets mee beginnen.’

‘Diedelda, diedeldum’, neuriede hij. ‘Ik zei toch al dat je naïef was. Outlookje… inboxje…’

‘Shit!’ Met een sprong stond ze naast hem. ‘Alex, stop ermee.’

‘Waarmee?’

Ze drong zich tussen het scherm en hem. ‘Alex, ik waarschuw je! Dit kun je niet maken.’

‘Ah, had schatje vergeten dat je voor gelezen mailtjes geen password nodig hebt? Dan is het… nu te laat.’

‘Lul!’ riep ze en keek om naar het scherm, maar hij legde zijn armen om haar middel en rolde de stoel achteruit. ‘Maak je niet dik, lief, er is nog niets gebeurd. Maar je moet wel eens even luisteren. Waarom zou je nu niet kijken of je bij die mailtjes kunt komen?’

‘Waarom wel?’

‘Het scheelt je een dag. Nou ja, dat is ook onzin, maar die computer staat hier nou. Dan weet je tenminste of het iets te betekenen heeft.’

‘Ik vind het niet netjes tegenover meneer Barends. ’t Is zijn plan.’

‘Maar het is jouw oma. Bovendien wil hij proberen de afzender te identificeren, daar gaat het hem om. Nou, daar komen we niet aan. Hij heeft er dus geen last van.'

'Ik ga eerst douchen', zei ze en ze maakte zich los uit zijn greep.

'Geen sprake van.' Hij klemde haar tussen zijn benen. ''t Gebeurt nu. Met mij. Ongewassen. Of anders kan-me-niet-schelen-wanneer met die Barends, maar dan wil ik er ook niets mee te maken hebben.'

Cleo keek hem recht in zijn ogen. 'Oké', zei ze. 'You win.' Ze tuitte haar lippen en drukte die op zijn neus. 'Nu.'

'Waar kan ik op selecteren?' vroeg Alex toen een inboxlijst van zevenenveertig mailtjes zichtbaar werd. 'Afzender? Inhoudsaanduiding? Iets als "Dreigbrief 28"? Zo, jouw oma is al net zo populair als jij. En ze moet ook eens leren om vaker wat weg te gooien.'

'Houd het maar op onbekende afzenders. Zal ik even? Er zit flink wat familie bij, zie ik al.' Cleo pakte de muis. 'En daar zitten een paar mensen uit het huis, hoewel... Lex, laten we afspreken dat we bij twijfel openen en als dan blijkt dat het niet is wat we zoeken, het meteen weer dichtgooien. Anders zitten we toch een beetje te poeren in privé-zaken.'

'En selecteer ook op aantal per afzender', zei Alex. 'Moet je die zien bijvoorbeeld. Ik tel er zo al zes.'

'Flauw hoor. Ik heb nog maar één oma. Die mag ik af en toe best een mailtje sturen.'

Ze hielden er elf over die ze niet thuis konden brengen. Vijf van de afzender Lydraven met de aanduiding 'post', twee van wat ouder datum van een zekere Leftlinks die 'BvL' en een nummer in de inhoudsaanduiding hadden, en vier van de afzender Vast& Zeker met een referentienummer en een datum. 'Doe maar van groot naar klein', zei Alex. 'Het gaat toch om een redelijk aantal.'

Cleo klikte van afzender Lydraven de laatste mail aan. Twee woorden, dat was alles. EINDELIJK VERSTANDIG. 'Hm', zei ze. 'Dat kan van alles zijn. Van wanneer is die?'

'19 november. Geen naam eronder, maar dat is niets bijzonders bij e-mail. Doe die erboven eens.'

Ze staarden naar het bericht met de inhoud NU JIJ NOG, gedateerd 31 oktober.

'Tja', zei Cleo. 'Zullen we eens een van die andere proberen?' Zonder zijn antwoord af te wachten klikte ze op de laatst binnengekomen Vast&Zeker-mail. 'Geachte mevrouw Veninga, naar aanleiding van uw vragen over de voortgang met betrekking tot de verkoop blablabla...'

'Makelaarspraat', zei Alex. 'Schatje, waarom doen we in godsnaam zo moeilijk? Gooi die andere van Lydraven open. Volgens mij stinkt die. Niemand stuurt toch zulke boodschappen naar een oude vrouw? Begin maar bovenaan.'

'Eerst die andere nog even.' Ze klikte de eerste van Leftlinks aan en keek. 'O nee hè', zei ze en ze sloot hem weer.

'Wat is er? Ik heb niets gezien. Is hem dat?'

'Vast niet. Een man uit het huis die kleverig doet. Ik weet wie het is. Maar met naam en toenaam, dus dit kan oma nooit bedoeld hebben. Dan die andere maar weer.'

Ze klikte op de Lydraven-mail van 23 oktober. DAT ZAL JE NIET HELPEN. IK GA DOOR TOT JE WEG BENT, stond er.

'Zo', zei Alex. 'Wat heb ik je gezegd? Nu een voor een, dan schrijf ik ze even op.'

Even later bogen ze zich over totaal zes regeltjes tekst, getypt in hoofdletters en in vijf mailings verstuurd tussen 23 oktober en 19 november. Alex las ze voor:

23/10 Dat zal je niet helpen. Ik ga door tot je weg bent.
25/10 Dan moet je het zelf maar weten.
29/10 Een klein duwtje is dus genoeg.
31/10 Nu jij nog.
19/11 Eindelijk verstandig.

'Vreemde teksten', zei Cleo. 'Ze hangen als los zand aan elkaar. Geen enkel verband, lijkt het.' Ze duwde haar vuisten onder haar kin en staarde naar het papier. 'Weet je waar het aan doet denken? Een gesprek met een mobieltje op de bank achter je in de bus. Dat is net zoiets. Je hoort de andere kant niet.'

'Je bedoelt dat je oma geantwoord heeft?' vroeg Alex. 'Ik zie geen reply-pijltjes. Kijk eens of ze gewoon teruggemaild heeft.'

Maar de box verzonden berichten bevatte geen mails aan Lydraven.

‘’t Gaat over weggaan. Iemand vindt dat oma weg moet gaan. Zij weigert dat, en ten slotte gaat ze toch. Dan heeft ze hem dus toch z’n zin gegeven, die Lydraven. Wat is dat voor een rare naam?’

Alex haalde zijn schouders op. ‘Dat mag Barends uitzoeken. Tot nu toe vind ik het overigens niet schokkend wat er staat. Maar de reeks was langer, toch? Wat zei hij precies? Er zijn berichten geblokkeerd en… wat nog meer?’

‘Weggegooid. Door hem, maar ook door oma. Maar als hij een mailblokkade heeft ingevoerd en deze ging gewoon door tot 19 november, was er dus nog een andere afzender.’

Hij knikte. ‘Kijk eens in de prullenbak.’

Het viel direct op, het gesloten envelopje tussen al die geopende. ‘Verdomd’, zei Cleo. ‘Dat doet me aan iets denken. Waar is m’n agenda.’ Ze bladerde terug naar eind oktober. ‘Op 24 oktober ben ik bij omi geweest. Dat was nadat ik zondags in Heemskerk had gemerkt dat ze zat te modderen met haar computer. Wat stom dat ik daar nu pas aan denk. Een donderdag, klopt. En toen zag ik ’m, ik heb het nog tegen haar gezegd. En wat zei ze toen ook weer? Dat het reclame was of zoiets. Dat ik daarin getrapt ben!’

‘Wel’, zei Alex. ‘Je kunt je fout nu goedmaken. Kom op met dat wachtwoord.’

‘Nu ga ik wel eerst douchen’, zei ze.

Hij haalde zijn schouders op. ‘’t Is jouw oma.’

Net toen ze haar haren vol shampoo had, hoorde ze hem iets roepen.

‘Wat?’

‘Wanneer viel ze van de trap?’

‘Trapje. Drie treetjes. Dat was op een vrijdag. Zaterdag ben ik toen bij haar geweest op dat ziekenzaaltje. En de dag ervoor was het gebeurd. Nee, zondag. Dat weet ik nog omdat we het nog zo vreemd vonden dat er post was op zondag, maar dat bleek interne te zijn… Ho, shit.’

‘Wil je alsjeblieft iets duidelijker zijn? Wanneer was het nou?’

Het bleef stil.

‘Schatje? Wanneer?’

Cleo stak haar druipende hoofd langs het gordijn naar buiten.

'Ze viel op vrijdag 25 oktober, want ik was op die faculteitsborrel toen mama belde, en zondag ging ik op bezoek en toen was er net interne post bezorgd die ze vergeten hadden, een paar brieven en kaarten en er was er een bij, een rode, die oma wegmoffelde en toen ik ernaar vroeg, zei ze dat ze het later wel zou vertellen. En als je het nou nog niet snapt, moet je even wachten. Ik ben zo klaar.'

Met een handdoek om haar haren gewikkeld en de badjas nog los om haar schouders kwam ze even later naast hem staan. 'Wat is er dan?'

'Vrijdag hoe laat? Dat ze van de trap viel?'

'Eind van de middag.'

'Zeker weten?' Ze knikte. 'Mama werd tegen etenstijd gebeld.'

'Oké', zei hij. 'Kijk dan eens hier. Vrijdag de 25ste om drie minuten over halftwee krijgt ze de boodschap "DAN MOET JE HET ZELF MAAR WETEN". Een uur of vier later valt ze van die trap. En de volgende boodschap is dan: "EEN KLEIN DUWTJE IS DUS GENOEG." Wel pas op dinsdag de 29ste, vier dagen later, maar ze lag toch nog op die afdeling.' Hij keek haar aan.

'Je bedoelt... dat ze van de trap geduwd is?'

Ze staarden allebei naar het lijstje met boodschappen.

'Nee...' zei Cleo. 'Zoiets kan toch niet?'

Ze keek nauwkeuriger. 'Maar kijk dan. Op donderdag staat er "NU JIJ NOG". Hoe verklaar je dat dan? Dat duwtje slaat helemaal niet op die valpartij van haar.'

Alex beet op zijn duim. 'Ik vind het wel erg toevallig. En wat was er met een brief?'

'Luister je nou nog wel eens?' Ze herhaalde wat ze net gezegd had. 'Dat ik daar niet meer aan gedácht heb!'

'Ze ontkende dus niet dat er iets was?'

'Nee. Dat zou dus ook zo'n boodschap geweest kunnen zijn. Het was in ieder geval geen gewone post, dat kon ik zo zien, want ze deed een beetje vreemd.'

'Dus voor het eerst komt hij niet via e-mail', zei Alex. 'Dat is natuurlijk wel heel toevallig.'

'Wat bedoel je?'

'Omdat ze niet thuis is. Ze kan niet bij haar computer komen en dus krijgt ze hem over de post.'

'Dan zou het dus iemand uit haar directe omgeving zijn. Wie wist er nou anders dat ze daar lag? Ze herkent het handschrift en moffelt hem weg. Ze weet dus misschien zelfs wie het is.'

'Hoeft niet', zei hij. 'Ze kan ook al eerder zulke post gekregen hebben. Hoewel...'

'Interne post was het. Het ging van het ene huis naar het andere. 't Is dus waarschijnlijk iemand uit De Groene Vallei.'

'Je hebt het steeds over iemand, maar het zou ook meer dan één persoon kunnen zijn. Tenslotte was zo'n beetje het hele huis erbij toen ze van dat trapje viel, toch? Lekker Indisch eten! Hé lief, kom op met je wachtwoord. Ik wil dat mailtje van die donderdag wel eens zien.'

'Ga dan eens opzij', zei ze. Ze gaf een roffel op de toetsen.

'Gezien', zei Alex.

'Wat kun jij toch flauw doen!' Ze wachtte tot ze toegang had en opende de mail. Weer hoofdletters, weer geen ondertekening.

LAATSTE WAARSCHUWING

ALS IK JOU WAS, ZOU IK MAKEN DAT IK WEG-KWAM.

'Gadver', zei Cleo. 'Ik word hier toch wel een beetje naar van. Wat is er toch aan de hand? Wie zit daar achter? Hè, die stomme Barends, ik wou dat hij hier was. Weet jij dat niet, hoe je afzenders kunt achterhalen?'

'Daar waag ik me niet aan', zei Alex. 'Ik zou wel een jongen kunnen bellen van mijn werk, die alles van computers af weet, maar...'

'Ik kan me ook helemaal niet voorstellen dat dit voor omi bedoeld is. Maar wat jij daarnet zei, klopt overigens wel een beetje. Donderdag de laatste waarschuwing, vrijdag "dan moet je het zelf maar weten", dan die valpartij, dinsdag dat kleine duwtje, en alleen "nu jij nog" kan ik niet plaatsen.'

'Maar daar zit dan misschien nog dat briefje van zondag tussen dat jij gezien hebt.'

Cleo knikte. 'En als we nou eens aannemen dat ze inderdaad geduwd is, zou je verwachten dat daarin juist iets over een klein duwtje staat. O god, wat een idiote toestand eigenlijk, dat we ons hiermee bezighouden.'

Hij kwam achter haar staan en legde zijn armen om haar hals. 'Ja. Maar het is wel jouw oma, lief. Je hebt zelf gezegd dat het slecht met haar gaat. En we komen er nu misschien een beetje achter waardoor dat gekomen is.'

Ze drukte zijn armen tegen haar wangen. 'Ik heb zo met haar te doen, die lieve schat. Dan ligt ze zich daar groot te houden in dat bed, terwijl ze net weer zo'n zeikerige brief heeft gelezen van "zie je wel, had je maar moeten luisteren". Zo vals is dat, zo goor. En ik zit erbij en laat me gewoon voor de gek houden. Ik ga gewoon de deur uit. Dag omi! Beterschap hoor! Eikel die ik ben. En dan gaat een dag later die lieve meneer Vreeman dood, waar ze helemaal kapot van is en dan komt ze donderdag thuis en dan ligt er weer...'

'Schatje', zei Alex. 'Schatje. Je moet... Wat is er nou? Cleo!'

'Jezus', zei ze. Ze was spierwit geworden. 'Jezus. O god.' Opeens liepen de tranen over haar wangen. 'Dat zal toch niet waar zijn?'

18

'Dag Tiny', zei Eline. 'Ken je me nog?'

De vrouw in de deuropening moest even kijken. 'Ja', zei ze, en een lach brak door op haar gezicht, 'jawel! Eline! Eline van de ziekenboeg. Wat leuk. Kom je even binnen? Kijk niet naar de rommel, 't is zaterdagmorgen en ik heb geen haast. Geef je jas maar hier.'

Eline zag geen rommel in de kamer waar ze binnengelaten werd. Het was er helder en licht, ondanks de bewolkte lucht en ondanks de zware eikenhouten meubels die veel ruimte innamen. Voor zag je de straat en achter een tuintje met een schuur. Zo kon je alles in het oog houden. Naast de schuur zat een man op zijn knieën met zijn rug naar het huis.

'Je hoorde wel dat ik je naam even kwijt ben', zei Tiny de Vries in de deuropening. 'Hoe was het ook al weer? Een Franse naam toch? En een Engels hondje.'

'Marchand', zei Eline vrolijk. 'En MacMillan, maar die is thuis. Vertel eens hoe het met je gaat.' Naast de gangdeur stond een kruk.

'Dat komt zo. Een kopje koffie? Ik heb net verse gezet. Hoe gebruik je het?'

De dokter zei dat ze niet mocht klagen, zei Tiny toen ze op haar voorstel met hun koffie aan tafel waren gaan zitten. 'Maar ik doe het wel.' De breuken waren goed geheeld, maar het lopen kostte haar moeite doordat de spieren waren verslapt. En ze had een beetje een klapvoet. En verder moest ze niet zeuren. En Eline werd bedankt voor het doosje bonbons, dat was nou echt niet nodig en bovendien slecht voor haar, want van al dat zitten werd ze toch al te dik. Ze brak het meteen aan.

'En hoe gaat het met jou, Eline?'

'Wel goed', zei ze.

'O ja?' zei Tiny. 'Mag jij wel jokken van je moeder?'

Eline schudde lachend haar hoofd en tegelijk voelde ze al iets achter haar ogen. 'Ik ben erg moe de laatste tijd. Weet je dat ik verhuisd ben? Ik woon nu in een aanleunwoning.'

'En het beviel je zo goed in dat huis! Je had zo veel vrienden daar en je kwam zo vrolijk...' Ze hield op. 'Neem me niet kwalijk', zei ze. 'Ik ben een klets.' Er klonk gestommel in de keuken.

'Ik had het ook naar m'n zin', zei Eline. 'Maar alles veranderde.'

Tiny knikte. 'Wat niet is, kwam nooit, toch?'

Eline keek haar aan en opeens begon ze te huilen.

'Nou, mens toch', zei Tiny, terwijl ze om de tafel heen liep en haar arm om Eline's schouder legde. 'Meisje toch. Het is ook niet niks.' Achter hen ging de deur open en ze voelde dat Tiny een gebaar maakte. De deur ging weer dicht.

Na een tijdje vroeg Tiny: 'Hoe wist je eigenlijk waar ik woonde?'

Eline borg haar zakdoek weer in haar tas. 'Dat heb ik gevraagd in Velserpoort. Shelley was er niet, maar een andere zuster heeft het voor me opgezocht. Ik wist dat het in de buurt was, dat had ik onthouden.'

'Het gaat niet goed met je, Eline.'

Ze knikte.

'Droom je nog zo?'

Ze keek haar aan, haar ogen weer vol tranen. 'Weet je dat dan?'

'Ik hoorde je. Vooral die nacht dat... Ik zal het maar gewoon zeggen hè, dat helpt misschien wel. De nacht voordat je hoorde dat die meneer gestorven was. Toen je halverwege in het kamertje ging liggen.'

Eline haalde diep adem. 'Ja. Dat is nog niet over. Ik droom nog. Altijd dezelfde droom, een nare droom. En er zijn heel nare dingen gebeurd, al voordat ik op de ziekenboeg kwam, maar ook nog toen ik er lag. En nu laten ze me nog niet met rust.'

'Wie?' vroeg Tiny.

Betsy Donselaar was thuis. En dat was iets bijzonders de laatste week, zei ze door de telefoon, want ze was vrijwel elke dag op sjouw en had al drie nachten niet in haar eigen bed geslapen. Ze vond het prima als Cleo langskwam, maar dan wel graag zo gauw mogelijk, want later in de middag had ze weer een afspraak buiten de deur.

Toen ze haar had binnengelaten, voelde ze zich duidelijk geroepen om een uitleg te geven ter verklaring van wat zij haar koortsachtige gedrag noemde. Dus luisterde Cleo met een half oor naar een relaas waarin een volgens Betsy getroubleerde nicht, haar drie hebzuchtige kinderen en een licht beïnvloedbare executeur-testamentair de hoofdrol speelden. En er was ook nog een dubieuze halfbroer, klonk het boven het geraas van de theeketel in de keuken, maar toen had Cleo al de dikke oranje kater ontdekt die haar met een kaarsrechte staart van genoegen leidde van de servieskast waar hij had liggen slapen, via de rug van de bank naar het uiterste puntje van de piano, die een eilandje vormde in de volle kamer. Daar liet hij met gesloten ogen en zacht spinnend toe dat zij hem met een vingertop masseerde op de daarvoor bestemde plaatsen.

'Eline was ook zo dol op hem', zei Betsy Donselaar toen ze met het blad de kamer binnenkwam. Waarop ze zichzelf direct weer corrigeerde vanwege het gebruik van de verleden tijd. 'Daar moet ik eens mee ophouden. Ze is niet dood.' Cleo kon het niet helpen dat er een rilling over haar rug liep. Ze voelde zich helemaal wat shaky na vanmorgen.

'Wie zorgt er voor hem als u weg bent?' vroeg ze, terwijl ze bij wijze van afscheid haar neus tegen de kattenneus drukte. 'Buren?'

'Ja. Maar als hij de kans krijgt de hele gang. Het is een ontzettende allemansvriend. En is MacMillan al weer terug bij je oma of zorgt Dorothee Moerman nog voor hem?'

'Nee, die is meteen meeverhuisd.' Weet ze dat niet, dacht ze? 'Dat is ook wel leuk voor oma.'

'Ja, dat is het zeker. Want ze heeft het niet makkelijk. Het is vreselijk om te moeten zeggen, maar ik ben nog niet bij haar geweest. Ik ga die familiehectiek waar ik net over vertelde, niet opvoeren ter verontschuldiging, dat zou laf zijn. Nee, ik moet je eerlijk zeggen dat ik het nog niet heb kunnen opbrengen. Het klinkt ontzettend raar en ik begrijp het soms zelf ook niet, want ik ben Eline zeer toegedaan en ik mis haar ontzettend. Misschien is het daarom alleen al goed dat je langskomt. Gebruik je suiker en melk?'

Toen ze wat gekalmeerd was, had Cleo met Alex overlegd wat ze nu het beste konden doen. Henk Barends was onbereikbaar. De huismeester, die ze als eerste belden, bleek niet over telefoonnummers van kinderen te beschikken en als hij ze wel had, was het nog maar de vraag of hij ze zou doorgeven, zei hij. En de centrale administratie was in het weekend gesloten. Er liep ergens een zorgcoördinator rond die mogelijk een lijst van contactpersonen had, maar die ging hij toch niet op zaterdag...

'Zeikerd', zei Cleo nadat ze de verbinding had verbroken. 'Had ik al van omi gehoord. Een onmogelijke man, zei ze.'

'Ga in ieder geval langs je oma vandaag en doe verder wat je van plan was. We weten nog niets. We hebben geen grammetje bewijs, alleen een... nee, het is niet eens een vermoeden, het is alleen een mogelijkheid.' Alex was zakelijk geweest en fel. 'Die verdomde Barends. We kunnen nu ook niemand anders meer erbij halen om dat adres te kraken, dit is een veel te rare zaak. Hij moet zo snel mogelijk komen. Morgenochtend vroeg, voor mijn part vanavond nog.' Ze zouden blijven bellen naar zijn appartement. Cleo zou de auto meenemen, Alex zou na de boodschappen er eentje zien te lenen bij vrienden en ging dan ook naar Eline. 'Ik kan altijd tegen haar zeggen dat het hoog tijd werd. Ik ben nog niet in het nieuwe huis geweest.'

'In het oude ook niet', zei Cleo ondanks het ellendige gevoel van binnen. Want ze voelde dat Alex' daadkracht aanstekelijk werkte. Het had geen zin om in haar paniek te blijven hangen of om te tobben. Zolang ze de harde aanwijzingen niet hadden, moest ze gewoon doorgaan met waar ze gisteren mee begonnen was. Tante Agaath kon ze wegstrepen, de volgenden op haar lijst waren Betsy Donselaar en mevrouw De Rover. Ze hadden afgesproken dat alleen zij bij oma zou beginnen over de mailtjes, als ze de kans kreeg. Vooral over de ontbrekende.

Al na een paar minuten vroeg Betsy of Cleo haar niet gewoon wilde tutoyeren. 'Ik ben misschien wel zo'n jaar of vijftig ouder dan jij, maar volgens mij doet dat er tegenwoordig in de beleefdheidsvormen weinig toe.' Als iemand het ongevraagd deed, vond ze het een teken van gebrek aan beschaving, wat was dat niet tegenwoordig, maar zij kende Cleo en Cleo kende haar en ze hadden het toch over hun Eline. Waarom dan niet. Dat had haar juist vanaf het begin zo aangetrokken in Eline, die combinatie van stijl en gewoon doen. 'In dit provinciale milieu zijn de meeste ouderen nog een beetje van "mevrouw" of "mevroi", die samengeknepen tutmondjes, wat ze ermee ophouden weet ik ook niet, maar stand is het niet.' Daarom was het een verademing dat Eline al bij hun eerste ontmoeting voorstelde om maar gewoon te doen. En zo oma, zo kleindochter.

'Ik zal het proberen, maar ik denk niet dat het me lukt', zei Cleo blozend, een beetje ondersteboven van de hartelijke woordenvloed die over haar heen spoelde. 'Geeft niks', zei haar gastvrouw.

Van lieverlee werd Betsy rustiger en ernstiger, vooral toen ze het kreeg over wat ze haar dualistische gevoel noemde als het om Eline ging. 'Ik zal proberen om het uit te leggen', zei ze. 'Ik zal ook proberen om zo eerlijk mogelijk te zijn.'

Vanaf het begin had ze geweten wie Eline was. De weduwe van de vrouwenarts die heel, heel lang geleden een aantal ernstige medische fouten had begaan waar zij het slachtoffer van was geworden. En vanaf het begin had ze zich voorgenomen om dat geen rol te laten spelen in haar houding tegenover Eline. Dat had haar ook geen enkele moeite gekost, sterker nog, gaandeweg raakte het zo op de achtergrond dat ze het meestal vergat. Eline was niet Eline Veninga maar Eline Marchand. Ze was zichzelf. Ze was sprankelend, fijngevoelig, kunstzinnig. Haar onzekerheid, die ze soms zichtbaar moest overwinnen, compenseerde ze niet met een bepaald vertoon, juist niet. Ze was terughoudend, maar niet teruggetrokken. Haar fijnzinnige humor had goede verstaanders nodig.

'We hebben zo veel plezier gehad samen. Vanaf de eerste kennismaking. We hadden dezelfde voorkeuren, dezelfde smaak, in veel opzichten althans. Op de zangrepetities vielen we soms om van het lachen, die malle Anton Bolhuis, je hebt hem gezien, die wist niet hoe hij het had, maar het is zo goed geweest, ook voor hem, hij heeft het er nog over, wil zo weer door. Ik had ook het gevoel dat ik eindelijk een bondgenoot had, een geestverwant. Niet in het zakelijke hoor, begrijp me goed, de bewonerscommissie is een heel ander verhaal. Meer... hoe zal ik het zeggen... het gevoel dat ik niet meer een roepende was in de woestijn. Ken je dat beeld? Het is bijbels.'

Cleo schudde haar hoofd. 'Maar ik kan me indenken wat het betekent.'

Het viel haar op dat er ondanks haar geestdrift een soort floers over Betsy kwam te hangen naarmate ze meer over Eline zei, een vage somberte die haar stem kleurde en haar ogen versluierde met iets van weemoed, zelfs pijn, alsof in alles wat ze zei al te voelen was dat het eindig was, voorbij, of in het tegendeel veranderd. Zelfs als ze leuke herinneringen ophaalde en haar bijna de tranen in de ogen stonden, wist Cleo niet meer of het alleen van plezier was. En de verleden tijd waarin ze vertelde, maakte plaats voor de tegenwoordige. Zo stonden de zaken nu.

'Ik hield van Eline, Cleo, ik houd nog steeds van haar. Ze heeft me zoveel gegeven, zelfs in die korte tijd. Maar dat wordt nu overschaduwd door wat ze me ontnomen heeft.' Betsy's ogen vernauwden zich, ze keek langs Cleo heen en het was even doodstil.

'Eline trekt aandacht. Ze vraagt die niet, het komt vanzelf, ze trekt mensen aan, het is een natuurlijke uitstraling, ze straalt iets uit zonder dat het show is. Een mooie vrouw, met veel gaven, een sterke persoonlijkheid die soms vertederend weerloos kon zijn. Ze heeft, niet eens bewust, aantrekkingskracht uitgeoefend, belangstelling verplaatst, sympathieën verlegd. Daarmee heeft ze, zonder het te weten, ook mensen uit elkaar gedreven.' Ze mompelde iets, stond toen op. 'Wil je nog thee?'

Zonder iets te zeggen hield Cleo haar kopje bij. Toen Betsy weer ging zitten sprong de kat bij haar op schoot. Afwezig streelde ze zijn vacht, veel harder dan Cleo gewend was te doen bij haar katten, het dier boog door maar scheen het normaal te vinden. Omi had in de eerste moeilijke dagen gezegd dat ze hoopte Betsy's vriendin te worden, herinnerde ze zich. En dat was gebeurd. In oma's verhalen over wat ze meemaakte, was Betsy voortdurend aanwezig. Op de uitvoering had oma haar direct aan haar nieuwe vriendin voorgesteld en ze hadden leuk met elkaar gepraat, persoonlijk, verbonden door hun band met Eline Marchand. Ze waren belangrijk geworden voor elkaar, omi en Betsy. Wat was er dan veranderd?

Betsy ving haar blik op. 'Spreek ik in raadselen? Het zal best. Ik vind het zelf ook zo moeilijk om dit gewoon een naam te geven, ik draai er voortdurend omheen. Maar ik zal wel moeten, want anders kun je hier niets mee beginnen. Niets. Wat ik bedoel, is... Eline heeft me veel ontnomen, en is nu zelf buiten bereik. Nu heb ik het gevoel dat ik alles kwijt ben.'

Cleo schudde haar hoofd. 'Ik kan er niet bij, Betsy. Geef het alsjeblieft een naam. Als jij oma beschrijft zoals ze jou voor ogen staat, zie ik alleen maar de schim die ze nu is, een schim in een aanleunwoning. Ik zie juist iemand van wie iets afgenomen is. Wat jij haar uitstraling noemt, bestaat niet meer. Het is mat geworden, dof. Als het alleen buitenkant was, zoals mensen wel beweerden, een façade, dan heeft ze blijkbaar niet meer de kracht om die op te houden. Maar ik denk dat ze vanbinnen veranderd is. Daarvoor kom ik bij je. Om te vragen hoe dat kan gebeuren, waardoor. En nog meer.' Ze was even stil. 'Ik denk dat ze gauw doodgaat als er niet iets verandert.'

Ze schrok van de woede in Betsy's ogen. Wat was er? Zonder er bij na te denken, stak ze haar hand uit en raakte haar schouder aan. 'Wat is er? Waarom kijk je zo?' Betsy's hals was vlekkerig rood, haar mond stond verbeten, de lippen naar binnen getrokken. Ze wreef over haar bovenarmen alsof ze het koud had. Cleo zag dat het overging. 'Wat was er?' vroeg ze. 'Wat deed ik?'

Betsy keek haar aan en er trok iets om haar mond, een glimlach. 'Och kind, wat lijk jij toch op je oma', zei ze. Ze pakte de kat beet en gooide hem met een boogje op het kleed. 'Hup jij.'

Ze keek opzij. 'Weet je wat er gebeurde, wat je deed?' Ze schudde zelf al haar hoofd. 'Nee natuurlijk, want ik ben de enige die het voelt, 't is mijn... wonde plek. Ik doe het in feite zelf.' Ze trok een gezicht. 'Hè gat, ik zit ook wel te zeuren.'

'Vertel nou gewoon', zei Cleo.

'Er gebeurde precies datgene waarover ik het net had. Ik legde je iets uit over mezelf en jij antwoordt met iets over Eline.'

Cleo knikte. 'Sorry.'

'Nee, dat bedoel ik niet. Dat wil ik niet horen ook. Het was alleen weer zo'n typisch voorbeeld van wat ik de afgelopen tijd heb meegemaakt en gevoeld, dat ik even ziedend werd.' Ze keek opzij. 'Ziedend, zei ik, niet zielig. Wat gebeurde, is dat Eline mijn plaats is gaan innemen. Sander Vreeman en ik waren vrienden. Niet in de zin van partners, nee, een diepe en duurzame vriendschap. Hij was mijn beste vriend en ik een van zijn betere. De betere.' Haar glimlach kwam en verdween weer. 'Toen Eline in De Groene Vallei kwam wonen, bleef dat zo, maar ik zag haar van lieverlee erbij komen. Hij had nu twee betere vrienden, zei ik een keer tegen hem. "Jij ook," antwoordde hij toen, maar dat was niet waar. Ik had nog steeds een beste vriend. En dat gaf niet, het was goed zoals het was, ik hield van Eline en ik hield van Sander. En na weer een tijdje voelde ik dat er iets veranderde. Ik denk dat ik het nog eerder voelde dan Eline zelf. Misschien omdat ik het onbewust gevreesd heb. Eline had mijn plaats ingenomen. En nog had ik daar vrede mee kunnen hebben als ik hem maar niet als vriend kwijtraakte, zo kan dat best in elkaar zitten, zeker bij mij. Ik nam het Eline ook niet kwalijk, zij deelde gewoon in het gevoel. Maar toen ging Sander dood. En daardoor besefte ik dat het er wel toe gedaan had. Ik was hem twee keer kwijtgeraakt. Een keer aan Eline en een keer aan de dood. En nu hij dood was, blééf ik op het tweede plan.' Ze wreef over de brug van haar neus, trok met haar gezicht, en snoof. 'Dat was bitter. Maar ik had Eline nog, dacht ik. Maar toen trok zij zich terug in haar verdriet. Ze kapselde zich in, werd een andere vrouw. Ze raakte buiten mijn bereik, ook letterlijk, ze verhuisde en daarmee was ik alles kwijt.'

Cleo wachtte tot Betsy Donselaar zich hersteld had. Het was niet alleen het verlies zelf, dacht ze. Het besef dat ze al verliezer was voor ze verlaten werd, moest haar verdriet wel een heel bittere bijsmaak geven. Als ze haar tenminste goed begrepen had.

'Wat was het dan tussen oma en meneer Vreeman? Hadden ze een verhouding? Noem je dat zo?'

Betsy keek haar aan. 'Wat bedoel je met een verhouding? Of ze met elkaar naar bed gingen?'

'Nee', zei ze, geschrokken van de vijandige toon. 'Of misschien wel eigenlijk. Waarom ook niet.' Ze voelde zich boos worden. 'Weet ik wat oude mensen doen, daar heb ik nooit zo over nagedacht. Ik wilde alleen weten wat...'

Betsy legde haar hand op Cleo's knie. 'Meisje, trek je maar niets aan van mij. Ik ben een oude verbitterde vrouw die een beetje tijd nodig heeft om zichzelf terug te vinden. Wat ik je nu zeg, moet je maar niet aan anderen doorvertellen. Niet aan je ouders, en laat ook maar niet aan Eline blijken dat je het weet. Jouw lieve oma had de man ontmoet die ze zestig jaar eerder had moeten tegenkomen. Maar nog was het niet te laat, vond ze. En toen ze dat aan zichzelf en aan hem had durven bekennen, kwam hij om het leven.'

Dus toch, dacht Cleo. Omi, omi. Zit het dus zo diep? Ze voelde de pijn lijfelijk, het sneed haar door de ziel zoals het oma gedaan moest hebben, arme omi.

'Maar als je zo'n verdriet hebt, hoef je toch niet te verhuizen? Hier had ze haar vrienden, hier kon ze troost zoeken. Weet jij hoe ze daartoe gekomen is?'

'Ach, lieve Cleo', zei Betsy. 'Wat zijn vrienden? En wat is troost? Toen ik Eline die morgen in Velserpoort met Henk Barends het bericht van Sanders dood kwam brengen, was zij het die mij troostte en niet andersom. En daarom denk ik ook voortdurend, ik moet naar haar toe. Nu is het mijn beurt om te troosten. Maar ik kan het nog steeds niet.'

'Heeft er iemand tegen haar gezegd dat ze maar beter kon verhuizen?'

'Wie bedoel je?'

'Weet ik niet. Iemand die het beter vond dat ze wegging.'

'Niemand vond het leuk of beter. Waarom? Ik weet niet wat je bedoelt.'

Ik ook niet, dacht Cleo. Was Alex er maar bij. Iemand bij wie ze alleen even door een blik kon checken of het goed was wat ze in één seconde besloot. Dat ze Betsy Donselaar niets zou vertellen over de mailtjes.

Dus toch, omi, dacht ze weer terwijl ze door de gangen van De Groene Vallei liep. En meneer Vreeman. Die aardige, knappe man met zijn onderzoekende ogen en zijn lachje van verstandhouding toen oma haar op de avond van het optreden aan hem voorgesteld had. Het meisje dat eerder op de avond 'Kun je niet uitkijken, oldtimer!' had geroepen toen ze hem ternauwernood met de fiets kon ontwijken. In het trappenhuis bleef ze voor een raam staan. Onder haar liepen een man en een vrouw ongehaast de oprit af naar een wachtende auto. Een kalend, beetje verwaaid hoofd en een afgelakt zilvergrijs hoofd met een zweempje violet en een hoedje. Hij hield het portier voor haar open en liep toen om naar de andere kant. Omi en Sander Vreeman. Natuurlijk stortte je wereld in, als de dood daar een einde aan maakte, daar was dan geen redden meer aan. Maar wie had daar de hand in gehad?

Toen Cleo tegen halfvijf bij de aanleunwoningen van Velserpoort achteruit een parkeerhaven wilde indraaien, schoot een lila Renault Twingo achter haar langs en nam het plekje in bezit.

'Klootzak!' schreeuwde ze tegen haar binnenspiegel. Tranen sprongen in haar ogen. Dit kon ze er net niet meer bij hebben. Ze rukte aan haar gordel, kreeg hem niet zo gauw los en zag tot haar woede het portier van de lila auto al opengaan. Bijdehand tuig. Kotsmisselijk werd ze van dat egoïstische gedrag. Op het moment dat de gordel losschoot, ging haar portier open. 'Kan ik helpen, mevrouw? Achteruit inparkeren blijft een probleem, nietwaar?'

'Lul!' zei ze tegen het grijnzende gezicht van Alex. 'Lila lul.' Toen schoten ze in een onbedaarlijke lach, die bij haar overging in een huilbui, alles tegelijk, waarvan ze nog nasnikte toen Alex haar allang naar een ander plaatsje had geloodst. Het Twingootje was van een vriend, vertelde hij terwijl hij de ene tissue na de andere aangaf, en Henk Barends, die inmiddels weer thuis was, had erin toegestemd om opgehaald te worden. Zelf was hij te moe om nog weer achter het stuur te gaan zitten. 'Vond zijn vrouw, denk ik. Maar hij moet vanavond dus ook weer terug. En dan heb ik die Renault niet meer, dus dit moeten we even goed afspreken. Maar nu eerst jij. Is het nogal heavy allemaal? En ben je nog iets opgeschoten?'

'Vast wel', zei ze. 'Maar in welke richting en waarmee weet ik niet. Ik moet het allemaal eerst maar eens laten bezinken. En morgen om elf uur heb ik ook nog een afspraak met mevrouw

De Rover. Ze gaat eerst naar de kerk. Ik zie er ontzettend tegen op. Ik ken het hele mens niet en heb eigenlijk ook geen flauw idee waar ik het over moet hebben. Maar ik ga nu maar door.'

'Eerst maar naar oma', zei hij. Ze knikte.

'Weet je wat Betsy Donselaar vertelde? Dat oma en meneer Vreeman iets hadden.'

'Zo?' zei Alex. 'Dat zou een hoop verklaren.'

'Maar niet alles', zei ze. 'Ik ben benieuwd wat je van haar vindt.'

Ze troffen Eline aan tafel achter een partijtje scrabble met Agaath Overmeer.

'Dat vind ik nou leuk, Alex', zei Cleo's oma. 'Gezellig hoor. Ik zal eens even kijken wat er in huis is.'

Agaath stond op: 'Laat mij dat maar eens even doen, Lientje.' En tegen Alex: 'Zo, ben jij nu de vriend van Cleo? Ik ben Agaath Overmeer en ik kwam hier om een potje te schaken. Je kunt dus wel zien wie het voor het zeggen heeft.' Ze keek samenzweerderig naar Cleo.

Ja, dacht Cleo, dat is het verschil. Betsy Donselaar worstelt met zichzelf en tante Agaath komt gewoon. Maar ze hoopte wel dat ze snel zou vertrekken. Als ze het met Eline over de mailtjes en de andere boodschappen ging hebben, kon dat alleen onder vier ogen. Nou, zes dan, dacht ze terwijl ze luisterde naar de grapjes die oma met Alex maakte. Ze vond haar beter dan een paar dagen geleden. Zo zag je maar weer wat een beetje afleiding kon doen.

'Omi,' zei ze, 'herkende u Alex eigenlijk nog wel? 't Is al weer drie jaar geleden hè, dat hij bij u op bezoek was.'

'Mevrouw,' zei Alex, 'Cleo probeert mij altijd zwart te maken. Let u maar niet op haar.'

'Cleo Rademaker', zei Eline streng. 'Ik mag dan oud zijn, ik ben gelukkig nog niet geestelijk aan het aftakelen.'

Houden zo, omi, dacht Cleo. Ze keek naar de rimpels in het ingevallen gezicht, de bruine vlekjes die veel meer opvielen nu ze zo bleek was. 'Hebt u de post nog bewaard van toen u gevallen was?' vroeg ze.

'Ja, wat dacht je', zei Eline. 'Met een lintje erom, hoor. Waarom?'

'Gewoon, leuk. U kreeg zó'n stapel toen, weet ik nog. Mag ik die zien?

'Kijk maar in de boekenkast. Bovenste plank, geloof ik.'

Nadat Agaath het bezoek van drinken had voorzien, pakte ze haar tas. 'Ik moet zo langzamerhand weg, Lien. Had je dit spelletje nog uit willen spelen of zal ik het bord opbergen?'

'Hoe is de stand?' vroeg Eline.

'Ik sta voor met 230 punten en jij...'

'Laat dat briefje eens zien', zei Eline.

Agaath keek naar Cleo. 'Ze weet heel goed hoe de stand is, hoor. Ze doet alleen altijd heel onschuldig, omdat ze het graag nog eens wil horen. Ik kan dus het bord wel opbergen, want je hebt alweer gewonnen, Eline. Gefeliciteerd.'

'Dank je, Agaath.' Eline gaf Cleo en Alex een knipoogje. 'Ik weet dat het jou alleen om het spel gaat.'

Toen Agaath vertrokken was, zei Cleo: 'Is dit alle post, omi?'

'Ik dacht het wel.'

'Was er niet meer? Ik herinner me een rode envelop, die kwam net toen ik bij u was.'

'Kind,' zei Eline, 'het is best mogelijk. Misschien is er wel iets achtergebleven in dat ziekenzaaltje. In de la van het nachtkastje lag ook het een en ander, herinner ik me. Maar de meeste heb ik gelukkig nog.'

Cleo steunde met haar ellebogen op tafel en keek naar Eline. 'Omi', zei ze. 'Zegt de naam Lydraven u iets?'

Eline zat even doodstil. Toen draaide ze als een vogeltje haar hoofd een beetje schuin en keek haar kleindochter aan. 'Zeg die naam nog eens?'

Toe maar omi, dacht ze. Je kunt het. Ik speel het spelletje wel mee. 'Lydraven.' Ze articuleerde met overgave.

'Dat is Lydia van Ravenstein', zei Agaath in de deuropening. 'Neem me niet kwalijk dat ik zo weer binnenval, maar ik had m'n Knirps hier laten liggen en het regent dat het giet. Wat is er met Lydia?'

Cleo zag Eline's ogen op zich gericht. 'Ik kwam dat adres laatst ergens tegen, volgens mij in een oud mailtje. Kan het zijn na de verhuizing?'

'Nou, dat zou wel heel bijzonder zijn', zei Agaath. 'Lydia is al drie jaar dood.'

'Van Ravenstein? De naam zegt mij niets', zei Eline. 'Wie was het dan?' Ze keken allemaal naar Agaath.

'Lydia was een bewoonster van De Groene Vallei. Ze was kunstschilder. Toen ik hier een paar maanden woonde, is ze overleden. De auto waarin ze meereed, werd geramd door een vrachtwagen. Heel tragisch, ze was nog niet oud, een bijzondere vrouw, heel artistiek. Ze had toen juist geëxposeerd in het dorpshuis, herinner ik me. Lientje, dat is nou de vrouw die ik noemde in verband met je achterbuurman Leffelaar, weet je nog?'

'Dát was het geloof ik', zei Cleo. 'Een e-mail met een uitnodiging voor een vernissage. Kan dat? Ik heb die naam in ieder geval zien staan en hij viel me op.'

'Zou best kunnen', zei Agaath. 'Al weet ik niet waar die dan vandaan kwam. Maar hij is apart genoeg om te onthouden. Ik ga er vandoor hoor!'

'Tot maandag!' riep Eline. Ze keerde haar gezicht naar het raam. Regen droop langs het glas en met onregelmatige tikken vielen druppels op de vensterbank.

'Omi', zei Cleo. 'Stond onder die rode briefkaart ook de naam Lydraven?'

Eline schudde haar hoofd. 'Meisje, waar laat jij je nou mee in?'

'Ja of nee, omi?' Cleo keek naar haar grootmoeder. Haar haar is dun, dacht ze, ze wordt kaal. Of komt dat omdat het lang niet gewassen is? Daar zou mama op moeten letten. Of tante Agaath.

'Alle boodschappen zijn anoniem,' zei Eline, 'Maar de afzender heeft een naam. Die je net noemde, Lydraven, en eerst was er een ander.'

'Een ander?' vroeg Alex van het andere eind van de tafel. Cleo gebaarde dat hij zich erbuiten moest houden.

'Wie, omi?' vroeg ze. 'Welke afzender?'

'Dat weet Henk nog wel, mijn vroegere overbuurman. Henk Barends.'

Cleo zag dat Alex zat te popelen en schudde haar hoofd. 'Omi', zei ze. 'In het begin hebt u mailtjes weggegooid hè? Wat stond daarin?'

Eline draaide zich om. 'Had je daarvoor mijn computer nodig? Dat had je dan toch gewoon kunnen vragen?'

'Zou u het dan goedgevonden hebben?'

Eline keek naar haar, met aandacht, alsof ze haar nu pas opgemerkt had. Wat lijkt ze toch op mij, dacht ze. Ze is op mijn hand, ik moet haar vertrouwen niet beschamen. Maar het is wel te laat. '"Ga weg"', zei ze. 'Dat was de eerste boodschap. Hij staat op een boekenlegger van een bibliotheekboek. En daarna kwam het op de computer. "Ga weg, mens". "Ga alsjeblieft weg". Dat soort dingen. Heb je ze gelezen?' Cleo knikte.

'De boekenlegger ligt op de bovenste plank van de klerenkast, onder een stapeltje blouses, net als de kaart die je zocht. Kijk maar even.'

'Wanneer is het begonnen, omi?' vroeg Cleo terwijl ze opstond. 'Voor die avond waarop u optrad of erna?'

'Op de dag van de uitvoering. Toen werd het boek bezorgd waar die boekenlegger in lag. Kun je het vinden? Ach Alex, help haar even. Ze kan er niet goed bij.'

'Dat denkt u maar', zei hij. 'Ze staat gewoon te lezen.'

'Wat een gemene kaart is dit', zei Cleo. '"Ik heb je gewaarschuwd. En ik ben nog niet klaar." En daar zei u dus niets van toen ik bij u was, weet u nog wel. U deed gewoon of u gek was.' Ze gaf de kaart aan Alex. 'Toen was hij nog niet klaar, schrijft hij. Nu dan wel, omi?'

'De computer is na de verhuizing niet meer aangesloten. Ik weet dus niet of er later nog boodschappen gekomen zijn. Maar met de post heb ik niets meer gekregen.'

'Dus u weet niet zeker of hij klaar is.'

Ze antwoordde niet, schudde alleen even met haar hoofd, een kleine rilling was het meer, vond Cleo, en ze durfde de volgende vraag niet te stellen. In plaats daarvan vroeg ze: 'Wie doet het, omi? Weet u dat? Wie zit er achter die naam?'

'Het kan iedereen zijn', zei Eline. 'Daarom wilde ik ook verhuizen.'

19

Nog een geluk dat het opgehouden was met regenen, dacht Tiny de Vries, terwijl ze uit de auto stapte.

'Om tien uur dus, hè?' zei ze, 'niet eerder. Maar liever ook niet later.'

'Moet ik je niet even tot de deur brengen?' vroeg haar man terwijl hij haar de kruk aangaf.

'Welnee. De dokter heeft gezegd dat ik alles weer kan doen.'

'Het liefst in het donker, zeker?' zei hij. 'Ik vind het nogal wat.'

'Ga nou maar', zei ze.

Verdwalen was niet mogelijk. Elke woning had een verlicht huisnummer naast de deur en een buitenlamp erboven, terwijl er om de zoveel meter een straatlantaarn stond. Het leek wel midden op de dag, zo licht. Dat ze erin slaagde om toch nog midden in een plas te stappen kwam doordat ze meer lette op donkere hoeken dan op waar ze haar voeten zette. Daar stond hij, waar de rij huisjes versprong, in de enige streep schaduw in de hele straat. En dan ook nog in een lichte jas. Steunend op haar kruk haalde ze het briefje uit haar zak en keek daarna zoekend naar de huizen.

'Pardon meneer', zei ze, terwijl ze op de man afstapte die in de beschutting van de zijgevel van een huis stond. 'Goedenavond. Ik moet op de Poortwachter nummer 157 zijn. Het zal wel aan mij liggen, maar ik kan het niet vinden. Bent u hier bekend?'

'Een beetje mevrouw', zei de man. 'Maar genoeg om te weten dat nummer 157 hier niet is. Dit gaat niet verder dan 69 en 70.'

'O nee toch', zei Tiny. 'Zoek ik dan helemaal verkeerd? Ik kan het me haast niet voorstellen. Ik ben hier toch ook al eens overdag geweest, bij m'n vriendin, ze woont hier weliswaar nog maar net, maar ik zou toch zeker gezegd hebben...' Ze hield het briefje in het licht van een lantaarn en de man keek mee.

'Er staat nummer 57, niet 157', zei hij. 'U zit er honderd nummers naast. En 57 is dáár.' Hij wees schuin naar de overkant.

'Nou, begrijp je dat nou?' zei Tiny. Ze lachte tegen de man.

'Dat krijg je dus als je je bril niet op hebt. Maar goed dat ik u tegenkom, zo had ik nog lang kunnen zoeken! En dat met dat been van mij. Dat valt toch niet mee hoor, revalideren. 't Is de eerste keer eigenlijk dat ik er 's avonds weer op uit ga.' Ze bekeek hem onderzoekend. 'U woont hier vast niet. Heb ik gelijk?'

'Waarom denkt u dat?'

'Daar lijkt u me nog te jong voor. Hier wonen toch hoofdzakelijk ouderen. Zoals mijn vriendin Eline, die is toch bijna tachtig. Of is ze het nou al...? Nou lijk ik zelf wel vergeetachtig! Maar in ieder geval bent u vast niet ouder dan... vijfenzestig. Vijfenzestig, zou ik zeggen. Zonder bril hoor!' Ze moest er zelf hartelijk om lachen. 'Zit ik er ver naast?'

'Hebt u het over Eline Marchand? Die moet nog tachtig jaar worden', zei de man.

'Krijg nou wat', zei Tiny. 'Kent u Eline ook? 't Is toch ook een kleine wereld.'

'Ik woon in De Groene Vallei', zei de man. 'Daar ken ik Eline van. We waren zelfs een beetje bevriend.'

'Bent u dan... meneer Leffelaar, Rens Leffelaar?'

'Inderdaad', zei hij. 'Hoe...'

'Dat is nu toch ook wat. Eline heeft me over u verteld. Wat toevallig! Ging u soms ook net bij haar op bezoek?'

'Nou...' begon hij.

'Maar dan gaan we toch samen? Dat zal Eline alleen maar leuk vinden. En dat lijkt me voor u ook gezellig, beter dan hier in de nattigheid staan.' Ze haakte haar arm door de zijne en trok hem mee. Toen hij zich los wilde maken, zette ze zijn elleboog klem tegen haar zij, hij was maar een iel mannetje en ondanks haar kruk kon ze hem de baas. 'Komt u nou maar gewoon mee, dat is het beste', zei ze, hopend dat ze die paar meter tot het andere huis niet zou vallen. 'Eline wil graag met u praten, dat weet ik.'

'Nee', zei hij. 'Mens schiet op, laat me gaan.' Hij stapte naar achteren en rukte zich los. Toen hij wegliep, stak ze haar kruk tussen zijn benen waardoor hij op zijn knieën viel. Met een stap was ze naast hem en ze duwde haar knie in zijn rug. 'Luister goed, engerd. Je kunt kiezen. Of je gaat nu mee en we praten als volwassen mensen, of je hebt morgenochtend de politie aan je deur. Zeg het maar.'

Toen ze het tuinpaadje bereikten, ging de deur al open. 'Nee maar', zei Eline. 'Wie heb je daar meegebracht Tiny? Koest, Mac, af! Dag Rens, kom binnen.'

'Dit is moeilijker dan ik dacht', zei Henk Barends. 'Ik zit met een paar problemen. Ik krijg hier wel twee, nee drie IP-adressen uit, maar dat is niet genoeg. Die dingen worden uitgegeven als je inlogt en later weer aan een ander gegeven. Ik heb gegevens nodig van de service-provider over data en tijden, dan zou ik misschien kunnen nagaan van welke plaats ze verstuurd zijn. Alleen geven ze die natuurlijk niet zomaar, dat heeft te maken met privacy en wetten.' Hij leunde achterover, zijn handen vlak op tafel naast het toetsenbord.

'Zitten we nu met een dood musje?' informeerde Cleo. Ze hield haar toon licht, want ze had Alex al met een gezicht als een donderwolk naar zijn werkkamer zien gaan.

Barends keek even opzij. 'Als het helemaal niet lukt, heb ik nog wel wat achter de hand, maar eerst wil ik nog even iets anders proberen. Ik had niet gezegd dat het makkelijk zou zijn, Cleo.'

'Dat weet ik, meneer Barends. U moet ook niet denken dat we u opjagen of zo. En als het niet lukt, moeten we wat anders proberen. Nog een kop koffie?'

Het was al bijna halfelf, zag ze op de keukenklok. Hij zou zo wel weer teruggebracht moeten worden.

'Koffie, bier, iets anders?' vroeg ze terwijl ze haar hoofd om de deur van Alex' kamer stak. Hij wenkte haar naar binnen.

'Hoever is hij nu?'

'Nog geen resultaat. 't Is moeilijker dan hij dacht, zegt hij.'

'Dat dank je de koekoek. Wat hij tot nu toe gedaan heeft, kan ik ook. Blijf jij maar bij hem en kijk 'm op zijn vingers. Want ik weet het zo net niet.'

'Vertrouw je hem niet?

'Ik weet het niet. Hij heeft zichzelf uitgenodigd, maar weet jij veel waarom. Misschien wil hij alles wel onvindbaar maken. Ik vond het vreemd dat je oma zei dat hij wist van wie het eerste afzendadres was. Hij is dus al veel langer op de hoogte.'

Cleo pakte zijn gezicht en dwong hem haar aan te kijken. 'Als je je maar wel inhoudt', zei ze. 'Ik wil geen toestanden. Ik ga er nog steeds van uit dat hij het goed bedoelt.'

Even later zette ze twee koppen koffie naast het toetsenbord en schoof een stoel bij. Zwijgend keek ze naar het scherm, dat gevuld was met codes en getallen. 'Ik zie een patroon', zei Barends. 'Ik weet alleen niet of het iets betekent. Het zou kunnen zijn dat een deel verstuurd is vanuit ons internetcafé en een paar vanaf een eigen computer. Maar ja. Wat nu.'

'U bent de expert', zei Cleo. Ze had moeite om haar ongeduld te bedwingen.

Hij keek op en trok een gezicht. 'Kijk,' zei hij, 'de techniek staat voor niets. Dus hebben ze de techniek tegen alles wat je maar kunt bedenken beveiligd. Ook bij zo'n service-provider.'

Cleo knikte. Schiet nou toch op man, dacht ze. Hoe had ze nou kunnen denken dat zo'n oude heer een computer te slim af zou kunnen zijn? Daar waren whizzkids voor.

'Nou ken ik iemand,' zei Henk Barends, 'die een kleinzoon heeft die bij deze provider werkt. Ik weet dat hij wel eens iets voor zijn opa opknapt. Maar ja. Hoe laat is het?'

Ze keek naar de rechteronderhoek van het scherm. 'Vijf over halfelf', zei ze. Zelfs dat zag hij niet.

Ze had met opzet vertrouwde muziek opgezet, de eerste keer dat ze de cd-speler weer gebruikte. Weer Mozart, de vioolsonates. Het hadden van haar ook nocturnes mogen zijn, die van Fauré bijvoorbeeld, rustige, serene muziek, want voor het eerst sinds lange tijd ging ze de nacht in zonder dat het vooruitzicht van de dromen haar beangstigde. Had ze dat aan Cleo te danken, haar onverschrokken kleindochter? Of aan Tiny, die in de ziekenboeg al zoveel indruk op haar gemaakt had met haar nuchtere overwicht. De combinatie waarschijnlijk, alles, ze moest ook Agaath niet vergeten, trouwe vriendin die zich door niets liet weerhouden, ook niet door haar somberste stemming. Hoe dan ook, ze had toch een overwinning behaald op zichzelf. Liever dacht ze niet in dat soort termen, ze waren veel te hoogdravend voor het simpele wat zich in haar voltrok, dat ze bezig was weer zichzelf te worden. Zo voelde het althans. Het was nog niet helemaal terug, maar het kwam. Alsof ze op mocht na een lang ziekbed. Ze pakte de envelop uit de secretaire en ging in haar stoel zitten. Er ontbrak nog iets. Een glas wijn? Dan zou ze een fles open moeten maken, want ook dat was weken geleden. Maar dat was het niet, het had niets met wijn te maken, niet met entourage. Ze legde haar hoofd tegen de rugleuning en onderging de muziek. Eventjes nog, dan ging ze naar bed. Kees kwam morgen, had ze van Eefje gehoord. En hij zou iemand meebrengen. Ze was benieuwd. Hij was al zo lang alleen.

Tiny de Vries was een onbetaalbaar mens. Kwam daar binnenhompelen, steunend op een kruk en met Rens Leffelaar aan haar arm. Een bakje koffie gaat er wel in, Eline. En meneer Leffelaar lust ook wel wat, drijfnat als hij is, staat de hele avond al in de regen. Je moet ook wat overhebben voor je hobby. Haar laconieke manier van doen verzachtte het pijnlijke van de situatie, zelfs Rens had gegrijnsd, maar verder liet Tiny hem geen enkele ruimte. Daarvoor was haar verontwaardiging te groot. Als volwassen mensen hadden ze gepraat, Tiny hield van die uitdrukking, als redelijke mensen. Eline hoopte alleen maar dat Rens' redelijkheid niet ophield bij de deur en bij deze avond. Want hij was wel wat haar moeder vroeger een stakker noemde. En bij stakkers ging het nooit helemaal over. Maar het had haar zo goed gedaan om na al die weken, die maanden van ongrijpbare, onzichtbare dreiging, tegenover iemand te zitten die ze recht op de man af aan kon spreken op wat hij haar aandeed. Het had een gezicht nu, het bleke, verkouden gezicht van Rens Leffelaar, al was haar direct al duidelijk geweest dat hij niet degene was die de boodschappen gestuurd had. Het kon haar niet schelen, ze wist niet zeker of ze dat nu verwacht had of niet, het klopte ook niet met elkaar, mailtjes die haar weg wilden hebben en Rens die haar juist achtervolgde. Stalkte, zoals Tiny zei. 'Dat is strafbaar, meneer Leffelaar. Ze kunnen u een straatverbod opleggen en nog veel erger.'

Eline opende de envelop en haalde er het overlijdensbericht uit van Sander Vreeman. Ze las de tekst aandachtig door en lette op haar reacties. Vreemd hoe dit na zeven weken zozeer een feit geworden was, dat er een draaglijke afstand was ontstaan. Een bericht als andere. *Ik zal de halmen niet meer zien*... Hoe ging dat ook al weer verder? *Noch*... Ze voelde dat het haar ontroerde, niet het bericht maar het beeld bracht haar bij Sander, bij het onvoltooide van zijn leven, hoe rijk misschien ook. Voor hen was het onvoltooid geweest. Ze liet zich afleiden door Mozart, opzettelijk, ze dwong zichzelf niet toe te geven. Over de oogst ging het, een oogst die niet meer aanschouwd werd, ze kende het gedicht van heel lang geleden, misschien wel van school. A. Roland Holst. Als ze het zelf had moeten zeggen, zou ze op Henriëtte gegokt hebben. Zou de Beelaerts-boekerij het hebben? Ze zou het graag willen lezen, willen bezitten ook. ...*noch binden ooit de rijke schoven*... Zo ging het. Daar had ze toch wel een geheugen voor. Of misschien kwam het door het intense gevoel. Het was ook wel vreselijk treurig, zoals het gegaan was. En het was nog niet afgelopen, niets was afgelopen, behalve zijn leven. Niet aan denken, zei ze tegen zichzelf, bepaal je tot de muziek.

Toch was Rens op zijn manier te goeder trouw geweest, en nog. Zelfs Tiny zei het, toen hij weg was en zij zat te wachten tot ze gehaald werd. 'Die man had geen kwaad in de zin met jou, Eline. Hij wou je helpen, alleen roept dat van zo iemand altijd weerstand op omdat hij de verkeerde manier kiest en omdat het natuurlijk ook gewoon een vervelend mannetje is.' Alleen wist ze niet wat ze aanmoest met zijn verhaal dat hij wist wie haar een duw had gegeven zodat ze van de trap gevallen was. 'Ik houd het op interessant doen', zei Tiny. 'Hij voelde zich zo vernederd vanavond dat dit in zijn hoofd weer een eigen leven ging leiden. Weer een poging om zich voor jou onmisbaar te maken.' Niemand zou hem geloven, had Rens gezegd en daarom hield hij zijn mond. Hij ging zich niet onmogelijk maken. Maar ze moest wel oppassen. Toch typisch iets voor hem, zowel dit verhaal als wat het impliceerde: dat hij haar geen moment uit het oog had verloren, ook toen niet. Maar dat was nu afgelopen, als hij woord hield.

Ze zat een tijdje te luisteren en te mijmeren, toen stond ze op om naar bed te gaan. Bij het ommetje met de hond kwam ze niemand tegen en ze zag niemand op wacht staan, alles was stil en verlaten. Ze ruimde de spulletjes op die op tafel waren blijven liggen, vond daarbij nog twee losse letterblokjes van het scrabblespel en borg die in de doos. Die Agaath, dacht ze, het was altijd hetzelfde grapje met de uitslag, doen alsof ze niet wist hoe de stand was, en altijd had ze weer succes. Binnenkort moesten ze ook maar weer eens schaken, dat had ze de laatste tijd een beetje afgehouden. Waar was dat scorebriefje nou? Ze keek onder het bord in de doos, maar zag het niet. Dan had Agaath het zeker meegenomen. Daar bij de tafelpoot stond het bierflesje van Alex, een rare plek als ze zo vrij mocht zijn, maar dat was hij zeker thuis gewend. Ze bukte zich en even, als een stroomstootje, schoot er een pijntje door haar heup. Oppassen. Daar lag het scorebriefje ook. Ze ging nog even aan tafel zitten om de stand te bekijken, dat was altijd een heel gepuzzel want Agaath had zo haar eigen notatiesysteem, meestal maakte ze er een rommeltje van. 'Toe, Mac,' zei ze terwijl ze de hond wegduwde met haar voet, 'doe niet zo opdringerig, je krijgt je kluif heus wel.' Zie je wel, ze had royaal voorgestaan toen ze het afbraken, of was zij dat niet? Ze keek naar de harkerige letters waarin hun namen bovenaan de lijstjes geschreven stonden en eindeloos gedachteloos waren overgetrokken tijdens het spel. Toen liet ze haar kin op haar gevouwen handen zakken en staarde voor zich uit.

Heleen de Rover ontving Cleo met koffie en een petitfourtje. Ze was al een poosje terug uit de kerk, want er stond een gebruikt kopje op de salontafel, maar met het gebak had ze gewacht, zei ze. Haar zondagse jurk kroop een beetje op toen ze ging zitten en ze wipte op om hem glad te trekken. 'Mijn man is hiernaast in zijn werkkamer', zei ze. 'Ik zal je straks wel even aan hem voorstellen.'

'Ik ben later dan ik had afgesproken', had Cleo gezegd toen ze binnenkwam. 'Ik hoop niet dat ik uw programma in de war stuur.'

Maar ze hadden zondags niet zo'n programma, zei mevrouw De Rover. Haar dochter was gisteren al geweest en als het weer het toeliet, gingen ze in de middag nog een eindje om. Als ze glimlachte kreeg haar gezicht iets verontschuldigends.

Cleo had de pest in. Omdat het laat was geworden vannacht, Alex was pas om een uur terug geweest van Barends wegbrengen en ze hadden nog lang zitten praten. Ook omdat het allemaal nog niets had opgeleverd. Of Barends had zijn eigen computervernuft overschat, wat zij vermoedde, of hij had andere bedoelingen gehad, en van dat laatste was Alex zo goed als overtuigd. Ze wist niet wat ze geloven moest, ze was helemaal het spoor een beetje bijster vond ze, en toen ze vanochtend te laat maar voor haar doen op zondagmorgen nog altijd vreselijk vroeg naar De Groene Vallei reed voor de afspraak met oma's vroegere klasgenote, had ze zich afgevraagd wat ze daar in godsnaam moest doen. Dat was de derde oorzaak van haar slechte humeur. En als nu deze vriendelijk glimlachende, maar buitengemeen saaie mevrouw in een te krappe jurk haar ook weer ging vertellen dat ze zo veel op haar oma leek, was de kans groot dat ze gillend wegliep. Ze had door de telefoon gezegd dat ze zich zorgen maakte over oma, zonder details te noemen. En eigenlijk vond ze dat ze daarmee al te veel had gezegd. Dat Betsy en tante Agaath dat wisten, was oké, maar wat had dit mens daarmee te maken? Niets.

Maar toch luisterde ze beleefd toen Heleen de Rover vertelde hoe overstuur Eline wel was geweest toen ze bij hen binnenviel en hoeveel zorgen Heleen zich nog had gemaakt achteraf en hoe vaak ze nog had geprobeerd contact te krijgen door te bellen, door mailtjes te sturen, maar zonder resultaat. En toen ze verhuisde naar...

'Mailtjes', vroeg Cleo. 'Wat voor mailtjes?'

Gewoon, zei Heleen de Rover, net zoiets als wanneer je iets insprak op de voicemail, vragen hoe het ging en of ze iets van zich wilde laten horen. Hoezo? En toen had Cleo voor de eerste keer die stem gehoord achter de deur. 'Hélène!' Een krakend, gebiedend geluid. Mevrouw De Rover was opgestaan zonder iets te zeggen en had de koffiekan gepakt. Toen de tussendeur openging, had Cleo niet omgekeken, ze hoorde alleen de voetstappen, het geluid van een kopje dat op een schoteltje gezet wordt, en toen die stem weer. 'Dank je.'

'Wil je dan nu je petitfourtje?'

'Nee, dank je. Ik zeg wel wanneer ik het wil.'

Zodra ze weer zat, stak mevrouw De Rover van wal over de drie jaar dat Eline en zij klasgenoten waren geweest. Cleo, die de Joop ter Heul-achtige verhalen van haar oma kon dromen en haar geest weer op halve kracht instelde, schoot overeind toen Heleen de Rover zei dat ze Eline adoreerde en daarvoor gestraft werd met vernederingen. Met hetzelfde zacht glimlachende gezicht waarmee ze haar bezorgdheid had uitgesproken over Eline's huidige gezondheid, voerde ze nu een meedogenloze karaktermoord uit. Lientje Marchand was haar kwelgeest geweest, zei ze. Alleen de leraren zeiden Leentje tegen haar, de klas noemde haar 'Big'. Ze was nogal dik in die tijd, maar ook weer niet bijzonder. De naam kwam ze tegen op briefjes in haar zak, briefjes op haar rug, ze hoorde hem in de pauzes, kinderen van andere klassen namen hem over. Dédé, Lientjes vriendin, had hem bedacht en ze wist nóg hoe teleurgesteld ze was toen ze Lientje hem voor het eerst in de mond hoorde nemen. Big ga weg. Big je stinkt. Stomme big. Het hele arsenaal aan pesterijen dat je op een meidenschool kunt bedenken, was haar deel geweest, drie jaar lang, met Lientje in een hoofdrol. Uit de voorbeelden concludeerde Cleo dat er in dat opzicht weinig veranderd was in zestig jaar. Omi deed wat zij ook wel gedaan had of meegemaakt, alleen klonk het op de een of andere manier wreder, hartelozer, zoals Heleen de Rover het vertelde. Misschien wel omdat het zich op één persoon concentreerde en dat zij die persoon was.

Altijd was ze alleen. Andere kinderen meden haar, niemand ging uit zichzelf naast haar zitten. Vaak wisten ze niet eens meer waarom, of hoe dit ontstaan was, zij ook niet. Op een keer brak ze haar arm toen ze van de trap geduwd werd. Toen ze terugkwam, waren de pesterijen over. Ze had nooit geweten waardoor en het had haar maandenlang onzeker gemaakt en wantrouwig. Het kon elk moment weer beginnen.

Cleo zat te schuiven op haar stoel. Waarom vertelde deze vrouw dit aan haar? Wat moest dit verklaren? Ze probeerde een vraag te stellen, maar ze kreeg geen kans. Het vreemde was, zei mevrouw De Rover, dat Eline in haar eentje heel anders was. Ze woonden bij elkaar in de buurt, het kon niet anders of ze kwamen elkaar af en toe tegen, een enkele keer zelfs fietsten ze met elkaar op. En dan was er niets aan de hand, dan deed Eline net zo normaal als tegen elk ander kind. Tot ze bij school waren. Het vreemde was ook dat ze elke keer weer in die val liep. De val van Eline's onschuldige gezichtje, het knapste meisje van de klas. Ze was zo naïef, ze hoopte altijd op beter, stelde zich nooit teweer. En elke keer opnieuw werd ze verraden. Misschien zocht ze de vernedering ook, nam ze hem op de koop toe, zo kreeg ze tenminste aandacht.

'En dan moet je je voorstellen, Cleo', zei haar gastvrouw. 'Vijfenzestig jaar later, terwijl ik overal gewoond heb, ook in het buitenland, kruisen onze wegen elkaar weer en neemt Eline Marchand haar intrek in het seniorencentrum waar ik dan al vijf jaar woon.'

'Ik probeer het me voor te stellen', zei Cleo. Ze had een vreemd gevoel, alsof iemand haar bewegingen en woorden dicteerde. 'Ik stel me ook voor dat u vond dat het nu tijd was om wat terug te doen.'

Heleen de Rover keek zwijgend naar buiten. Toen, met haar hoofd schuin, haar ogen op Cleo gevestigd, vroeg ze: 'Waarom denk je dat?'

'Dat is toch normaal? Ik bedoel, als menselijke reactie? Als ik u goed begrepen heb, heeft mijn oma uw schooltijd bedorven.' Ze voelde zich ongemakkelijk onder de glinsterende ogen van mevrouw De Rover.

'Je bedoelt wraak?'

'Ja. Of straf.'

'Dat is ook wraak. Ja, dat is wel des mensen. Maar daarmee is het nog niet goed. En het is weinig christelijk. Ach, Cleo, na vijfenzestig jaar! Als je dan nog met rancunes rondloopt, heb je wel erg ongelukkig geleefd. Bovendien, ik heb je al gezegd dat ik Eline, of Lientje toen, echt aanbad. Als meisje kun je zo dwepen. En zelfs toen ze zich tegenover mij gedroeg als een vals kreng, viel ze niet van haar voetstuk. Ik wist ook dat ze diep in haar hart niet gemeen was. Ik wist het. Zo is dat met kinderen onder elkaar, toch? Later als volwassene zie je dat scherp, maar ik zag het toen al.

Lientje speelde de rol die van haar verwacht werd, meer niet.'

'Wat dacht u dan toen u haar hier tegenkwam?'

'Ik zag haar opstaan op de bewonersvergadering toen ze werd voorgesteld. Ik hoorde haar stem, ze zei nog iets over haar naam... Er ging van alles door mij heen, meisje, van alles. Maar ik was vooral blij haar weer te zien. Ik verwachtte niet dat ze me zou herkennen en dat klopte ook, en dat was op een bepaalde manier voor mij ook een bewijs dat het nooit diep had gezeten. En ik besloot toen dat ik er nooit iets over zou zeggen. Dat was mijn kleine genoegdoening. We zouden herinneringen ophalen en nooit zou ik uit mijzelf daarover beginnen.'

'En hoe is dat gegaan? Heeft oma zich alles herinnerd?'

'Het heeft even geduurd hoor, moet ik zeggen. Maar toen we een klassenfoto hadden bekeken, kwam het meeste terug, denk ik.'

'Denkt u? Jullie hebben het er niet met elkaar over gehad?'

Uit de studeerkamer klonk weer de stem. 'Hélène!'

Mevrouw De Rover schudde haar hoofd. 'Vanaf het begin heeft Eline me een beetje ontlopen. Later werd dat opvallender. Ik denk dat ze zich onzeker ging voelen. Schuldig ook. Maar ik vond het niet op mijn weg liggen om daar verandering in te brengen. Dat was mijn genoegdoening. In dat opzicht ben ik wel veranderd.'

'Hélène!' klonk het weer.

Ze knikte naar Cleo. 'Momentje.' Ze opende de deur. 'Wat is er, Herman?'

'Hoorde je me niet? Ik heb al twee keer geroepen.'

'Jawel', zei ze. 'Maar we waren even in gesprek. Wat wil je?'

Het gemompelde antwoord kon Cleo niet verstaan.

'Zoals je wilt.' Mevrouw De Rover sloot de deur weer.

'Maar toen oma zo in de war was?' vroeg Cleo. 'Was dat omdat u toen wel gepraat had over wat er vroeger gebeurd was?'

'Nee', zei ze. 'Ook niet. Dat ging over heel iets anders en eerlijk gezegd is dat nog steeds een raadsel voor me. Het ging over twee woorden in dat lied dat ze gezongen had, en ze beschuldigde ons er toen van dat we haar ergens mee achtervolgden en haar niet met rust lieten.'

'Wat voor woorden?'

'Liefde en smart', zei ze. 'Of pijn, dat kan ook. Het was iets wat mijn man ontdekt had. Weet je wat, ik stel je even aan hem voor, dan kan hij het meteen aan je uitleggen.' Cleo keek op haar horloge. 'Moet je weg?' vroeg Heleen. 'Het duurt niet lang.'

Het rook oud in de kamer waar ze binnengelaten werd. Stoffig, oud, dood. Zo was ook de man die ze een hand gaf, niet dood, wel bijna, maar misschien zag hij er al heel lang zo uit. 'De kleindochter van Eline Marchand? Zo, zo!' In zijn doodshoofd schitterden zijn ogen, hij schoof zijn armstoel weg van het bureau en nam haar op. Hij weet donders goed wie ik ben, dacht Cleo, de verrassing is gespeeld. Hij heeft heus wel de petitfours geteld die zijn vrouw meebracht. Voor het raam stond een opgevouwen rolstoel.

'Wil jij Cleo even uitleggen hoe het zat met dat gedicht van Heine?' vroeg Heleen de Rover.

'Nu?' vroeg hij. 'Zeker in twee woorden?'

Als het kan in één, dacht ze, anders ben ik weg. Maar hij wendde zich al naar zijn vrouw, wees het boek aan dat hij nodig had, bladerde. 'Het is heel simpel,' zei hij, 'het kan ook in twee woorden. Liebe en Schmerzen. Kijk.' Hij wees een gedicht aan en met ingehouden adem boog ze zich over het boekje, maar ze rook hem toch. 'Jouw grootmoeder zong over liefde, in één woord gevangen, gegoten, en met de wind meegegeven, maar deze dichter, van wie het vandaan komt, zong over pijn. Schmerzen. Liefdespijn, pijn om de onbereikbare geliefde. Dat ligt heel dicht tegen elkaar, maar Felix Mendelssohn had voor zijn zonnige liedje geen boodschap aan de romantische ironie van Heine en haalde de dubbele bodem eruit. Wie het niet weet, hoort het niet eens. Maar het blijft zonde.'

'Dank u wel', zei Cleo. Hij bladerde verder, antwoordde niet.

'Herman, ik ga zo even de deur uit', zei zijn vrouw. 'Er staat nog koffie in de kan.'

Hij keek niet op van zijn boek. 'Waar ga je heen?'

'Even een blokje om.'

'Doe dat nou maar niet. We gaan vanmiddag toch.'

'Het een sluit het ander niet uit', zei ze. 'Tot straks.'

Nu keek hij wel op. 'Ik heb eigenlijk wel zin in een kopje chocolademelk.'

'Je weet waar het staat', zei ze.

'Maar ik heb vandaag weer veel last van m'n...'

Zijn vrouw sloot de deur voor hij uitgesproken was.

'Bis in den tiefsten Traum', zei ze tegen Cleo. 'Eline zei daar iets over toen ze die middag hier binnenstormde. Dat ze achtervolgd werd tot in haar dromen. Ze was erg in de war.'

Cleo aarzelde een moment. 'Oma droomde nogal', zei ze. 'Dingen van vroeger.'

'Dat heb ik nou nooit', zei Heleen. Ze gaf Cleo's jack aan en pakte haar mantel. 'Vind je het goed als ik even met je oploop?'

'Ik moet nog even langs mevrouw Overmeer', zei Cleo. 'Dat is nog een verdieping hoger geloof ik.'

'Nee, eentje lager', zei Heleen de Rover. 'Maar ga je gang hoor, ik wil even naar buiten, dat heb ik af en toe nodig. Dag Cleo, ik hoop dat je er wat aan gehad hebt. Je moet wel bedenken, ik bedoelde het niet als kwaadsprekerij. Het is gewoon een stukje van ons verleden. Weet je wat, ik zal haar een kaartje sturen.'

Ze moest twee keer bellen voor Agaath opendeed. 'Gunst, Cleo', zei ze. 'Wat brengt jou hier?' Ze zag er verwilderd uit.

'Uw bril', zei ze. 'Die had u bij oma laten liggen.'

'Was die dáár? Ik heb 'm overal gezocht. Nou, dan had ik gisteren bepaald mijn dag niet. Eerst m'n paraplu en toen nog m'n bril. Gelukkig had ik ergens nog een reserve-exemplaar liggen. Kom je daar speciaal voor uit Amsterdam?'

Cleo stelde haar gerust. 'Ik moest toch in de buurt zijn. Maar ik wil u ook nog wat vragen.'

'Kom even binnen. Let niet op de rommel, ik heb net een gevecht met m'n computer geleverd, dat ding had weer eens kuren.'

Toen Cleo aanbood om te helpen, wimpelde ze het af. 'Nee, volgens mij is het over. Het leek eerst of ik een virus had, maar het moet iets anders geweest zijn. 't Is weg in ieder geval. Wat wilde je vragen?'

'Over oma', zei ze. 'Ze droomt over de dood van opa Otto. Ik hoorde van mijn ouders dat u dat tegen hen gezegd hebt. En mijn ouders kijken dan op zo'n manier dat ik denk dat er meer achter zit. Maar mij vertellen ze niets.'

Agaath trok twee stoelen onder de tafel vandaan en ging zitten. 'Nu denk jij dat ik het jou wel vertellen zal.' Ze zag er slecht uit, vond Cleo. Sliertig, ongekamd haar, onverzorgd. Heel anders dan gisteren.

'Dat hoop ik. En ik vind het een beetje wreed om het haar te vragen. Het gaat net weer een beetje de goede kant op met haar.'

'Ja, dat vond ik ook.' Agaath keek haar op een bijzondere manier aan, peilend, ook met iets anders in haar ogen. 'Jij houdt veel van je oma, dat weet ik. En zij van jou. Ik zal jou iets vertellen op één voorwaarde: dat je aan niemand laat blijken dat je het weet, niet aan haar, niet aan je ouders.' Cleo knikte.

'Jouw opa Otto stierf toen hij 's avonds achter hun tuin in Vogelenzang een inbreker achtervolgde, die ze betrapt hadden. Hij kreeg een hartverlamming. Het verhaal is dat Eline hem vond en toen de politie waarschuwde. De waarheid is dat ze hem niet is gaan zoeken. Ze durfde niet, of ze kon niet. Ze heeft uren gewacht buiten, in de storm en de regen en toen heeft ze je vader gebeld. Het was al bijna dag. En in haar droom komt dat terug, altijd weer. Ze staat voor de coniferenhaag achterin de tuin en ze durft niet verder.'

'Dat heeft ze u verteld?'

Agaath knikte. 'Ja. Een jaar later pas. Het is een geheim. Een geheim dat weer met andere geheimen verbonden is. Niemand weet het, je ouders kennen alleen het gedeelte dat ik je nu verteld heb. Soms bewaren mensen iets als een geheim, daar laten ze anderen niet bij toe. Ze hebben daar hun redenen voor. Misschien komt er een dag dat Eline het je vertelt, misschien ook niet. Ze laat zich nooit helemaal zien, haar hele leven al. En geheimen moet je respecteren.'

'Waarom vertelt u het dan aan mij?'

'Omdat ik weet dat jij haar na staat. Meer dan haar eigen kinderen. Als ik niet meer een oogje op haar zal kunnen houden, zul jij dat doen. En dan moet je ook met haar dromen raad weten.'

Cleo kreeg een vreemd gevoel over zich. Zinspeelde tante Agaath op iets ergs dat ging gebeuren? Was ze ziek zonder dat iemand het wist? Was haar geheim een dodelijk geheim? Ze zag Agaath kijken.

'Cleo,' zei oma's beste vriendin, 'we zijn wel allemaal op leeftijd, hoor. Oude mensen. Dat moet je niet vergeten.'

20

De taxi deed er nog geen twee minuten over. 'Dat is dan zeventien gulden', zei de chauffeur. Eline keek naar de gevel van De Groene Vallei. Hoe heb ik ooit kunnen denken dat je niet kon zien dat dit een huis is waar oude mensen wonen, dacht ze. Het zijn de gordijnen als ze dicht zijn en het zijn de interieurs als de gordijnen open zijn, het zijn de sanseveria's en de gietertjes en alles, het is onontkoombaar. Ze was vroeg, het was nog geen halfelf.

'Mevrouw.' Ze zag zijn ogen in de spiegel.

Ze wilde nog niet. 'Ik wil even naar de zee', zei ze. 'Kan dat?'

'U zegt het maar. IJmuiden? Wijk aan Zee?'

Ze zei Bloemendaal, uit gewoonte en om de weg erheen, langs de rand van de oude duinen, dan de slingerende Zeeweg met de watertoren en de erebegraafplaats en de belofte aan het eind, als het land ophield voor je de zee zag.

Het was een nevelige dag zonder wind, zacht voor half december. Er was geen horizon, de golven gleden uit een grijze bank tevoorschijn en vielen krachteloos om op het zand. Ze bleef op de boulevard, net voorbij de kop van de Zeeweg, waar ze over de afgang het strand kon overzien. Langs de vloedlijn liepen wandelaars, een dun spoor dat in de verte oploste in de nevel, honden schoten heen en weer. Ze was hier eind oktober voor het laatst geweest, met Sander. Deze afgang hadden ze genomen, ze had door het water gelopen als een kind, op de terugweg had ze een paar keer op adem moeten komen, want ze was geen twintig meer, riep ze toen hij omkeek, en ook geen veertig, geen zestig. Toen had hij haar arm gepakt. Ze rilde in haar mantel en liep terug naar de taxi. Ze moest nu voortmaken, doen wat ze gisteren besloten had dat moest gebeuren. Onderweg controleerde ze de inhoud van haar tasje. De boekenlegger zat in het zijvakje.

Toen ze Bloemendaal binnenreden, kreeg ze een inval en ze liet de chauffeur in de dorpskom stoppen bij een bloemist. Zoekend liep ze tussen de uitgestalde planten en kerstattributen door en vond het ene nog overdadiger dan het andere. Ten slotte vond ze een bak met kleine kerststerren, helder rood in diep groen, en ze kocht er tien en tien bijpassende tenen mandjes erbij. In plaats van kaarten, dacht ze, en wat ze overhield, hield ze zelf.

'Ik red me wel', zei ze tegen de chauffeur die haar wilde helpen en met aan iedere hand een plastic tas met plantjes liep ze naar de ingang van De Groene Vallei. Ze keek omhoog naar de naam in die armoedige krulletters. De vallei van de schaduwen des doods dacht ze, en vond dat een zeer toepasselijke ongepaste gedachte. Achter een van de ramen zwaaide iemand, ze keek om zich heen om te zien of er anderen waren voor wie dat bestemd kon zijn, toen zag ze dat het Betsy was en ze maakte een hulpeloos gebaar met haar gepijnigde schouders. Betsy. Liever was ze hier ongezien binnengekomen.

In de hal knikte ze naar de receptie, waar een meisje achter de balie zat dat ze niet kende.

'Ik weet de weg, hoor', zei ze. 'Ik ga naar de bibliotheek.'

Toen Henny haar zag, liet ze haar werk liggen en kwam op haar toelopen. 'Eline! Wat ontzettend leuk om je hier weer te zien! Je moet de hartelijke groeten van Anton hebben.'

Het kwam er iets te snel uit, dacht Eline. Gisteren door de telefoon hadden ze zo leuk en ook persoonlijk met elkaar gesproken, maar het was toch weer anders als je tegenover elkaar stond.

'Ik vind het wel een beetje vreemd om hier te zijn', zei ze naar waarheid. 'In het gebouw bedoel ik.'

Henny keek haar aan en knikte. 'Dat zal best. Zo kort als je hier gewoond hebt, heb je toch veel meegemaakt. En het ging niet goed de laatste tijd, toch? Dat maakt ook dat je een gemengde herinnering houdt. Ga lekker zitten. Ik heb koffie meegebracht. Wil je een kopje?'

'Graag', zei Eline. 'Daar ben ik echt aan toe.'

'Kijk, dit is het gedicht.' Ze gaf Eline een blad papier met getypte tekst. 'Ik ben vergeten of je iets in de koffie gebruikte.'

We hebben nooit samen koffie gedronken, dacht Eline. 'Dank je', zei ze voor het gedicht, en: 'Ik drink de koffie zwart zonder suiker.' Weer was ze onder de indruk van het feit dat Henny het gedicht waarvan een regel in Sanders overlijdensbericht gestaan had, opgezocht had en overgetypt. Ze voelde zich bijna schuldig dat zij daar niet aan gedacht had, alsof ze persoonlijk tekortgeschoten was. 'En die is voor jou. Als kerstgroet.' Ze zette het plantje op tafel.

'Dankjewel', zei Henny. 'Wat een origineel idee.'

Terwijl ze het gedicht las, ging Henny tegenover haar zitten en dronk zwijgend haar koffie.

'Ja,' zei Eline, 'zo was het, ik had het verkeerd onthouden. *"Ik zal de halmen niet meer zien, noch binden ooit de volle schoven, maar doe mij in den oogst geloven, waarvoor ik dien..."* Mooi.'

Het was even stil. Henny zei: 'Het begin vind ik ook zo mooi. *"Ik vraag geen oogst, ik heb geen schuren..."* Ik begrijp het niet helemaal, maar het gevoel komt over.'

'Dat is het belangrijkste', zei Eline.

'Zou Sander Vreeman deze regel zelf uitgezocht hebben? Dat gebeurt toch wel, dat iemand zijn eigen voorbereidingen treft?'

Eline knikte. 'Ik weet het niet. Als hij het niet zelf gedaan heeft, is het wel in zijn geest gebeurd.' Ze las het slot van het gedicht, gaf het papier toen terug.

'Je mag het houden', zei Henny. 'Weet je, Eline, ik heb me zo vaak afgevraagd hoe dat nou heeft kunnen gebeuren.'

'Ik ook. Elke dag.' Zou dat nu zo voorbij zijn?

Henny had regelmatig contact met Sander, de opbouw van de bibliotheek had zijn belangstelling en werd door de bewonerscommissie ook ondersteund. Gesprekken met hem bleven je bij, zei ze, het ging ergens over en er zat altijd iets persoonlijks in. Het leek haar bijzonder om hem als vriend gehad te hebben.

Eline knikte. 'Dat was het ook', zei ze. 'Ik mis hem iedere dag.'

'Hij was getrouwd, nietwaar?' zei Henny. Eline keek haar aan, maar haar ogen drukten alleen maar bekommerdheid uit. Ze vertelde wat ze wist, niet over de hordenloopster maar over de patiënte. 'Tragisch', zei Henny. Zelf was ze niet bij de crematie aanwezig geweest. 'Dat vond ik toch meer voor de familie en zijn vrienden.' En wel het gedicht opzoeken, dacht Eline.

Anton had last van hoge bloeddruk, vertelde Henny toen ze naar hem vroeg. Hij moest het wat kalmer aan doen. 'Ik bewaar zulke goede herinneringen aan het zingen met hem', zei Eline. 'Dat is toch wel het leukste wat ik hier heb meegemaakt, de repetities en het optreden. En Anton is een lieve man.' Ik moet het noemen, dacht ze.

'Dat is hij ook.' Henny lachte naar haar. 'En eerlijk, hij zei laatst ook dat hij die uurtjes mist.'

'Ik heb wel eens gedacht dat jij...' Opeens stokte Eline. Waar was ze nou op uit? Wat had het nou voor zin om dit op te rakelen, vooral met deze aardige vrouw. 'Nee, onzin, laat maar...'

Ze zag Henny's ogen op zich gevestigd, met een zweem van spot. Of was het zelfspot? 'Dat ik een beetje jaloers was?' Ze knikte. 'Dat was ik ook.' Maar ze had ook geleerd dat ze geen kwaad moest denken van onschuldige dingen. 'Jullie hadden het leuk met elkaar en ik hoop voor Anton dat Betsy nog een keer zoiets organiseert.'

'Kom je nog eens langs?' vroeg Henny toen ze wegging. Ze beloofde het. Al was het alleen maar omdat ze dan nog eens iets kon leren van een ander. Zoals geen kwaad denken van onschuldige dingen. Van die donkere jongen bijvoorbeeld, Rachid, die ze er nog even van verdacht had dat hij die bedreiging op de boekenlegger geschreven had toen hij het boek kwam brengen, omdat ze hem betrapt had op een winkeldiefstal. Dacht ze. Maar hij was alweer aan het werk in het huis, de politie had de verkeerde aangehouden, had Henny verteld, die er blij om was want het was een aardige knul die alleen verkeerde vrienden had. Het zou misschien wel komen door die andere donkere jongen, dacht Eline, die jongen die door Otto achternagezeten was nadat hij hem in huis betrapt had. Zoiets was toch heus wel van invloed op de manier waarop je over mensen ging denken. Vooral bij haar. Als er iemand zich in mensen vergist had, was zij het. Maar dat was ze vandaag dan ook bezig recht te zetten, hoe moeilijk het ook was.

In het trappenhuis stond ze even stil voor de deur van de nieuwe lift, maar er wilde haar niets te binnen schieten. De deur zoefde langzaam open en ze keek recht in het gezicht van Shelley.

'Mevrouw Marchand!' zei de verpleegkundige, 'wat leuk! Hoe gaat het met u?'

'Dag Shelley, heel goed', zei Eline. 'Ik heb wat gekwakkeld, maar de laatste dagen gaat het erg goed. Werk je nu hier?'

'O nee,' lachte ze, 'we hadden een vergadering hier. Ik... Ho, wacht even.' De liftdeur begon zich weer te sluiten en ze bewoog haar hand voor de post. 'Moet u ook naar beneden?'

'Nee, ik neem de trap.'

'U ziet er weer goed uit, mevrouw Marchand', zei de andere vrouw. 'Dat vind ik fijn. U kent mij vast niet, maar ik u wel.'

Eline keek haar aan. Achter in de veertig, schatte ze, een kalm, wat strak gezicht, maar de ogen waren levendig. 'Ik hoop niet dat het door mijn leeftijd komt, maar ik ken u inderdaad niet', zei ze. 'Met wie heb ik het genoegen?'

'Ik ben de nieuwe zorgcoördinator van Velserpoort', zei de vrouw. 'Monique Velthuizen. Ik was erbij toen u die avond kwam, maar u had toen niet zoveel oog voor uw omgeving. En ik dacht toen nog, zó, die mevrouw is lelijk terechtgekomen! Maar zo te zien, bent u weer helemaal hersteld. Ik beloof u dat ik binnenkort langskom in uw nieuwe huis.'

Wat een innemende vrouw, dacht Eline toen de lift weg was. Wat moest Bea nou met die wildwestverhalen over haar en dat centrum waar ze vandaan kwam? Zó kwamen de praatjes in de wereld. Ze nam de trap naar de derde verdieping en belde aan bij De Rover.

Het duurde even voor de deur openging en ze hoorde al aan de geluiden dat het Heleen niet was.

'Goedemorgen meneer De Rover', zei ze. 'Is Heleen thuis?' De bekende weg, dacht ze, tenzij ze in bed ligt.

'Mevrouw Marchand, u hier?' De Rover manoeuvreerde zijn stoel achteruit en duwde de deur wijder open. 'Komt u binnen.'

'Dank u,' zei ze, 'maar ik ben een beetje gehaast. Heleen is er niet, begrijp ik?'

'Ze doet even een boodschap,' zei hij, 'maar dat moet geen beletsel zijn...'

'Een andere keer graag.' Ze haalde een plantje uit de tas en zette het op het plateautje onder de kapstok. 'Ik kom dit brengen met de beste wensen voor de feestdagen. Wilt u Heleen zeggen dat ik haar eerstdaags opbel om een afspraak te maken?'

'Met genoegen.' De randen van zijn brillenglazen schitterden. 'Blij te zien dat het weer goed met u gaat. De laatste keer was een beetje... stormachtig, zullen we maar zeggen.'

Ze voelde een blos opkomen. 'Heel tactvol uitgedrukt van u', zei ze. 'Wilt u Heleen van mij groeten? Goedemorgen.'

'Uw kleindochter weet nu alles van Liebe en Schmerzen!' riep hij haar achterna. Pas toen ze bij de trap was, hoorde ze de deur dichtgaan. Kleindochter? dacht ze. Cleo? Wat bedoelt hij?

Het zitje in de nis bij het trappenhuis was leeg. Ze ging even op een stoel bij het raam zitten. Bijna alle bomen en struiken hadden hun blad verloren, wat een ongewone diepte gaf aan de tuin, ze kon door alles heen kijken. Nu zag ze ook pas dat er toch een hek was, een laag muurtje met ijzeren spijlen erop die gedeeltelijk begroeid waren met klimop. Het stond tussen de bladstruiken en de coniferen achterin. Mooi was dat toch, dacht ze, zo'n donkergroene afscheiding in een bijna kleurloze tuin, het groen van het einde van het jaar. Het trof haar dat ze dat gewoon dacht. Voor het eerst waren de bijgedachten afwezig. Voor het eerst waren het gewoon groenblijvers in een Hollandse wintertuin en niet Orta's verraderlijk geurende cipressen, bondgenoten van Otto's escapades, of de ondoordringbare, afschrikwekkende haag achter in zijn tuin, die hem buiten haar bereik gehouden had. Zij veranderde en de dingen veranderden mee.

Toen ze onder het bordje B. Donselaar op de bel drukte, ging de deur bijna onmiddellijk open. 'Hier hoopte ik zo vreselijk op,' zei Betsy, 'ik zag je aankomen en ik voelde me ellendig.' Ze drukte Eline tegen zich aan en bleef even roerloos staan. Toen hield ze Eline op armsafstand, knikte tevreden en zei: 'Koffie?'

'Vind je het heel erg als ik bedank?' zei Eline. 'Ik blijf maar even. Maar ik wil nu graag een afspraak maken dat je bij mij komt. Deze week nog.' Betsy begon aan een uitleg, maar Eline duwde de kerstster in haar handen, waarna ze alleen nog maar ontroerd kon kijken.

‘Luister, Bets’, zei Eline. ‘Ik heb ook veel nagedacht. Ik denk dat we elkaar veel te zeggen hebben, maar dat doen we als je bij mij komt. Ik moet dóór nu, iets belangrijks doen. Maar je moet één ding weten: je bent mijn vriendin. Ja?’

Deze keer nam ze wel de lift, de oude, want de volgorde die ze gekozen had, maakte dat ze nu eens klimmen moest en dan weer dalen. Ze stapte uit op de tweede etage en was al op weg naar het appartement van de Leffelaars toen ze weer omkeerde. Dit moest ze niet doen. Ze kon het ook overdrijven. Op de beletage stond ze even naar nummer 117 te kijken. Nog altijd was het onbewoond, had ze gehoord, maar te zien aan het bouwmateriaal op de gang waren ze er wel aan het werk. Ze voelde niets. Het was een deur als al de andere op de gang, alleen had deze een kijkgaatje. Ze had er ook te kort gewoond. Toen ze zich omdraaide, zag ze de vitrage bij Barends bewegen. Natuurlijk.

‘Zo jongelui’, zei ze toen de deur openging. ‘Ik kom jullie even goede dagen wensen.’

Bea kon alleen maar haar hoofd schudden, terwijl Henk de kerstster aanpakte met de vraag of de fresia’s uitverkocht waren. Hoewel ze elkaar de vorige week nog gezien hadden, begon Bea hele verhalen af te steken over alles wat er in huis gebeurde of niet gebeurde, terwijl Henk glunderend om haar heen drentelde, chocolademelk inschonk, die ochtend vers gemaakt, Eline kon niet weigeren, de woordenstroom van zijn vrouw hier en daar bijsturend waar hij dat nodig vond. Toen Bea zich liet ontvallen dat haar kleindochter een paar dagen geleden nog op bezoek was geweest, merkte ze dat hij zijn vrouw veelbetekenend aankeek.

‘Hier ook al?’ vroeg Eline. ‘Wat doet Cleo toch? Ik kreeg de indruk dat ze ook bij De Rover geweest is.’

‘Tja, wat wil je’, zei Henk. ‘Het meisje voelt dat ze de leegte moet vullen die haar oma achterliet.’

‘Zo kan hij wel weer, Henk Barends’, zei Bea. ‘Let maar niet op hem, Eline, hoe ouder hoe gekker.’

Toen ze opstond, vroeg Eline: ‘Had ik jullie al gezegd dat jullie heel fijne buren waren?’

‘Ja’, zei Henk. ‘We krijgen over het algemeen weinig klachten.’

'En ik heb zojuist de nieuwe zorgcoördinator ontmoet', zei Eline. 'Een aardige vrouw, lijkt me.'

'Dat is onze ervaring ook', zei Bea. 'Ik ga haar binnenkort een interview afnemen voor m'n sufferdje.'

Het is goed, dacht Eline. Niet meer over beginnen, we worden allemaal wat ouder.

'Moet je er nog veel bezorgen?' vroeg Bea met een knik naar de plantjes.

'Nog een', zei ze. 'En misschien nog eentje voor de huismeester. Hij kan het tenslotte niet helpen.'

Toen Henk haar uitliet, zei hij: 'Je hebt nooit meer gekeken of je mail had, nietwaar?'

Ze schudde haar hoofd. 'Nee. Waarom?'

'Zomaar', zei hij.

Ze keek hem onderzoekend aan. 'Zomaar, Henk?'

Hij keek weg. 'Nou ja. Ik ben het toch aan het uitzoeken. Ik wacht nog op iets en misschien...'

'Ik weet niet of het nog wel nodig is, Henk.'

Zijn ogen stonden onschuldig verbaasd, zoals hij altijd keek. 'Niet meer nodig? Waarom?'

'Misschien weet ik al genoeg. En dan houdt het op. En als mocht blijken dat ik me vergis, wil ik dat het ook ophoudt. Dan wil ik alleen maar rust.'

'Hoe kun jij nou weten wie erachter zit, Eline? Dat is heel ingewikkeld.'

Ze glimlachte naar hem. 'Misschien heb ik vorderingen gemaakt, Henk. En nog iets anders.' Ze telde de plantjes. Te veel om mee naar huis te nemen. 'Wil je mij een plezier doen? Ik bel liever niet bij iedereen aan, dat is zo nadrukkelijk. Wil jij voor mij deze kerststerretjes bij de buren hier bezorgen, alsjeblieft? Bij wijze van groet. De rest neem ik mee.'

'Voor dit soort klusjes kun je me nog wel gebruiken, hè?'

'Ja hoor', zei ze. 'Dit kun je zó goed. Wil je soms ook die van de huismeester doen?'

'Mag ik bedanken, Eline?' zei Henk. 'Er zijn grenzen.'

Toen ze op de tweede verdieping uit de lift kwam, weigerden

haar benen opeens dienst. Ze steunde met een hand tegen de metalen post van de liftdeur en haalde diep adem. Het werd tijd dat ze rust nam. Het branderige gevoel in haar heup was weer terug en dat was geen goed teken. Ze ging op een bankje zitten tegenover de trap en wreef over haar dijbeen terwijl ze zachtjes naar voren en naar achteren wiegde. Toen ze dat gisteren ook deed, onbewust, had Kees gezegd dat hij zich van vroeger die beweging herinnerde. Wiegen en wrijven, met haar mond in rimpeltjes getrokken. 'Wat had ik dan?' vroeg ze. 'Waar had ik pijn?' Maar hij wist het niet meer. Ze hoopte wel dat hij het nog een beetje gezellig gevonden had, want ze was er met haar gedachten niet zo bij geweest. En hij was nog alleen geweest ook, het was al weer uit.

Voorzichtig ging ze staan en liep met het overgebleven plastic tasje in de ene hand en haar handtas in de andere naar het eind van de gang. Dit was wel zwaar, dacht ze. Ze drukte op de bel. De stille ruimte achter de deur werd opeens gevuld met muziek en voetstappen kwamen naar de deur. Eline haalde een kerstster uit het tasje.

'Nee maar, Lientje!' zei Agaath en trok de deur wijd open. 'Je bent weer helemaal op de been! De dokter zei zeker, loopt u nu maar meteen een flink eind en daarna nog vier trappen op, dat kan best.'

'Precies', zei Eline. Ze stond nog steeds in de deuropening. 'En brengt u dan maar meteen een kerstgroet aan uw beste vriendin, zei hij.' Ze voelde dat haar lippen een beetje trilden.

'Season's Greetings,' zei Agaath, terwijl ze het plantje aanpakte, 'wat aardig!' Ze sloot de deur en Eline liet zich meetrekken naar de kamer. Ze knipperde met haar ogen tegen het winterlicht. Agaath draaide de muziek zacht. Het was Mahler, hoorde ze, een symfonie, maar ze had ze nooit uit elkaar kunnen houden. Mooie muziek, maar niet de hare.

'Zal ik je mantel aanpakken?'

'Nee,' zei ze, 'ik kan niet blijven. Ik heb nóg iets bij me voor mijn beste vriendin.' Ze zocht in haar handtas. 'Alsjeblieft.' Ze legde een papiertje op tafel.

'De scrabble-uitslag?' Agaath keek haar lachend aan. 'Om in te lijsten zeker? Maar jij hebt toch gewonnen?'

'Maar jij hebt het bijgehouden', zei ze. 'En er hoort nog iets bij.' Haar hand beefde toen ze de boekenlegger naast het briefje legde. 'Dit.'

Halverwege de middag trilde haar gsm. Cleo keek naar het schermpje. Ze liep snel de studiezaal uit en zocht een hoekje in het trappenhuis. 'Hé Lexje! Hoe ging de evaluatie?'

Hij kon het in een woord van drie letters samenvatten, zei hij, maar dat kwam vanavond wel. Over een paar minuten begon z'n andere werkgroep en ze moest even goed luisteren.

'Alsof ik...' begon ze, maar hij praatte er doorheen. Hij had zojuist zijn mail gecheckt en gezien dat er een bericht was van Henk Barends. Zijn virus had gewerkt en Barends had inmiddels een donkerbruin vermoeden wie het Lydraven-adres gebruikt had.

'Ik kan het niet volgen', zei Cleo. 'Heeft meneer Barends een virus losgelaten?'

'Ja', zei Alex. 'Zaterdagnacht toen ik hem naar huis bracht, zei hij dat hij zoiets van plan was, maar ik nam dat niet serieus. Niet écht kwaadaardig, noemde hij het zelf, maar wel nogal hinderlijk. En hij zou ook iets proberen te regelen met een kennis die weer iemand kende, enfin, ik heb hem maar laten praten. Maar nu vraagt hij of wij vandaag nog naar hem toe kunnen komen. Liefst zo snel mogelijk.'

'Weet hij dus wie het is?'

'Zo goed als zeker, zegt hij. Een naam heeft hij niet genoemd. Luister lief, ik zit hier vast tot een uur of acht. Kun jij naar Driehuis gaan?'

'Dit komt hartstikke slecht uit', zei ze. 'Ik zou eindelijk van alles en dat heel lang achter elkaar maar, nou ja, iemand moet gaan. Wat moet ik daar doen dan?'

'Bel hem maar', zei Alex. 'Ik weet het verder ook niet. Let wel op dat hij je geen rare dingen laat doen. Is er niet iemand die je in kunt schakelen in geval van nood?'

'Bij die bejaarden?' zei ze. 'Dat wordt lachen. Ik kan beter m'n vader bellen.'

'Persoonlijk zou ik dat het allerlaatst pas doen. Dan heb je echt paniek in de tent.'

'Of tante Agaath.'

Dat leek hem een beter idee, zei hij, en nu moest hij afbreken want er was inmiddels al drie keer kwaad naar hem gekeken.

'Rustig laten kijken', zei Cleo nog, maar de verbinding was al verbroken. Daar ging haar enige studieavond van deze week. En nu had ze Alex ook niet naar de autosleutels gevraagd. Probleempje. Of had ze toch de reserveset thuis? Ze liep terug naar haar zaal. Eerst nog boodschappen doen, dan langs huis. Voor zessen kon ze er nooit zijn. Dus moest ze ook nog iets met eten regelen. Die malle meneer Barends. Zou het echt wat zijn? Kon die man zomaar een virus maken? Dan was hij toch slimmer dan ze had gedacht. Of was het nep? Wie had het daar onlangs ook al weer over gehad? Iemand dacht dat hij een virus ontdekt had, maar het was iets anders. Ze kon er niet opkomen.

21

'Kom Mac,' zei Eline, 'even een rondje, dan krijg je eten.' De terriër stak zijn kop door de halsband en scharrelde naar de deur.

Ze was laat. Al die bezoekjes hadden haar ontregeld, ze had te laat geluncht en te laat gerust, waardoor ze haar besef van tijd een beetje kwijt was geraakt. Maar het was niet alleen dat. Ze had een diep onvoldaan gevoel dat haar onrustig maakte. En nu was het allang weer donker, het nieuws van zeven uur was al geweest en nóg moest ze aan het avondeten beginnen. Een rare dag.

Het was nog steeds nevelig en niet erg koud. De gelige lichtkransen om de lantaarns deden haar denken aan de plaatjes in het boek met winterverhalen dat ze als meisje had. Ze had het altijd bewaard en later de kinderen eruit voorgelezen. De donkere dagen voor Kerst. Waar was het? Had een van hen het meegenomen? Vast Eefje. Ze zou er eens naar vragen. MacMillan gromde. 'Niet aanstellen', zei ze. Ze stond stil aan de rand van een perkje, het eerste dat ze op haar vaste rondje tegenkwam. 'Moet je niet even?' Ze vierde de riem, maar de hond snuffelde alleen en veegde daarna energiek zijn poten over het gras. Maar toen ze doorliep, bleef hij een beetje achter zodat ze hem mee moest trekken.

'Het een of het ander', zei ze. Als er niemand in de buurt was, praatte ze tegen hem. 'Anders keer ik om hoor.' Loze dreigementen, dacht ze, hij neemt ze allang niet meer ernstig. Ze maakte altijd haar ommetjes af, weer of geen weer. Ze hield van buiten zijn en beweging was goed. Hij gromde weer, dieper.

'Doe maar flink', zei ze.

De ruk achterwaarts kwam zo onverwacht dat ze bijna omvergetrokken werd. Luid blaffend hing de hond in zijn riem, de poten schrap, toen ging het blaffen over in binnensmondse kreuntjes, teken van blije herkenning. 'Idiote hond,' riep ze, 'wat is er nou?' Terwijl ze de riem liet vieren, zag ze een gestalte op een meter of tien achter haar, net tussen twee lantaarns in. Even voelde ze verlammende paniek toen ze het silhouet herkende, de lange jas, de hoed. Toen dacht ze, dit moest wel.

'Jij hier?' zei ze. 'Waarom?' Ze wachtte tot ze voor haar stond. 'Liep je achter me aan?'

Agaath knikte. 'Ik heb je opgewacht. De hond had me al eerder in de gaten, jullie zijn langs me heen gelopen.'

'Ik ben veel later dan anders. Wel een uur.'

'Ik heb het gemerkt.'

'Had dan maar aangebeld.' Vreemde schaduwen speelden over het gezicht tegenover haar. Waar het licht van de lantaarn op de huid viel, was deze wasbleek.

Agaath schudde haar hoofd. 'Ik wil je alleen iets zeggen.'

MacMillan had er al weer genoeg van en trok haar vooruit. Agaath liep mee zonder iets te zeggen, tegen haar lange pas zette Eline er twee, zo was het altijd geweest.

'Nou, zeg het dan', zei Eline.

'Ik kom je zeggen dat ik op reis ga.'

'Waarheen?'

'Ver weg.'

'Waarheen dan? Heb je geen bestemming?'

Ze antwoordde niet. De hond had bezigheden op het gras en ze stonden stil, Agaath nu schuin voor Eline. Ze had haar handen diep in haar zakken gestopt en haar schouders opgetrokken. Iemand die verkleumd is van de kou, dacht Eline. Tot op het bot.

'Er is geen bestemming', zei ze. 'Je wilt niet ergens naar toe. Je wilt ergens vandaan.'

Het bleef stil, ook toen ze weer doorliepen.

'Bij mij', zei ze. 'Je wilt bij mij vandaan. Toch?'

'Zeg eens iets', zei ze even later. 'Zeg in 's hemelsnaam eens iets. Daarvoor heb je toch op me staan wachten? Of nee, laat mij maar even. Ik heb er een hele zondag over gedaan om te proberen er iets van te begrijpen.'

'Een hele zondag', zei Agaath.

'Ja.' En de nacht ervoor en de nacht erna, dacht ze, dat waren toch al de domeinen van de spinsels en de dromen en dit had ook een droom geleken, ze had zichzelf er voortdurend van moeten overtuigen dat het werkelijkheid was. 'Of je dat nu kort vindt of lang, kan me niet schelen. Misschien vind je wel dat ik het vijftig jaar geleden al had moeten begrijpen.'

'Wat?'

'Misschien vind je ook wel dat ik het had moeten snappen toen jij zei dat mijn komst naar De Groene Vallei het stomste was wat ik had kunnen doen. Herinner je je dat gesprek? Je zei het bij wijze van grapje. Maar het wás helemaal geen grapje. Toen had ik het moeten zien.'

'Wat?'

'Dat jij mij niet met anderen kunt delen.'

Ze hoorde Agaath diep en heftig inademen, als iemand bij wie het verband van een wond afgetrokken wordt.

'Niet meer', zei ze. 'Niet voor mijn ogen. En dat was het in De Groene Vallei. Het gebeurde voor mijn ogen. Dat kon ik niet meer verdragen.'

Ze zou haar altijd hebben moeten delen met anderen, dat wist ze, dat was nu eenmaal het lot waarmee ze zich had te verzoenen. Om de pijn en de jaloezie te kunnen verdragen, bleef ze bewust op afstand. De brokjes die voor haar overschoten, wilde ze niet ter plaatse hoeven oprapen, zei ze schamper. Duurzame vriendschap, spaarzame contacten, zoiets.

Eline's weinig gelukkige hand in de keuze van echtgenoten was háár geluk geweest. Het had haar soms de kans gegeven dichterbij te komen. Eline was uit haar doen, kwetsbaar, had haar nodig. Werkelijke mededingers ontbraken, ze hoefde haar met niemand te delen. De kinderen stonden niet tussen hen in, maar verbonden hen. Maar altijd zorgde ze tijdig voor afstand, uit zelfbescherming. 'Ik heb beseft dat ik het gelukkigst ben geweest als jij ongelukkig was.'

Eline luisterde naar de stem die ze al vijftig jaar kende, de stem van haar beste vriendin en ze vroeg zich af hoe groot haar eigen aandeel was in de schuld. Ze voelde dat MacMillan naar links trok, de kortste weg, maar ze kortte de lijn en liep door, dit was de laatste keer dat ze met elkaar opliepen, Agaath en zij.

'En toen kwam dat mailtje waarin je aankondigde dat je in De

Groene Vallei kwam wonen en waarin je impliciet om mijn goedkeuring vroeg.' Ze mompelde iets.

'Ik versta je niet', zei Eline.

Agaath keek opzij. 'Ik zei godverdomme, Eline. Een vloekwoord, weet je wel? Waar jij altijd zo tegen was. Dat doe ik om mijn gevoel van verbijstering lucht te geven, snap je wel.'

'Niet doen', zei ze.

'Het was het wreedste wat je kon doen. Míjn goedkeuring. Ik stuurde geen antwoord, want vanaf dat moment was ik bang voor wat er kon gaan gebeuren.' En het voltrok zich voor haar ogen precies zoals ze het zich had voorgesteld, zoals ze het had gevreesd, erger nog.

'De dag dat ik terugkwam uit Australië zag ik dat ik te laat was. Je was inmiddels thuis. Je was het zondagskindje. Ik wist wat er achter dat stralende gezicht schuilging, kende je onzekerheid, je angstjes, al die verdrongen dingen uit je verleden. Maar wat had ik aan die wetenschap? Het bracht jou niet dichterbij. Je had mij niet nodig want het ging goed. Het kwam erop neer dat ik je moest delen. En wat mij toeviel, was nog minder dan vroeger. Ik hield van je en ik haatte je om je blindheid, je had geen notie van wat je aanrichtte.'

'Dat is het verschil', zei Eline. 'Jij wist dat heel precies. Jij wilde mij bewust ongelukkig maken.'

Een man die hen tegemoet kwam, keek opvallend naar hen. Ze vormden vast een vreemd span dacht Eline, die twee oude vrouwen, de één een hoofd groter dan de ander, met dat hondje dat tussen hen in dribbelde. Ze wáren ook een vreemd span, ze hadden elkaar naar het leven gestaan.

'Ik wilde ons eerst alleen maar uit elkaar halen. Dat was nog voor Sander Vreeman in beeld kwam. Een van ons beiden moest weggaan, jij of ik, dan kon het nog weer worden als vroeger.'

Ze had nog geen keuze gemaakt. Ze liet de dingen gebeuren. De zangrepetities die ze bij toeval bijwoonde, wakkerden haar gevoelens van verscheurdheid aan, ze was jaloers, gekwetst. En een van die dagen keek ze het bibliotheekboek in dat net bij Eline bezorgd was. Er lag een boekenlegger in en ze had met potlood gekrast wat in haar hoofd rondgonsde. Dat was het begin. De e-mailadressen vond ze in het archief van de bewonerscommissie en ze had ze zonder moeite geactiveerd.

Haar stem verloor klank, rapporteerde bijna mechanisch het verloop van de dingen. Eline wilde niet meer luisteren, maar ze wist dat Agaath dit moest, het was de enige en laatste gelegenheid.

Het werkte averechts, zei ze. Eline schrok niet terug, maar ontkende haar angst. Ze kroop niet zoals vroeger bij háár weg, maar bij anderen. Toen besloot ze om haar uit te schakelen, tijdelijk, lichamelijk ongemak te bezorgen dat misschien voldoende was om haar te doen besluiten in een zorgcentrum te gaan wonen. Toen Agaath haar opzocht in de ziekenboeg en zag hoe Sander afscheid van haar nam, besefte ze dat ze haar kwijt was. Ze stond buiten alles. En vanaf die eenzame positie was het niet moeilijk om tot de volgende stap te komen. Dezelfde dag nog.

Eline stond stil. 'Ik wil niet meer verder.' Ze keek om zich heen. 'Waar zijn we?' zei ze. 'Ik wil terug.'

'Dan gaan we toch terug', zei Agaath.

'Ik ga terug', zei ze. 'Alleen. We zijn klaar.'

'Zijn we dat?'

'Ja', zei Eline. 'Je hebt je doel bereikt, je hebt je verhaal gedaan. Jij gaat een reis maken.'

Agaath keek haar aan. 'Mijn doel?'

'Je hebt het geluk van mij afgenomen. Dat wilde je.'

'Daarmee ben jij nog niet ongelukkig. Jij hebt nog zoveel over. Om te beginnen jezelf.'

Wat is dit erg, dacht Eline. Ik moet haar haten. Ik haat haar. Maar wat is ze alleen. Ze gaat op reis en ze komt niet terug. Dat ontslaat mij van het moeilijkste in mijn leven. Maar ik breng haar niet weg, ze gaat alleen.

'Dag', zei ze. 'Dag Agaath. Goede reis.'

'Dag Lientje', zei Agaath.

Geen van beiden bewoog. Ze tasten met de ogen elkaars gezicht af.

'Jij hebt nooit écht om mij gegeven, hè?' vroeg Agaath.

'Jij weet wel beter', zei Eline.

In haar huisje brandde veel meer licht dan toen ze wegging, de gordijnen waren ook open, en toen ze naar de voordeur liep, werd die opengerukt en vloog Cleo haar om de hals.

'Omi!' zei ze. 'Waar wás je? We hebben overal gezocht en toen...' Achter haar zag ze Henk Barends in de deuropening verschijnen en toen ze naar binnen liep, stond daar die vrouw uit de lift, die zorgcoördinator, en nota bene een politieagent. De kamer was in een keer vol.

'Wat is dit allemaal?' vroeg ze.

Cleo ratelde door, dat Barends had ontdekt wie die mailtjes had verstuurd, Henk vulde zelf aan maar hij kwam er niet tussen. Ze hoorde zeggen dat Agaath niet thuis was geweest, en dat toen ze merkten dat zij ook niet thuis was, iedereen zich vreselijk zorgen begon te maken. Ze hadden in de buurt gezocht en de zorgcoördinator had de politie ingeschakeld en ze zouden juist...

'Nou ja, zeg,' zei Eline, 'wat een toestand, hè Mac? De volgende keer laat ik je wel wat korter uit. Je moet nog eten ook, trouwens. Willen jullie niet even gaan zitten, ik houd niet van zo'n staande receptie. Zal ik wat te drinken maken?'

Chris Rippen bij De Geus

Eeuwige stranden

De opdracht waarmee Murk Stuart naar Martinique is gekomen, lijkt simpel. *Spoor Xander Bijlefeld op en zeg hem dat zijn moeder op sterven ligt.* Maar de clan van charterzeilers houdt Stuart hardhandig op afstand. Leeft Bijlefeld eigenlijk nog wel? Stuarts zoektocht trekt de aandacht van de politie, en als hij verstrikt raakt in een spectaculaire cocaïnesmokkel krijgt hij een drugsbende en de narcoticabrigade achter zich aan.

Nachtboot

Met *Nachtboot* bevestigt Chris Rippen zijn reputatie. De short story's stijgen uit boven het genre, zijn soms licht en ironisch, soms grimmig, en hebben altijd een schaduwzijde en een donkere onderstroom van drijfveren en emoties. Het titelverhaal, dat als *Ferry Noir* in de Verenigde Staten verscheen, werd daar vergeleken met de verhalen van Graham Greene.

Misdaad in triplo

Drie romans – *Sporen, Playback* en *Baltische connecties* – in één band. *Sporen* is een aangrijpende roman over verzet, verraad en loyaliteit. De meeslepende thriller *Playback* gaat over de dood van een televisietycoon. *Baltische connecties* is het verhaal van een gedreven zoektocht langs havens en pleisterplaatsen van Noordwest-Europa naar de waarheid over leven en dood van een ontspoorde offshoredirecteur.